Beck'sche Reihe
BsR 428

Rechtsradikales Denken ist nicht mit dem „Dritten Reich" untergegangen. Rechtsradikale Parteien und Organisationen bestehen seit der Gründung der Bundesrepublik, und auch in der DDR haben sich – offiziell lange verschwiegen – ähnliche Gruppierungen formiert. Der Band beschreibt die Entwicklung des Rechtsradikalismus im Nachkriegsdeutschland bis heute. Die wichtigsten Vereinigungen und Parteien werden ausführlich vorgestellt und analysiert, ihre Verbindungen untereinander werden aufgedeckt. Auf diese Weise werden die Verflechtungen und Grauzonen des „rechtsradikalen Netzwerks" transparent.

Die Kontinuität der „neuen" zur „alten" Rechten wird am ehesten aus den Schriften der rechten Vordenker deutlich. Die „Neue Rechte" verfügt nicht nur über eine Bierzeltdemagogie. Hinter dem Weltbild der „Neuen Rechten" steht eine ausgearbeitete Ideologie, die ohne größere Retuschen an die „Konservative Revolution" der zwanziger Jahre anknüpft.

Thomas Assheuer lebt als Journalist in München.

Hans Sarkowicz, Kulturredakteur beim Hessischen Rundfunk, veröffentlichte Bücher und Aufsätze zum Rechtsradikalismus in der Bundesrepublik.

THOMAS ASSHEUER/HANS SARKOWICZ

Rechtsradikale in Deutschland

Die alte und die neue Rechte

VERLAG C.H.BECK MÜNCHEN

CIP-Titelaufnahme der Deutschen Bibliothek

Assheuer, Thomas:
Rechtsradikale in Deutschland : die alte und die neue Rechte /
Thomas Assheuer ; Hans Sarkowicz. – Orig.-Ausg. –
München : Beck, 1990
(Beck'sche Reihe ; 428)
ISBN 3-406-34020-2

NE: Sarkowicz, Hans:; GT

Originalausgabe
ISBN 3 406 34020 2

Umschlagentwurf: Uwe Göbel, München

Gesamtherstellung: Appl, Wemding
Printed in Germany

Inhalt

Vorwort

Gibt es eine Gefahr von rechts? Wurde das demokratische System der Bundesrepublik jemals von einer rechtsradikalen Partei ernsthaft bedroht? Nein, beidesmal nein. Zu groß waren nach 1945 Furcht und Schrecken des „Dritten Reiches“, als daß die militante Alt-Rechte eine Chance zur Systemveränderung gehabt hätte; zu groß war die Integrationskraft des „Bürgerblocks“, der die Zwerge am rechten Rand so klein hielt, wie sie waren. Rechtsradikale Frontkämpfer standen nun einmal im Schatten Hitlers, und einigen war das auch recht so.

Ob es nun die *DRP, SRP, NPD, DVU-Liste D* oder die *Republikaner* waren: stets vollzog sich Aufstieg und Niedergang rechtsradikaler Parteien nach einem identischen Gesetz. Zunächst profitierten die Trommler und Sammler in Krisenlagen von den Versäumnissen des Establishments, kassierten schnelle Siege, gewannen parlamentarische Präsenz – und stürzten dann in die Bedeutungslosigkeit. Und jedesmal, wenn die Verschwörung der Rechten in Saal- und Schlammschlachten endet, wird klar, daß ihre Parteien immer taktische, mühsam ausgehandelte Bündnisse feindlicher Brüder und feindlicher Sekten waren, die in dem Moment zu Bruch gehen, wo die Führerfigur in Prätorianerkämpfen zu Fall kommt.

Nun könnte man sich mit dem Hinweis auf den Mechanismus von Karriere und Niedergang beruhigen, wenn mit den Parteien auch die Ideologie verschwände. Doch mag die Plattform demontiert werden, so bleibt doch das Potential an Einstellungen und Denkmustern vorhanden. Diese rechtsradikale Ideologie kann man sich wie ein „Krisenrepertoire“ vorstellen, das in kritischen Momenten des politischen Systems oder bei Bindungsverlusten der Parteien beliebig aktualisierbar ist. Der Niedergang der *Republikaner* löst deshalb nicht das Problem des Rechtsradikalismus. Denn die ökonomischen

Umwälzungen, die der Prozeß der „Wiedervereinigung" mit sich bringt, wird Enttäuschte und Verbitterte hinterlassen: potentielle Wähler für eine rechtsradikale Partei, die *Die Republikaner* heißen kann, aber nicht muß.

Im übrigen haben rechtsradikale Gruppen, wie vor ihr die „Nouvelle Droite" in Frankreich, längst erkannt, daß Parteigründungen nicht der einzige Weg zur Machtergreifung sind. Denn selbst wenn man als Polit-Bewegung rechts liegen gelassen wird, kann man mit Geschick und Mimikry immer noch Einfluß auf das kultur-politische Klima nehmen. So tritt man als modernisierte, intellektuell klug gewordene Rechte in die Arena, besetzt Themen, schafft Berührungsflächen, um Debatten ins feindliche Lager zu tragen oder Tabuschwellen gegenüber der eigenen Ideologie abzusenken. Während die alte Rechte Selbstbestätigung im Hinterzimmer betrieb, baut die „Neue Rechte" Brücken ins bürgerliche Lager, weil sie in den Denkfabriken konservativer Ideologieplaner ein Wörtchen mitreden will.

Vermutlich ist rechtsradikale Infiltration folgenreicher als rechtsradikale Agitation. Die vom Soziologen Arno Klönne formulierte Sorge, es könne den parteiverbundenen Intellektuellen nach dem Scheitern ihrer Bewegung gelingen, einen „ernstzunehmenden, faschistischen Gegenentwurf zur liberalen Gesellschaft" zu lancieren, scheint berechtigt. Es genügt also nicht, sich mit den (partei-)politischen Erscheinungsformen des Rechtsradikalismus auseinanderzusetzen; ebenso wichtig ist die Analyse jener Ideologien, mit denen die rechten Souffleure den (kultur-)politischen „Diskurs" zu beeinflussen gedenken. Beides will dieses Buch versuchen.

Bewußt haben wir den Begriff des „Rechtsradikalismus" gewählt, weil er uns umfassender erscheint als „Rechtsextremismus" (der von der Sozialwissenschaft und dem Bundesverfassungsgericht definitorisch besetzt ist).

Die Abschnitte I und II verfaßte Hans Sarkowicz; Abschnitt III stammt von Thomas Assheuer. Ein besonderer Dank gilt Waltraud Arenz und Stefan Garsztecki vom Gesamtdeutschen Institut in Bonn für ihre Mithilfe am zweiten Abschnitt.

I. Rechtsradikale Parteien und Organisationen in der Bundesrepublik

1. Die Parteien der „Frontgeneration" als Vorläufer der NPD

Im Herbst 1946 erschien in der (Ost-)Berliner Verlagsgemeinschaft *Jugend und Welt* eine Broschüre mit dem Titel „... und das in Deutschland nach einem Jahr". In ihr waren Zeitungsartikel versammelt, die sich mit dem Fortbestehen nationalsozialistischer Institutionen und Karrieren, mit neonazistischen Aktivitäten und mit besonders grotesken Formen der Entnazifizierung in den Westzonen beschäftigten. Obwohl das Büchlein seinen propagandistischen Zweck nicht verbergen konnte, machte es zweierlei deutlich, nämlich daß die Strukturen der NS-Diktatur keineswegs schon überwunden waren und daß es die berechtigte Sorge gab, die alten Eliten könnten sich neu formieren.

Den rechtsradikalen Parteien der ersten Nachkriegszeit ist der dauerhafte Erfolg allerdings versagt geblieben – vor allem wegen der umstrittenen Integrationspolitik des Bürgerblocks um Adenauer. Erst die *NPD* sollte wieder größere Wählerschichten mobilisieren

Die „alte" Rechte organisiert sich neu

In den „Politischen Grundsätzen" des Potsdamer Abkommens wurde von den Alliierten nicht nur festgelegt, daß die *NSDAP* und ihre Gliederungen „zu vernichten" seien, es sollten auch Sicherheiten geschaffen werden, „daß sie in keiner Form wieder auferstehen können; jeder nazistischen und militaristischen Betätigung und Propaganda ist vorzubeugen".[1]

Die westlichen Besatzungsmächte waren bei der Lizenzierung neuer Parteien zunächst sehr zurückhaltend. Ehemalige

NS-Aktivisten hatten in der Regel keine Chance, mit ihren Gruppierungen zugelassen zu werden. Sie gingen deshalb schon bald dazu über, in bereits bestehende Parteien einzudringen und sich dort an die Spitze zu setzen.

Schon im Oktober 1945 begannen frühere *DNVP*-Abgeordnete mit den Vorbereitungen für die Gründung einer neuen Rechtspartei, die sich schließlich als *Deutsche Konservative Partei (DKP)* konstituierte. Parallel dazu entstand die *Deutsche Aufbau-Partei (DAP)*, die an die Tradition der antisemitischen und monarchistischen *Deutschvölkischen Freiheitspartei* aus der Weimarer Zeit anknüpfte. *DKP* und *DAP* fusionierten im März 1946 zur *Deutschen Konservativen Partei.* Daß dieser Name bis zur Bundestagswahl 1949 gleich zweimal geändert werden mußte, weist schon darauf hin, wie zerstritten das rechtsradikale Bündnis im Innern war. Zunächst standen sich die Altkonservativen der *DNVP*-Fraktion und die Jüngeren um Leonhard Schlüter und Adolf von Thadden gegenüber, die sich nicht an politischen Idealen der Weimarer Republik orientieren und der *CDU* Konkurrenz machen wollten, sondern den „Kampf gegen Entnazifizierung und Demontage" forderten. Eine weitere Fraktion bestand aus ehemaligen *NSDAP*-Funktionären, die die Partei für ihre restaurativen Ziele funktionalisieren wollten. Diese Gruppierung um Fritz Dorls und Fritz Rößler (der bis 1952 unter dem falschen Namen Franz Richter lebte) konnte zunehmend Einfluß gewinnen und veranlaßte konservative Mitglieder, der Partei den Rücken zu kehren. Wahlerfolge blieben zunächst fast ganz aus, obwohl sich die ausschließlich in Norddeutschland operierende Partei verbal zum „Rechtsstaat auf demokratischer Basis" bekannte und schon in ihrem ersten Manifest vom Mai 1946 deutlich machte, daß sie sich vor allem für die Rechte ehemaliger *NSDAP*-Mitglieder und Soldaten einsetzen wollte. Erst als die *Deutsche Konservative Partei – Deutsche Rechtspartei (DKP-DRP)*, wie sie unterdessen hieß, frühere NS-Prominenz einsetzte und neonazistische Töne anschlug, gelang ihr der Durchbruch. In Niedersachsen erzielte sie bei der Bundestagswahl 1949 8,1% der Stimmen und zog mit fünf Abgeordneten nach Bonn. Dieser Erfolg verstärkte allerdings auch die innerparteilichen Gegensätze, denn in der Fraktion sollte neben dem eher gemäßigten von Thadden auch der sich weiter radikalisierende Dorls sitzen. Als sich die selbsternannten Erneuerer der *NSDAP* schließlich anschickten, die Macht im Landesverband Niedersachsen zu übernehmen, handelte die Parteileitung und schloß sie am 2. Oktober 1949 aus der *DKP-DRP* aus. Noch am selben Tag gründeten Fritz Dorls, Otto Ernst Remer (der sich um die Niederschlagung des Aufstandes vom 20. Juli 1944 „verdient" gemacht hatte) und Gerhard Krüger die *Sozialistische Reichspartei (SRP).*

Die Sozialistische Reichspartei (SRP) bis zu ihrem Verbot 1952

Die *SRP* verstand es von Anfang an, ehemalige Nationalsozialisten zu mobilisieren. Da die Lizenzierung durch die Alliierten entfallen war, konnte sich die *SRP* unverblümt zum „Deutschen Reich" bekennen, das für sie noch existierte. „Aus dieser gedanklichen Konstruktion", schreiben Uwe Backes und Eckhard Jesse in ihrer Analyse der *SRP*, „wurde ein Recht auf Widerstand gegen die Verfassungsordnung der Bundesrepublik abgeleitet. Das ‚Reich' müsse im Sinne einer ‚führungsdemokratisch' zu organisierenden ‚völkischen Gemeinschaft' wiedererrichtet werden. Den Inhalt der eigenwilligen Formel von der ‚Führungsdemokratie' illustrierten die innerparteilichen Verhältnisse der *SRP*. Entscheidungen wurden in der Regel nicht durch das Mehrheitsprinzip, sondern durch Weisung der Führung an ihre Gefolgschaft getroffen".[2] Sowohl im organisatorischen Aufbau als auch in der ideologischen Ausrichtung lassen sich zahlreiche Parallelen zur *NSDAP* entdecken.

Die *SRP* spekulierte geschickt mit denen, die mit dem Ende des „Dritten Reichs" ihre wie auch immer gearteten Privilegien verloren hatten und der demokratischen Bundesrepublik ablehnend gegenüberstanden. Bei der niedersächsischen Landtagswahl 1951 konnte die *SRP* 11% der Stimmen gewinnen und stellte damit 16 Abgeordnete. Auch in Bremen war sie erfolgreich und errang 7,7%. Aber unterdessen lief bereits das Verbotsverfahren gegen sie, das am 23. Oktober 1952 mit der Auflösungsverfügung endete. Zur Begründung hieß es im Urteil des Bundesverfassungsgerichts u. a.:

„Daß die SRP sich selbst als Nachfolgeorganisation der NSDAP fühlt, zeigt sich in der personellen Zusammensetzung der Führungsschicht, die überwiegend aus ehemaligen Nationalsozialisten besteht, in der Bemühung der Partei, frühere Nationalsozialisten als Parteimitglieder zu gewinnen – nicht obwohl, sondern weil sie Nationalsozialisten waren – und in der unverhohlenen Glorifizierung Hitlers. (...) Mag auch der SRP die Übereinstimmung mit den Zielen und Methoden der NSDAP nicht in allen Einzelheiten nachzuweisen sein, so gebietet doch der auch im Bereich des Politischen gültige Schluß von der Form auf den Inhalt die Folgerung: eine Partei, die einer eindeutig verfassungswidrigen politischen Bewegung der Vergangenheit in ihrer Vorstellungswelt und in allen wesentlichen Formen der Äußerung wesensverwandt ist, wird auch, sofern sie weiterwirken kann, die gleichen oder doch gleichartige Inhalte zu verwirklichen suchen".[3]

Nach dem Verbot der *SRP* versuchten die führenden Funktionäre in anderen rechtsradikalen Parteien Einfluß zu gewinnen, vor allem in der *Deutschen Gemeinschaft* August Haußleiters und in der *Deutschen Reichspartei.*

Deutsche Reichspartei (DRP)

Nach dem Ausschluß der Dorls-Gruppe fusionierte die *DKP-DRP* am 21. Januar 1950 mit der kleinen hessischen *NDP* zur *Deutschen Reichspartei.* Diese Neugründung stand allerdings unter keinem günstigen Stern, da innere Querelen die Parteiarbeit weitgehend lähmten. Hinzu kam die Konkurrenz zur fulminant startenden *SRP*, der die alte Mutterpartei inhaltlich wenig entgegenzusetzen hatte. Lediglich in ihrem Stammland Niedersachsen konnte die *DRP* 1951 wieder in das Parlament einziehen. 2,2% bedeuteten aber nur drei Mandate. Im Bundestag saß als einziger *DRP*-Abgeordneter noch Adolf von

Thadden, nachdem die anderen gewählten Mandatsträger die Fraktion im Streit verlassen hatten. Während die *SRP* über 10000 Mitglieder zählte, waren es bei der *DRP* nur noch knapp 1000.

Das Verbot der *SRP* durch das Bundesverfassungsgericht hätte einen Aufschwung für die geschwächte *DRP* bedeuten können. Aber die Hoffnungen, die manche Funktionäre daran knüpften, sollten sich nicht erfüllen. „Die Basis, die 1949 entstanden war", schreibt Adolf von Thadden in seinen Erinnerungen, „war weitestgehend verlorengegangen. Es gab faktisch nur noch wenige organisatorische Inseln, die sich überdies weitgehend auf den norddeutschen Raum beschränkten. Außerdem stand die DRP unter dem Damoklesschwert einer Änderung des Wahlgesetzes zum Bundestag, mit der die großen Parteien des Bundestages jeder unliebsamen Konkurrenz den Boden zu entziehen suchten".[4] Die neueingeführte 5-Prozent-Klausel für die Bundestagswahl 1953 zwang die *DRP* zu verstärkten Anstrengungen. Eine Zusammenarbeit mit der vor allem in Süddeutschland agierenden *Deutschen Gemeinschaft (DG)*, die extrem nationalistische Positionen vertrat, scheiterte. Die *DG* gründete mit dem *Deutschen Block* und der *Deutschen Sozialen Bewegung* den erfolglosen *Dachverband der Nationalen Sammlung.* Die *DRP* setzte im Bundestagswahlkampf auf ehemalige NS-Prominenz, wie Hans Grimm, Hans-Ulrich Rudel oder Werner Naumann, und versuchte, die früheren *SRP*-Wähler für sich zu gewinnen. Das Ergebnis war enttäuschend. Die *DRP* konnte lediglich 1,1% der Stimmen auf sich vereinigen.

Die Bundestagswahl 1953 machte deutlich, daß es auf längere Sicht keine Chancen für eine rechtsradikale Partei in der Bundesrepublik geben sollte. Der Bürgerblock um Adenauer, der auch vor nationalistischen Tönen nicht zurückschreckte, hatte sich unterdessen so ausgeformt, daß er auch fast das gesamte rechte Spektrum umfaßte. Für einzelne Interessengruppen, wie etwa die Vertriebenen, gab es eigene Parteien, die die parlamentarische Präsenz sicherten. Die „Entnazifizierungsgeschädigten", auf die sich die rechtsradikalen Parteien gestützt hatten, waren weitgehend integriert und sahen im Bürgerblock eine wirkungsvollere Vertretung ihrer Ansprüche. Der einsetzende wirtschaftliche Aufschwung ließ die Arbeitslosenzahlen sinken und stärkte das Vertrauen in die parlamentarische Demokratie. Auch das Verbot der *SRP* dürfte seine Wirkung nicht verfehlt haben; es verbannte die *DRP* an den Rand der Legalität und schreckte damit potentielle Wähler ab.

Zwar blieb die *DRP* die stärkste rechtsradikale Partei, aber außer in Niedersachsen und 1959 in Rheinland-Pfalz konnte sie keine Landtagsabgeordneten mehr stellen. Euphemistisch bezeichnete sie sich als „nationale Opposition", aber um eine wirkliche Alternative zu den Bürgerblockparteien sein zu können, fehlte ihr das Programm. Mit ihren Bekenntnissen zur „soldatischen Überlieferung", zur „Volksgemeinschaft" und zur „ganzen und ungeteilten Geschichte des deutschen Volkes" war die *DRP* ebenso vergangenheitsorientiert wie bei der Aufstellung ihrer Funktionärskader. Noch immer dominierten frühere NS-Aktivisten. Die praktische Arbeit wurde zudem von Auseinandersetzungen über den außenpolitischen Kurs der Partei behindert. Befürworter der Westbindung rangen mit Vertretern einer neutralistischen Politik. Das endgültige Ende der Partei deutete sich nach den antisemitischen Schmieraktionen im Winter 1959/60 an, die von zwei *DRP*-Mitgliedern ausgelöst worden waren. Von diesem Makel konnte sich die Partei nicht mehr befreien. Adolf von Thadden, der 1961 den Bundesvorsitz übernahm, versuchte zwar noch einmal einen Neuanfang, aber er mußte schon bald einsehen, daß die *DRP* allein nicht mehr lebensfähig war, und machte sich auf die Suche nach Bundesgenossen.

2. Nationaldemokratische Partei Deutschlands (NPD)

Der Erfolg der *NPD* kam überraschend. Zwischen 1966 und 1968 gelang der aus unbedeutenden Splittergruppen entstandenen Partei der Einzug in sieben Landtage. Der Politologe Hans Maier sah schon damals als wesentlichen Grund für diesen Aufstieg, daß es der *NPD* als erster Nachkriegspartei gelungen war, „das Potential antiliberaler und autoritärer politischer Haltungen zu aktivieren, das in der westdeutschen Gesellschaft (...) latent vorhanden ist".[1] Daneben gab es noch eine ganze Reihe von Faktoren, die mit aktuellen politischen Entwicklungen zusammenhingen. Doch nach der Bundestagswahl von 1969, die der *NPD* mit 4,3% ein enttäuschendes Ergebnis gebracht hatte, begann der von inneren Querelen geprägte Niedergang der Partei, der erst Ende der achtziger Jahre zum Stillstand kam. Die Hoffnungen, die sich an das Wahlbündnis mit Gerhard Freys *Deutscher Volksunion-Liste D* knüpften, erfüllten sich nicht. Obwohl die *NPD* die Öffnung der Berliner Mauer euphorisch begrüßte, sollte die bevorstehende Wiedervereinigung Deutschlands ihre Position weiter schwächen, denn wie die anderen rechtsradikalen Parteien verlor auch die *NPD* ihr wichtigstes politisches Ziel.

Gründung der NPD (1964) als Sammlungsbewegung des „nationalen Lagers"

„Die Frage ist allein, ob es gelingen wird, neben den 3 Parteien, die heute im Bundestag sitzen, eine ebenfalls im Bundestag vertretene nationaldemokratische Opposition zu organisieren. Diese Frage wird uns in den nächsten Monaten im hohen Maße bewegen und wir werden nichts unversucht lassen, um dieses Ziel zu erreichen".[2]

Bereits beim bayerischen Landesparteitag am 28. April 1963 hatte der *DRP*-Vorsitzende Adolf von Thadden zu erkennen gegeben, daß er sich auf die Suche nach Bündnispartnern machen werde. Nur in der Koalition mit anderen rechten Splittergruppen sah von Thadden die Chance, die neue politische Situation am Ende der Adenauer-Ära nutzen zu können. Die *DRP* allein war zu diesem Aufbruch nicht mehr fähig. Gerade hatte sie in Rheinland-Pfalz ihr letztes Landtagsmandat verloren.

Bei den Bremer Bürgerschaftswahlen im Oktober 1963 trat die *DRP* schon zusammen mit der *Deutschen Partei* sowie der

Gesamtdeutschen Partei an. Das Bündnis erreichte 5,2% und vier Mandate. Von dem Erfolg ermutigt, beschloß der 13. Ordentliche Parteitag der *DRP* im Juni 1964 einen „Aufruf zur Sammlung des nationalen Lagers", dem schließlich über 70 Splittergruppen folgten. Am 28. November 1964 wurde in Hannover die *Nationaldemokratische Partei Deutschlands (NPD)* aus der Taufe gehoben, die deutlich unter dem Einfluß der *DRP* stand. Zwar wurde mit Fritz Thielen ein Vertreter der *Deutschen Partei* zum Vorsitzenden gewählt, aber in dem 18köpfigen Führungsgremium saßen acht *DRP*-Funktionäre, die fast den gesamten Parteiapparat kontrollierten. (Die *DRP* löste sich erst am 4. Dezember 1965 auf.)

Schon die Einigung auf den als gemäßigt geltenden Thielen sollte signalisieren, daß die *NPD* bemüht war, sich ein wählerwirksameres konservatives Image zuzulegen. Sie wollte nicht als Partei der Alt-Nazis gelten. Dem widersprach allerdings die Zusammensetzung des ersten Bundesvorstandes. Ihm gehörten gleich 12 ehemalige aktive Nationalsozialisten an, die z. T. sogar herausgehobene Positionen eingenommen hatten. Noch 1966, als die Verjüngung der Partei schon eingesetzt hatte, waren 20% der Mitglieder frühere *NSDAP*-Angehörige. Diese Dominanz konnte nicht ohne Folgen auf die politischen Aussagen bleiben. Im ersten Parteiprogramm von 1967, das den demokratischen Charakter der *NPD* herausstellen sollte und deutlich in der Tradition der *DRP* stand, ist davon selbstverständlich wenig zu spüren. Lediglich die „Kollektivschuld" und die „Allein- oder Hauptschuld Deutschlands an den Weltkriegen" wurden als „Lügen" entschieden zurückgewiesen. Offen ließ die *NPD*, was sie unter der „durchdringenden Verfremdung deutscher und europäischer Werte und Lebensformen" genau verstand, ob sie damit nur die amerikanischen und sowjetischen Einflüsse meinte oder ob auch rassistische Gesichtspunkte eine Rolle spielten.

Aufschlußreicher als das Parteiprogramm sind die Äußerungen führender Mitglieder und interne Sprachregelungen. Sie offenbaren den rechtsradikalen Charakter der *NPD*, die sich selbst als „nationalen Aufbruch" feierte, deren Weltbild in

Wirklichkeit aber nichts anderes war als eine neue Variante des alten Denkens. Niemand machte diese Kontinuitäten deutlicher als der Chefideologe der Partei, Ernst Anrich. Der frühere Reichsschulungsleiter des NS-Studentenbundes und Professor an der „Reichsuniverität" Straßburg propagierte ein biologistisches Weltbild, das deutliche Anklänge an völkische Ideen der Weimarer Republik und an die nationalsozialistische Rassenlehre erkennen ließ. So schrieb er am 24. Februar 1967 in der *NPD*-Parteizeitung *Deutsche Nachrichten:*

„Ein Volk ist offenbar nicht notwendig reinrassig. Denn wir sehen gegenwärtig und weit zurück kein reinrassiges Volk und auch viele Organismen, denen der Name Volk schwer abzuerkennen sein würde. Andererseits aber: Wir können es überall verfolgen, daß jeweils in jedem Volk eine verhältnismäßig bestimmte Mischungsproportion als Gesetz dieses Organismus waltet. Eben darin ruht, wie es scheint, die ganze Spannungseigenheit eines Volkes. Ist diese Proportion überschritten, so folgt der Verfall, der sich immer am deutlichsten zeigt darin, daß sich jene geheimnisvolle Wurzel aus dem Boden zurückzieht: Die Kulturkraft entschwindet".

Auch das „Politische Lexikon" der *NPD,* das zu Schulungszwecken eingesetzt wurde, vertrat ähnliche Thesen. Es verbarg die demokratiefeindliche Einstellung weiter Kreise in der *NPD* nur mangelhaft und verlor schließlich seinen offiziellen Status, um den Verfassungsschutzämtern kein weiteres Material zu liefern. Dem Selbstverständnis der Parteiführung entsprach die zynische Verharmlosung der Verfolgungen und Massenmorde während der NS-Zeit. In den „Vertraulichen Anweisungen" für Diskussionen wurde z. B. als offizielle Sprachregelung zum Stichwort „Konzentrationslager" festgeschrieben:

„Die NPD hat die KZ des Dritten Reiches weder eingerichtet noch zu vertreten. Die NPD bedauert, daß in diesen Lagern politische Gegner des Dritten Reiches mit Kriminellen zusammengesperrt wurden. Schäden an Gesundheit oder Vermögen sind durch die Wiedergutmachungsgesetzgebung im Rahmen des Möglichen repariert worden".[3]

Entgleisungen dieser Art wurden publik und bestimmten

das Erscheinungsbild der Partei wesentlich mit. In einer Umfrage, die das Allensbacher Institut für Demoskopie im Dezember 1966 durchführte, sahen nur 15 Prozent der Bevölkerung keine Ähnlichkeiten zwischen der *NPD* und der *NSDAP*. Trotzdem zogen die Nationaldemokraten in die Mehrzahl der bundesdeutschen Landtage ein.

Wahlerfolge der NPD zwischen 1966 und 1968

Die Bundestagswahl vom 19. September 1965 brachte für die *NPD* eine herbe Enttäuschung. Nur zwei Prozent der abgegebenen Stimmen konnte sie auf sich vereinigen. Aber die Freude bei den etablierten Parteien, daß es wieder einmal gelungen war, die radikale Rechte aus dem Bundestag fernzuhalten, sollte nicht lange währen. Schon ein halbes Jahr später konnte die *NPD* ihre ersten Erfolge auf kommunaler Ebene erzielen. Bei der Landtagswahl in Hessen am 6. November 1966 gelang ihr schließlich der Durchbruch. 7,9% der abgegebenen Stimmen bedeuteten acht Mandate. Innerhalb von eineinhalb Jahren folgten Bayern mit 7,4%, Rheinland-Pfalz mit 6,9%, Schleswig-Holstein mit 5,8%, Niedersachsen mit 7,0%, Bremen mit 8,9% und Baden-Württemberg mit 9,8%. Die Mitgliederzahlen wuchsen zunächst kontinuierlich und erreichten 1967 mit 28 000 eingetragenen Anhängern ihren Höchststand.

Diese rasante Entwicklung mußte um so mehr überraschen, als die *NPD* innerlich zerstritten war. Der national-konservative Flügel um den Parteivorsitzenden Thielen kämpfte gegen die *DRP*-Fraktion mit Adolf von Thadden an der Spitze. Die Auseinandersetzung, in deren Verlauf zahlreiche gemäßigte Funktionäre ihre Mitgliedsbücher zurückgaben, endete mit dem Austritt Thielens. Im November 1967 wurde Adolf von Thadden zum neuen Vorsitzenden gewählt. Er führte eine Partei, die sich langsam zu etablieren schien. Auf kommunaler Ebene gab es bereits Absprachen mit der *CDU/CSU* und der *FDP*. Auch in den bundesdeutschen Presseorganen wurde die *NPD* keineswegs nur verteufelt, sondern auch als ein lästiger, aber selbstverständlicher Teil des demokratischen Gemeinwesens behandelt. Auf einhellige Ablehnung stieß die *NPD* zunächst nur bei ausländischen Politikern und Journalisten. Die Reaktionen in Europa und den USA untersuchte 1969 eine Marburger Forschergruppe um Reinhard Kühnl. Sie stellte fest, daß das Vertrauen, „das der bundesrepublikanische Staat seit 1949 in beträchtlichem Umfange erworben hat (...) proportional zum Anwachsen der NPD wieder zerstört" wurde. „Das – angesichts der ungeheuerlichen Ausmaße nationalsozialistischer Verbrechen verständliche – Mißtrauen des Auslands gegenüber der Bundesrepublik, das sich nur langsam abbauen ließ, regenerierte sich. Ein zweites Mal würde das Ausland sich zu einem faschistischen Regime in Deutschland nicht so wohlwollend verhalten wie nach 1933".[4]

Dieses Mißtrauen schien die *NPD*-Wähler, soweit sie sich überhaupt damit beschäftigten, nicht zu beeindrucken. Zu stark war die Attraktivität einer Partei, die, wie spätere Analysen zeigen sollten, vor allem kleine Selbständige, Landwirte und Arbeiter mittleren Alters ansprach, also die Generation der Frontsoldaten. Daß die *NPD* ihre Hochburgen in strukturschwachen Gebieten mit niedrigem Einkommensniveau hatte, deutet schon auf einen der wichtigsten Gründe für ihren Erfolg hin: die Angst vor einer Wirtschaftskrise wie am Ende der Weimarer Republik. Tatsächlich kam es im Sommer 1966 zu einer durchgreifenden Rezession mit einer (für damalige Verhältnisse) dramatischen Steigerung der Arbeitslosenzahlen. Nach den Jahren der Hochkonjunktur wirkte diese plötzlich einsetzende Entwicklung wie ein Schock. Die *NPD* verstand es, diesen Schrumpfungsprozeß, der mit einem Strukturwandel im selbständigen Mittelstand einherging, geschickt zu nutzen. Sie schürte die Ressentiments gegen die Gastarbeiter und reduzierte komplexe politische Sachverhalte auf wirkungsvolle Schlagworte. Besonders die „Große Koalition" geriet in das Kreuzfeuer ihrer Kritik. Die *NPD* wußte sich einig mit zahlreichen Unionsanhängern, die die Zusammenarbeit mit der *SPD* als Verrat ansahen, und empfahl sich mit dem Slogan „Man kann wieder wählen" als einzige „nationale Alternative". Die Union verlor ihre Integrationsfähigkeit, je mehr sie sich der *SPD* und der von ihr getragenen Ostpolitik, dem, so die *NPD*, „Ausverkauf Deutschlands“, öffnete. Der Studentenrevolte und der APO, also dem „inneren Chaos“, setzte die *NPD* ihr trotziges „Sicherheit durch Recht und Ordnung“ entgegen, das so manchem, der am Fernsehschirm die Straßenschlachten verfolgte, aus dem Herzen sprach. Und nicht zuletzt war die *NPD* die einzige Partei, die die sogenannte „Vergangenheitsbewältigung“ beenden wollte. Nach schier endlosen Verjährungsdebatten und deprimierenden Berichten über die Greuel in den Konzentrationslagern wollten viele „davon nichts mehr wissen“, wie der Schriftsteller Horst Krüger in seinem Essay über den Frankfurter Auschwitz-Prozeß schrieb. „Die wissen ja alles, die kennen es, die müssen jetzt arbeiten, verdienen, müssen das Wirtschaftswunder in Gang halten. Wer zurücksieht, ist verloren“.[5] Hans Maier veranlaßte diese Beobachtung schon 1968 zu dem Schluß: „Die NPD ist nicht die Partei der alten Nazis, der Unbelehrbaren – wäre sie dies (und nur dies), so wäre die Sache verhältnismäßig einfach. Sie ist aber die Partei derer, die mit der Erinnerung an das Dritte Reich und mit der Verantwortung für seine unheilvollen Folgen endgültig ‚Schluß machen‘ wollen – und das sind keineswegs nur die Alten, sondern auch viele Angehörige der jüngeren Generation“.[6]

Die Bundestagswahl 1969 und der Niedergang der NPD

Optimisten in der Partei hatten mit einer zweistelligen Prozentzahl und mit bis zu 75 Abgeordneten gerechnet. Als das amtliche Endergebnis der Bundestagswahl vom 28. September 1969 schließlich vorlag, machte sich Ernüchterung breit. Zwar war es der *NPD* gelungen, fast eineinhalb Millionen Wähler zu gewinnen, aber mit nur 4,3% der abgegebenen Stimmen hatte sie den Einzug in den Bundestag verfehlt. So überraschend, wie es zunächst schien, war das Abschneiden der *NPD* allerdings nicht, denn unterdessen hatten sich die politischen Rahmenbedingungen entscheidend verändert. Der wirtschaftliche Aufschwung begann sich abzuzeichnen, und die von der *SPD* forcierte Sozialpolitik konnte erste Erfolge aufweisen. Zudem machte der mit harten Bandagen geführte Wahlkampf deutlich, daß es keine Neuauflage der „Großen Koalition" geben würde. Diese starke Polarisierung ließ eine (einflußlose) „nationale Opposition" überflüssig werden. Die Unionsparteien widmeten sich wieder *den* Themen, die die Attraktivität der *NPD* ausgemacht hatten. Nicht zuletzt ist das Scheitern der Nationaldemokraten an der Fünf-Prozent-Hürde auch auf die öffentliche Stigmatisierung der Partei durch die Medien und durch verschiedene Gruppierungen zurückzuführen. Diese Kampagnen waren auch deshalb so erfolgreich, weil die *NPD* ihnen außer ihrem Ordnerdienst nichts entgegenzusetzen hatte. Diese Schlägertruppe, die auf erschreckende Weise an die *SA* der „Kampfzeit" erinnerte, sollte für viele Jahre das negative Image der *NPD* prägen.

Nach der verlorenen Wahl, vor der es zu einer Art Waffenstillstand gekommen war, brachen die Flügelkämpfe in der *NPD* erneut aus. Während Adolf von Thadden die Ideale der „Konservativen Revolution" als Allheimittel propagierte und eine „bürgerlichere" *NPD* anstrebte, um die zur Union abgewanderten Wähler zurückzugewinnen, drängte die innerparteiliche Opposition, die den streng legalistischen Kurs des Bundesvorstandes ablehnte, auf eine Radikalisierung der politischen Aussagen. Mit der Gründung der *Aktion Widerstand* am 5. Oktober 1970 gelang es der *NPD*-Führung noch einmal für kurze Zeit, die verschiedenen Linien in der eigenen Partei und im gesamten rechtsradikalen Spektrum zusammenzubringen. Aber die gegen die Ostpolitik der Regierung Brandt/Scheel gerichtete Protestbewegung (auf die wir im 5. Kapitel ausführlich eingehen) sollte den Niedergang der *NPD* noch beschleunigen. Sie dokumentierte die Handlungsunfähigkeit einer Partei, die einen Abgeordnetensitz nach dem anderen verlor. Der Zerfallsprozeß förderte die Bildung neuer Gruppierungen. So entstanden 1971 neben Gerhard Freys *Deutscher Volksunion* auch die *Partei der Arbeit* von Friedhelm Busse, die *Deutsche Bürgerinitiative* von Manfred Roeder und die *Bürger- und Bauerninitiative* von Thies Christophersen.

Im November 1971 kam es schließlich beim Holzmindener Parteitag der *NPD* zum Eklat. Adolf von Thadden mußte zurücktreten. Als Kompromißkandidat wurde Martin Mußgnug zum neuen Parteivorsitzenden gewählt. Die internen Machtkämpfe hatten damit aber noch keinen Abschluß gefunden – ganz im Gegenteil:

Im Januar 1972 spaltete sich der radikale Flügel unter dem bayerischen Landesvorsitzenden Siegfried Pöhlmann ab und konstituierte sich unter dem Namen *Aktion Neue Rechte* (auch darüber mehr im 5. Kapitel).

Von diesen innerparteilichen Kämpfen konnte sich die *NPD* im Laufe der siebziger Jahre nicht mehr erholen. Nur noch in einer Handvoll Kommunalparlamenten war sie mit Abgeordneten vertreten. Landtags- und Bundestagswahlen brachten in der Regel Stimmanteile von weit unter einem Prozent. Versuche von jüngeren Parteimitgliedern, die *NPD* zu modernisieren, scheiterten an der Unbeweglichkeit der Funktionärskader. Aus den Reihen der zu willfährigen Befehlsempfängern degradierten *Jungen Nationaldemokraten* wanderten nicht wenige zu neonazistischen Gruppierungen ab. Der *NPD* drohte die Selbstauflösung.

In dieser Situation unternahm die Partei einen innenpolitischen Kurswechsel. Sie versuchte, von gesellschaftlichen Konflikten zu profitieren und verkündete als zentralen Programmpunkt für die Bundestagswahl 1980 die Parole „Ausländerstopp – Deutschland den Deutschen". Hinter dieser Neuorientierung stand der stellvertretende Bundesvorsitzende Günter Deckert, der im Dezember 1979 erfolglos gegen Mußgnug kandidiert hatte. Deckert veröffentlichte 1981 sein „Handbuch gegen Überfremdung", in dem er die unterdessen zahlreichen entstandenen Initiativen aus dem Umfeld der *NPD* vorstellte: vom *Weltbund zum Schutze des Lebens* über die *Kieler Liste zur Ausländerbegrenzung* bis zum *Heidelberger Manifest.* Mit ihren ausländerfeindlichen Thesen setzte sich die *NPD* an die Spitze einer Bewegung, die mit kaum zu überbietendem Zynismus vorgab, das „Recht" der „Gastarbeiter" auf „kulturelle Eigenständigkeit (...) zur Verhinderung der kulturellen Entfremdung und Erleichterung der Wiedereingliederung ins Heimatland bei der Rückkehr"[7] wahren zu wollen, in Wirklichkeit aber die „Gastarbeiterfrage als ökologisches Problem"[8] und als Gefahr für die „biologische Substanz" des „deutschen Volkes" ansah.

Zunächst stieß diese Kampagne in der Öffentlichkeit auf wenig Resonanz. Bei der Bundestagswahl 1980 erreichte die *NPD* mit 0,2% ihr schlechtestes Ergebnis seit Bestehen. Das Bild sollte sich aber schon bald ändern. In dem Maß, in dem das Bundesinnenministerium den Zustrom von Asylbewerbern dramatisierte, wuchs auch die Bereitschaft bei manchen Wählern, der *NPD* und anderen rechtsradikalen Parteien, die mit dezidiert ausländerfeindlichen Aussagen antraten, ihre Stimmen zu geben. Bei der Europawahl 1984 konnte die *NPD* bereits 0,8% erzielen und kam damit in den Genuß der Wahlkampfkostenerstattung. Damit wurde die Partei auch wieder als Bündnispartner für den Münchner Verleger Gerhard Frey attraktiv, der seinen Einstieg in die „große" Politik vorbereitete.

Das Wahlbündnis mit der DVU-Liste D

Bereits mehrfach hatte Gerhard Frey versucht, in der *NPD* Fuß zu fassen. Aber trotz der Unterstützung durch den Vorsitzenden Martin Mußgnug war er immer wieder an den Nationaldemokraten gescheitert, die das Ansehen ihrer Partei nicht noch durch die Allianz mit einem Mann, der u. a. die *National-Zeitung* verlegte, geschmälert sehen wollten.

Im Frühjahr 1987 kam es schließlich doch zum Bündnis. Die *NPD* vereinbarte mit Freys *Deutscher Volksunion – Liste D*, daß beide Parteien nur abwechselnd bei Wahlen antreten und sich dabei gegenseitig unterstützen sollten. In der *NPD* stieß diese vor allem von Mußgnug getragene Entscheidung auf heftige Kritik, denn gerade die finanziell lukrative Europawahl wollte sich Frey sichern. Auf dem Sonderparteitag am 26.Juni 1988 in Feucht wurde über diese Vereinbarung abgestimmt. Mußgnug verknüpfte das Votum der Delegierten mit der Vertrauensfrage für sich und das Parteipräsidium. Mit 182 gegen 133 Stimmen konnte er sich noch einmal durchsetzen.

Die *NPD* mußte die bereits erhaltene Vorauszahlung auf die Wahlkampfkostenerstattung in Höhe von fast einer Million Mark zurückzahlen. Zwar erklärte sich Frey bereit, diese Summe zu übernehmen und die Listenplätze 3, 6, 9 und 12 für das Straßburger Parlament mit *NPD*-Kandidaten zu besetzen, aber auch das konnte die innerparteiliche Opposition nicht zum Verstummen bringen. Mußgnug, der die publizistische Macht des Münchner Konzerns offensichtlich überschätzt hatte, mußte sich vorwerfen lassen, daß er die *NPD* in einer Phase, wo ein neuer Aufschwung sichtbar war, an Gerhard Frey verkauft hatte.

In einer Denkschrift von *NPD*-Funktionären, die im Oktober 1988 in der Partei kursierte, wurden die Bedenken zusammengefaßt. Es gehe Frey nur darum, „den idealistischen, selbstlosen Einsatz unserer NPD-Parteikameraden für seinen DVU-Europawahlkampf in bare Münze, sprich Wahlkampfkostenrückerstattung, zu verwandeln (...) Die NPD soll vorerst durch einen drückenden Schuldenberg finanziell kaltgestellt und dann politisch durch die DVU ersetzt werden".[9]

Zunächst allerdings konnte die *NPD*, nicht zuletzt durch die Unterstützung der Frey-Blätter, kleinere Erfolge erzielen. Bei den Landtagswahlen in Baden-Württemberg kam sie im März 1988 auf 2,1%; im Mai erreichte sie dann in Schleswig-Holstein immerhin noch 1,2% und überflügelte in beiden Fällen die *Republikaner.* Auch das Jahr 1989 begann für die *NPD* verheißungsvoll. Auf dem Höhepunkt der Diskussion über Asylbewerber und nach der die weitverbreitenden Ressentiments gegenüber Ausländern bestätigenden Berlin-Wahl konnte die *NPD* bei den Kommunalwahlen in Hessen mit z. T. überraschenden Ergebnissen in einige Kreis- und Stadtparlamente einziehen. In Frankfurt errang sie 6,6% der Stimmen und sieben Abgeordnetenmandate. Allerdings sollte sich schon bald herausstellen, daß die *NPD* auf diesen Erfolg nicht vorbereitet war. Die Frankfurter Stadtverordnetenfraktion zerfiel im Mai 1990. Bereits ein Jahr zuvor hatte das ehrenamtliche Magistratsmitglied Erich Gutjahr (von 1981 bis 1987 Landesvorsitzender von Hessen) sein Mandat zurückgeben müssen, weil von ihm in einem Zeitungsinterview der Holocaust bestritten und Bundespräsident von Weizsäcker beleidigt worden war.

Obwohl das Parteiblatt *Deutsche Stimme* noch im März 1989 vollmundig verkündet hatte: „Die Wende bahnt sich an: NPD/DVU-Liste D ist die neue Hoffnung!" endete die Europawahl im Juni mit einer großen Enttäuschung. Trotz eines gewaltigen finanziellen Aufwands war die *DVU-Liste D* weit davon entfernt, ins Straßburger Parlament einzuziehen. In den Sog dieser Niederlage geriet auch die *NPD*, in der die Diskussionen über das Bündnis mit dem offensichtlich erfolglosen Frey erneut aufbrachen. Gegen die *Republikaner* hatte die *NPD* keine Chance mehr.

Auf die Öffnung der Berliner Mauer und den beginnenden Prozeß der Wiedervereinigung reagierte die *NPD* anders als die *DVU-Liste D*, die ihre Ratlosigkeit nicht verbarg. Euphorisch wurde in der *Deutschen Stimme* die Entwicklung gefeiert. Martin Mußgnug forderte dazu auf, „Deutschland in den Sattel" zu setzen, und der Parteivorstand ließ eilends Aufkleber und Flugblätter drucken. Der verordnete Jubel konnte aber nicht darüber hinwegtäuschen, daß auch die *NPD* eines ihrer wählerwirksamsten Themen verloren hatte. Um so radikaler wurde die Agitation gegen Ausländer. Das Januarheft der *Deutschen Stimme* ließ die Stuttgarter Staatsanwaltschaft sogar beschlagnahmen, weil darin „auf widerliche Weise gegen polnische Aussiedler gehetzt worden"[10] war.

Bei den Landtagswahlen im Saarland, in Nordrhein-Westfalen und in Niedersachsen rangierte die *NPD* mit z. T. weniger als 0,2% der abgegebenen Stimmen unter den bedeutungslosen Splitterparteien.

Der Bundesvorstand versucht mit großen Anstrengungen, in der DDR Fuß zu fassen und hat dort mit den *Mitteldeutschen Nationaldemokraten*, die am 1. Mai 1990 ihre erste öffentliche Versammlung in Leipzig abhielten, auch bereits einen

Bündnispartner gefunden. Aber zu der von der Parteiführung angekündigten „Zusammenfassung aller Nationalen" wird es angesichts der desolaten Situation der *NPD*, die derzeit gerade noch rund 6500 Mitglieder zählt, mit Sicherheit nicht mehr kommen.

3. Deutsche Volksunion (DVU)

Der Münchner Verleger Gerhard Frey hat seit 1958 den größten rechtsradikalen Pressekonzern in der Bundesrepublik aufgebaut. Seine drei weitgehend inhaltsgleichen Blätter, die *Deutsche National-Zeitung*, der *Deutsche Anzeiger* und die *Deutsche Wochen-Zeitung*, erreichen eine Druckauflage von 160 000 Exemplaren. Aber trotz dieser publizistischen und finanziellen Macht ist Frey der parteipolitische Erfolg bisher versagt geblieben. Seine *Deutsche Volksunion – Liste D*, die mit der *NPD* kooperiert, konnte sich 1989 bei der zum entscheidenden Prüfstein stilisierten Europawahl gegen die *Republikaner* nicht durchsetzen und verlor dadurch rasch an Einfluß. Der von Frey repräsentierten alten Rechten, die sich nur zaghaft einer Modernisierung öffnet, ist es im Gegensatz zu den *Republikanern* nicht gelungen, größere Wählerschichten außerhalb ihrer traditionellen Zirkel zu mobilisieren.

Gerhard Frey und sein „national-freiheitlicher" Medienkonzern

1958 gründete der damals 25jährige Kaufmannssohn Gerhard Frey in München den *DSZ-Druckschriften- und Zeitungsverlag*, um der von der Einstellung bedrohten *Deutschen Soldaten-Zeitung* eine neue Basis zu schaffen. Die *Deutsche Soldaten-Zeitung* war 1950 u. a. von dem früheren *NSDAP*-Kreisleiter und Landrat von Preußisch-Holland, Helmut Damerau, und dem ehemaligen *SS*-General Paul Steiner ins Leben gerufen worden und sollte für einen „antibolschewistischen deutschen Verteidigungsbeitrag"[1] werben. Obwohl sich das Blatt als publizistische Interessenvertretung der verschiedenen (mitgliederstarken) Soldatenbünde verstand und sowohl von amerikanischer Seite als auch (für kurze Zeit) vom Bundespresseamt Zuschüsse erhielt, konnte es mit seiner trotzigen Verharmlosung der NS-Zeit nicht reüssieren. Die Auflage sank von 30000 auf 9000 Exemplare monatlich, bevor Gerhard Frey die Sanierung einleitete und die Zeitung für ein größeres Zielpublikum neu konzipierte.

Schon die verschiedenen Namensänderungen (seit 1963 hieß die *DSZ Deutsche National-Zeitung und Soldaten-Zeitung*, dann nur noch *Deutsche National-Zeitung*) deuten darauf hin, daß Frey eine Wochenzeitung für das gesamte rechtsradikale Spektrum etablieren wollte. Diese Taktik ging zunächst auf, zumal für Artikel und Interviews auch gesellschaftlich anerkannte Persönlichkeiten gewonnen werden konnten. Durch die Übernahme von Vertriebenenblättern (u.a. von Herbert Fleissner) konnte Frey die Auflage weiter steigern. Mit ihrer aggressivchauvinistischen Ausrichtung wandte und wendet sich die *DNZ (Deutsche National-Zeitung)* vor allem an ehemalige Wehrmachtsangehörige und *NSDAP*-Funktionsträger, die die kollektive Rehabilitierung zu ihrer persönlichen Schicksalsfrage gemacht haben. Die Leser der *DNZ* suchen Bestätigung und Anerkennung, die ihnen die Gesellschaft verweigert. Die Berichterstattung über aktuelle Ereignisse tritt in den Hintergrund und wird nur dann intensiviert, wenn sich Bezüge zur NS-Zeit ergeben oder wenn sie ins politische Kalkül des Herausgebers Frey paßt. In Stil und Aufmachung kopiert die *DNZ* die Boulevardpresse. Sie gibt vor, ein „entscheidend wichtiges Gegengewicht zur antideutschen Meinungsindustrie" zu sein und der „geschichtlichen Wahrheit" zu dienen, aber ihre angeblichen „Enthüllungen" erschöpfen sich darin, die nationalsozialistischen Verbrechen zu relativieren und bundesdeutsche Politiker (vor allem Willy Brandt) zu diffamieren.

Solange es strafrechtlich möglich war, den deutschen Massenmord an den Juden in Frage zu stellen, warteten die Redakteure der *DNZ* (unter ihnen der spätere Bundesgeschäftsführer der *Republikaner*, Harald Neubauer) fast jede Woche mit neuen „Gegenbeweisen“ oder Polemiken auf. So hieß es in einem Kommentar zum Beginn des Frankfurter Auschwitz-Prozesses: „Daß Westdeutschland 19 Jahre nach der bedingungslosen Kapitulation den Frankfurter Prozeß wegen Auschwitz gegen sich selbst durchführt, ist ein Beweis dafür, daß die Umerziehung im hohen Grade erfolgreich war“.[2]

Immer wieder wurde die Zahl der ermordeten Juden in Zweifel gezogen, um damit den Eindruck zu erwecken, die Massenvernichtung sei eine Erfindung der Alliierten. „Diese Propagandaziffer von sechs Millionen“, so Gerhard Frey am 12. März 1965 in seinem Blatt, diene nur dazu, „um uns die Luft zum Atmen zu nehmen“. Immer wieder sah sich Frey, besonders wegen solcher Äußerungen, heftigen Angriffen ausgesetzt. So forderten 57 Schriftsteller, Wissenschaftler, Geistliche und Journalisten am 2. Mai 1965 in einem offenen Brief, von staatlicher Seite gegen die *DNZ* vorzugehen. „Mit großer Sorge“ beobachteten u. a. Walter Jens, Ingeborg Bachmann, Hans Mayer, Theodor W. Adorno, Golo Mann und Günter Grass die Entwicklung der Zeitung und „die von ihr verbreiteten antisemitischen und im Wesen faschistischen Gedanken“.[3] Frey konterte mit einer „Resolution der 97“ und dem zynischen Hinweis auf die nationalsozialistische Pressepolitik: „Die bitteren Erfahrungen im Dritten Reich sollten Manipulationen mit dem Recht, wie sie aus durchsichtigen Motiven gegen die National-Zeitung gefordert werden, unter allen Umständen ausschließen“.[4]

Der Jurist Frey, der die rechtsstaatlichen Grenzen genau kennt, konnte sich vor den Gerichten fast immer durchsetzen. Auch die Anträge der Bundesregierung vom 20. März 1969, ihm das Grundrecht der freien Meinungsäußerung, das Wahlrecht, die Wählbarkeit und die Fähigkeit zur Bekleidung öffentlicher Ämter für eine bestimmte Zeit abzuerkennen sowie den *DSZ*-Verlag aufzulösen, wurden vom Bundesverfassungsgericht 1974 zurückgewiesen.

Den geschäftlichen Erfolg des Münchner Verlegers konnten diese Prozesse nicht schmälern – ganz im Gegenteil: Als Organ seiner *Deutschen Volksunion* etablierte Frey den *Deutschen*

Anzeiger, und 1986 erwarb er schließlich die *Deutsche Wochenzeitung* des früheren *NPD*-Präsidiumsmitglieds Waldemar Schütz. Um ihre drei Blätter herum hat die Familie Frey einen gewinnträchtigen Gemischtwarenkonzern gruppiert, für den in den hauseigenen Zeitungen ausgiebig geworben wird. Im Angebot finden sich neben Reisen (nach „Südwestafrika", Südafrika, Chile oder Taiwan), Gedenkmedaillen (mit den Porträts von NS-Größen) und der „Reichskriegsflagge" (in verschiedenen Formaten) vor allem Schallplatten, Musikcassetten, Videofilme, Kalender und Bücher, deren Inhalte die Aussagen der Frey-Gazetten bestätigen. In den familieneigenen *DSZ*- und *FZ*-Verlagen läßt Frey zudem Bücher erscheinen, deren Titel Programm sind:

„Das Ehrenbuch des deutschen Soldaten", „War Deutschland allein schuld?", „Die wahren Schuldigen am Zweiten Weltkrieg", „Die Wahrheit über von Weizsäcker", „Asylbetrug und Überfremdung", „Lexikon der Skandale. Sündenregister deutscher Politiker", „Verheimlichte Dokumente. Was den Deutschen verschwiegen wird". Für die von ihm selbst herausgegebene denunziatorische Lexikon-Reihe „Prominente ohne Maske" beschäftigte Frey u. a. den von ihm geschätzten britischen Schriftsteller David Irving als Rechercheur. Irving, über den noch im Kapitel über die Propagandisten der sogenannten „Auschwitz-Lüge" die Rede sein wird, tritt auch regelmäßig bei Veranstaltungen der *Deutschen Volksunion* auf.

Der Münchner Verleger läßt keine Gelegenheit aus, um die Leser seiner Blätter zum Kauf von Büchern oder anderen Artikeln aus seinem Angebot zu animieren. Fast jeder der oft inhaltsarmen Beiträge in seinen Zeitungen schließt mit der Empfehlung, ein Buch aus dem Hause Frey zu erwerben. Selbst die Entwicklung in der DDR wird entsprechend vermarktet: „Umerzieher planen, mit weiteren gigantischen Kollektivanklagen, uns das ‚moralische Recht' auf Wiedervereinigung zu nehmen." Deshalb hat der *Deutsche Buchdienst* ein „umfangreiches Buch- und Videoangebot mit hochinteressanten Titeln" zusammengestellt und bittet die Leser des *Deutschen Anzeigers* „eindringlich, für eine möglichst weite Verbreitung zu sorgen, damit mehr und mehr Mitbürger aufgeklärt werden und somit antideutschen Bestrebungen die rechte Antwort erteilen können".[5] Noch plumper heißt es in derselben Ausgabe zu einem in Passau gegen David Irving verhängten Redeverbot: „Bestellen Sie aus Protest gegen den Irving-Maulkorb sogleich folgende Titel". Diese Verquickung von geschäftlichen und politischen Interessen hat Frey selbst in rechtsradikalen Kreisen zu einer umstrittenen Person werden lassen.

Die Deutsche Volksunion (DVU) als „überparteiliche Bewegung der verfassungstreuen Rechten"

Gerhard Frey hat immer wieder versucht, seine publizistische Macht auch für seine eigene politische Karriere zu nutzen. Daß ihm dies lange Zeit nicht gelang, hing vor allem mit der öffentlichen Ächtung seiner Zeitungen zusammen. Die bedeutenderen rechtsradikalen Parteien profitierten zwar indirekt von der Agitation der Freyschen Druckwerke, aber eine zu große Nähe zu dem Münchner Konzernherrn hätte ihre Chancen, bei konservativen Wählern Anerkennung zu finden, erheblich verringert. Die Beziehungen Freys zur *DRP*-Spitze blieben gespannt. Auch die Idee des *DNZ*-Herausgebers, zusammen mit der *Gesamtdeutschen Partei* Anfang der sechziger Jahre in Hessen und Niedersachsen eine neue Partei aus der Taufe zu heben, wurde nicht realisiert.[6] In der Gründung der *NPD* sah Frey, nicht zuletzt wegen persönlicher Differenzen mit führenden Funktionären, ein eher marginales Ereignis. Zwischen der *DNZ* und den *Deutschen Nachrichten* der *NPD* entspann sich ein regelrechter Kleinkrieg, obwohl auch nationaldemokratische Funktionsträger wie der frühere NS-Autor Wilhelm Pleyer zu den ständigen Mitarbeitern der *DNZ* zählten. Erst als die Rechtsradikalen 1969 zum Sammeln bliesen, um den Einzug in den Bundestag zu schaffen, sah Frey eine Chance, in der *NPD* Fuß zu fassen. Aber eine Direktkandidatur wurde ihm versagt. *Der SPIEGEL* zitierte den damaligen *NPD*-Vorsitzenden Adolf von Thadden mit dem Satz: „Auf diesen Sargnagel lege ich keinen Wert".[7]

Das Scheitern der *NPD* an der Fünf-Prozent-Hürde und der beginnende Zerfallsprozeß der Partei ermutigten Frey, erneut aktiv zu werden. Mit einer überparteilichen Sammlungsbewegung wollte er Einfluß auf die *NPD* und auf rechte Kreise in der *CDU/CSU* ausüben. So entstand im Januar 1971, „am Vorabend der hundertjährigen Wiederkehr der Gründung des zweiten Reichs", die *Deutsche Volksunion (DVU)*, „um alle verfassungstreuen Kräfte von mitte bis rechts zusammen(zu)führen".[8] Die Ziele der *DVU* sind identisch mit denen der *National-Zeitung*, aus deren Leserkreis die meisten Mitglieder stammen. Trotzdem existiert – wohl hauptsächlich um die Symphatisanten doppelt zur Kasse zu bitten – mit dem *Deutschen Anzeiger* noch ein eigenes *DVU*-Blatt.

Die von der sozialliberalen Koalition geschlossenen Ostverträge, die besonders in den Vertriebenenverbänden auf Ablehnung stießen, und die fortschreitende Auflösung der *NPD* ließen die Mitgliederzahlen der *DVU* rasch anwachsen. Zudem installierte Frey ein System von weitgehend inaktiven Suborganisationen (*Aktion deutsche Einheit* als Nachfolgerin der *Aktion Oder-Neiße, Initiative für Ausländerbegrenzung, Ehrenbund Rudel, Aktion deutsches Radio und Fernsehen, Deutscher Schutzbund für Volk und Kultur, Volksbewegung für Generalamnestie*), die in erster Linie dazu dienen, neue Anhänger zu werben. Wenig Erfolg hatte Frey dagegen mit dem von ihm 1972 initiierten *Freiheitlichen Rat*, dem u. a. die *Aktion Neue Rechte* des *NPD*-Dissidenten Siegfried Pöhlmann, die *Aktion Oder-Neiße*, der *Deutsche Block* und die *Wiking-Jugend* angehörten. Seine ihm zugedachte Rolle als Koordinierungsgremium der wichtigsten rechtsradikalen Gruppierungen konnte der *Freiheitliche Rat* zu keiner Zeit ausfüllen, weil nur wenige Funktionäre bereit waren, sich einem Vorsitzenden Frey unterzuordnen.

Obwohl die *DVU* und die *NPD* ähnliche Positionen vertraten, schien eine Zusammenarbeit zunächst unmöglich zu sein, weil die *NPD* weiterhin darauf hoffte, sich als vierte Partei etablieren zu können.Trotzdem kam es 1975 zur Annäherung, als sich der Kreis um den Parteivorsitzenden Martin

Mußgnug von der Einbindung Freys (und vor allem von dessen Zeitungen) einen neuen Aufschwung für die *NPD* erwartete. Aber die innerparteiliche Opposition setzte sich schließlich durch. Bei der Wahl zum stellvertretenden Bundesvorsitzenden unterlag Frey seinem Gegenkandidaten. Die Enttäuschung des *DVU*-Chefs war so groß, daß er noch bei den Bundestagswahlen 1980 und 1983 öffentlich für die *CDU/CSU* bzw. für die *FDP* votierte.

Bei der Suche nach neuen Bundesgenossen nahm Frey auch Kontakte zu Neonazis auf; er unterstützte Thies Christophersen, Uwe Rohwer und Karl-Heinz Hoffmann, dem er 1976 eine Geldstrafe in Höhe von 8000 DM bezahlte. Aber diese großzügigen Gesten, mit denen Frey die Aktivisten der Neonazi-Szene an sich binden wollte, schadeten der *DVU* mehr als sie ihr nützten, da Rohwer und Hoffmann schon bald zu hohen Haftstrafen verurteilt wurden und die meisten Frey-Anhänger mit militanten Neonazis nichts zu tun haben wollten.

Die Mitglieder der *DVU* sind in der Regel passive Beitragszahler, die von ihrer Organisation nichts oder nur wenig erwarten. Für sie ist es lediglich wichtig, daß es die *DVU* und die Frey-Blätter überhaupt gibt und daß öffentlich ausgesprochen wird, was sie denken. Dieser Selbstbestätigung dienen auch die von Frey durchgeführten Preisverleihungen und Veranstaltungen, bei denen u. a. neben Südtiroler „Freiheitskämpfern" und David Irving auch ehemalige Wehrmachtsoffiziere wie Hans-Ulrich Rudel und Walter Dahl auftraten. Gerade Rudel ließ keinen Zweifel daran, daß er auch weiterhin der *NSDAP* und Adolf Hitler die Treue hielt. „Ich bin einer der wenigen, die standhaft geblieben sind, die nicht heute das und morgen jenes sagen", vertraute er der *BILD*-Zeitung am 2. November 1976 an.

Mit dem Einsatz von ehemaliger NS-Prominenz und mit massiver Werbung in seinen Blättern war es dem Münchner Verleger schon 1980 gelungen, die *NPD* in den Mitgliederzahlen zu überflügeln. Ende 1988 hatte die *DVU,* nach den Angaben im Verfassungsschutzbericht des Bundesinnenministeriums, über 12000 Anhänger (Gerhard Frey gibt allerdings weitaus höhere Zahlen an).

Mit der *DVU* wollte sich Frey die organisatorischen und personellen Voraussetzungen schaffen, um zu einem günstigen Zeitpunkt eine eigene Partei gründen zu können.

Die DVU-Liste D als „Wahlverband der deutschen Rechten"

Obwohl Gerhard Freys Engagement in der *NPD* unter keinem glücklichen Stern gestanden hatte, waren die Kontakte zu führenden Nationaldemokraten, vor allem zum Bundesvorsitzenden Martin Mußgnug, nie ganz abgerissen. 1986, vor der bayerischen Landtagswahl, kam es dann zu einer erneuten Zusammenarbeit, allerdings dieses Mal unter geänderten Vorzeichen. Frey trat jetzt als zumindest gleichberechtigter Partner der politisch erfolglosen *NPD* auf. Um seine Position noch zu stärken, gründete er im November 1986 eine eigene Partei, die *Deutsche Liste,* als „rechte Alternative, auf die Deutschland wartet". Die Hauptforderungen waren:

„1. Deutschland den Deutschen. Stopp der weiteren Zuwanderung von Heerscharen fremder Menschen.

2. Deutschland zuerst. Konzentration der Politik auf das in unserer Verfassung festgelegte Ziel der Wiedervereinigung.

3. Schutz des Lebens. Kampf dem Abtreibungsmißbrauch.

4. Gleichberechtigung für das deutsche Volk. Schluß mit den ständigen Schuldzuweisungen.

5. Ehrenschutz für Deutschlands Gefallene und Soldaten".[9]

Schon wenige Monate später, im März 1987, wurde die *Deutsche Liste* von der *Deutschen Volksunion – Liste D* abgelöst. Frey erhoffte sich offenbar von dem bereits eingeführten Namen eine größere Resonanz. Die politischen Vorstellungen blieben verschwommen; im Grundsatzprogamm „Für Deutschland und deutsche Interessen" wurden sie lediglich weiter ausgeführt und durch zielgruppenbezogene Forderungen ergänzt.

An der konstituierenden Versammlung der *DVU-Liste D* am 5. und 6. März 1987 in München nahmen auch führende

Vertreter der *NPD* teil, um das neue Bündnis zu besiegeln. *DVU-Liste D* und *NPD* sollten bei künftigen Wahlen nur abwechselnd, nie gegeneinander antreten und sich in jeder Form unterstützen. In die Wahllisten können Kandidaten beider Parteien aufgenommen werden; außerdem sind Doppelmitgliedschaften möglich. Politisch machte Frey Zugeständnisse. Er löste sich von der bisher von ihm propagierten Westbindung und fordert nun, wie die *NPD*, für die Zeit nach der Wiedervereinigung ein neutrales und blockfreies Deutschland.

Für Frey war dieser Schritt zwingend notwendig geworden, so die offizielle Lesart im *Deutschen Anzeiger*, weil die von der Union geführte Bundesregierung eine „verhängnisvolle antinationale Politik" betreibe und „die Einlösung aller Versprechungen zu einer politischen, auch geistigen und moralischen Wende schuldig geblieben"[10] sei. Der wahre Grund für das neue Engagement von Frey dürfte allerdings nicht die Enttäuschung über die christlich-liberale Koalition, sondern der direkte Konkurrent Schönhuber gewesen sein, der sich anschickte, die Wähler rechts von der Union zu sammeln. Bei der bayerischen Landtagswahl 1986 hatte er mit seinen *Republikanern* auf Anhieb 3% der Stimmen errungen.

Frey und Schönhuber waren aber nicht immer Rivalen. Als seine SS-Memoiren unter dem Titel „Ich war dabei" 1981 erschienen, ließ sich Schönhuber in den Frey-Gazetten zunächst feiern und dann als „Opfer der Umerziehung" gewinnträchtig vermarkten. (Allein der Versanddienst des *DSZ*-Verlages verkaufte rund 6000 Schönhuber-Bücher). Erst als er 1983 die *Republikaner* mitbegründete und um den Ruf der jungen Partei fürchtete, setzte er sich verbal von Frey ab. Zudem gelang es ihm, Harald Neubauer, Freys wichtigsten Mann, für die *Republikaner* zu gewinnen. Seitdem wird in den Frey-Blättern bei jeder sich nur bietenden Gelegenheit gegen Schönhuber polemisiert.

Zum ersten direkten Vergleich zwischen den *Republikanern* und der von der *NPD* unterstützten *DVU-Liste D* kam es im September 1987 bei der Bremer Bürgerschaftswahl. Frey investierte zwei Millionen Mark und damit mehr als SPD und

CDU zusammen. Der Erfolg fiel bescheiden aus. Mit 3,4% der abgegebenen Stimmen verfehlte die *DVU-Liste D* zwar die 5%-Marke, zog aber, weil sie in Bremerhaven 5,3% erreicht hatte, mit einem Abgeordneten, dem Schiffsingenieur Hans Altermann, in die Bürgerschaft ein. Die *Republikaner* kamen lediglich auf 1,2%. Der Parteivorsitzende machte aus dem letztlich auch finanziell enttäuschenden Ergebnis (die Partei erhielt nur eine Wahlkampfkostenrückerstattung in Höhe von 65 000 DM) propagandistisch „Das Fanal von Bremen" und ließ im *Deutschen Anzeiger* feststellen, daß die *DVU-Liste D* jetzt über „eine vortreffliche Ausgangsposition für den weiteren politischen Kampf"[11] verfüge. Frey sah in der Bremer Bürgerschaftswahl lediglich die Generalprobe für die Europawahl im Juni 1989, bei der er als Spitzenkandidat den Einzug in das Straßburger Parlament schaffen wollte.

Um dieses Ziel zu erreichen, setzte Frey insgesamt 18 Millionen Mark ein, die nur zum kleineren Teil aus Mitgliedsbeiträgen und Spenden gestammt haben dürften. Mit drei bundesweiten Postwurfsendungen in einer Gesamtauflage von über 70 Millionen Exemplaren machte Frey auf seine Partei aufmerksam. Bestimmte Bevölkerungsgruppen wurden sogar persönlich angeschrieben. Vor allem auf die Männer, die die NS-Zeit noch selbst miterlebt hatten und jetzt im Rentenalter waren, und auf Erstwähler setzte Frey seine Hoffnungen – und das nicht ohne Grund: Bereits 1987 hatte der Bielefelder Pädagoge Wilhelm Heitmeyer in einer breit angelegten Studie ermittelt, daß 43,5% der 16–17jährigen der rechtsradikalen Forderung „Deutschland den Deutschen" zustimmten. Die *DVU-Liste D* warb mit ähnlichen Schlagworten: „Deutschland zuerst! Deutschland soll deutsch bleiben! Deutsche Arbeitsplätze für Deutsche! Deutsches Geld für deutsche Aufgaben!" Demoskopisch sollte Frey Recht behalten. Besonders Männer unter 24 und über 60 Jahre gaben der *DVU-Liste D* ihre Stimme – allerdings in einer weitaus geringeren Zahl, als es Frey erwartet hatte. Denn gerade bei den von ihm umworbenen Zielgruppen konnten die *Republikaner*, die noch im Aufwind der Berlinwahl segelten, ihre größten Gewinne verbuchen. Während die Schönhuber-Partei 7,1% erreichte, blieben für die *DVU-Liste D* nur 1,6% und über 14 Millionen Mark Defizit. Die ausländerfeindlichen und deutschtümelnden Parolen waren zu plump und zu sehr mit dem Ruch der NS-Zeit behaftet, um gegen die subtilere Agitation der *Republikaner* bestehen zu können.

Der Schock der Niederlage wirkte lange nach, obwohl die Partei ihre Mitgliederzahlen zunächst weiter steigern konnte. (Im Juli 1989 sprach das Bundesinnenministerium von mehr als 20000 Personen). Zudem regte sich in der *NPD* wieder Kritik an dem Bündnis. Die innerparteiliche Opposition gewinnt seitdem an Boden. Es scheint nur noch eine Frage der Zeit zu sein, bis die *NPD* wieder ihre eigenen Wege gehen wird, denn Frey ist es nicht gelungen, Perspektiven für eine auf lange Sicht erfolgreiche Parteiarbeit zu entwickeln.

Völlig unvorbereitet traf ihn auch die immer wieder geforderte Öffnung der Berliner Mauer. Der *Deutsche Anzeiger* dokumentiert die Ratlosigkeit, mit der die *DVU-Liste D* und ihr Vorsitzender auf die Ereignisse in der DDR reagierten. Von aufrichtiger Freude war nichts zu spüren, denn Frey hatte eines seiner wichtigsten Agitationsthemen verloren. Für die „Wiedervereinigung" engagierten sich nun die etablierten Parteien; ihm blieben nur Nebenschauplätze und Spekulationen. Bemängelt wurde höchstens noch, daß der ganze Prozeß zu lange dauere und nicht die ehemaligen deutschen Ostgebiete einschließe.

Auch die Versuche, in der DDR Fuß zu fassen, sind zunächst an dem weitaus geschickteren Vorgehen der *Republikaner* gescheitert. Für eine rückwärtsgewandte Partei wie die *DVU-Liste D,* die keinerlei Lösungsmöglichkeiten für soziale und gesellschaftliche Probleme anbietet, scheint es weder in der Bundesrepublik noch in der DDR genügend Wähler zu geben, um eine parlamentarische Präsenz zu sichern.

4. Die Republikaner

Die 1983 gegründeten *Republikaner* waren zunächst ein rein bayerisches Phänomen. Enttäuschte *CSU*-Sympathisanten und -Funktionäre hatten sie als rechte Alternative zu der von Franz-Josef Strauß geführten Partei ins Leben gerufen. Aber je stärker sich die gesamte Union bemühte, als Volkspartei der Mitte für alle wählbar zu sein, desto mehr gewannen die *Republikaner* an Boden. Mit nationalistischen und ausländerfeindlichen Parolen konnten sie 1989 in das Berliner Abgeordnetenhaus und das Europaparlament einziehen. Erst der von Helmut Kohl forcierte Prozeß der Wiedervereinigung entzog der Partei die politische Basis und ließ den Streit zwischen gemäßigteren und radikaleren Kräften mit aller Heftigkeit ausbrechen. Die *Republikaner,* so scheint es derzeit, werden sich nicht als fünfte Partei etablieren können. Sie könnten nur dann noch eine Chance haben, wenn die *CDU* nach der verklungenen nationalen Euphorie wieder den Weg der Modernisierung einschlagen würde oder wenn es nach der vollzogenen Wiedervereinigung zu neuen sozialen Verteilungskämpfen kommen sollte.

Parteigründung aus Protest

Die Gründung der *Republikaner* am 26. November 1983 in München war eindeutig gegen die *CSU* gerichtet. Das dokumentiert schon die Zusammensetzung des ersten Vorstandes. In ihm saßen drei Enttäuschte: die beiden ehemaligen *CSU*-Bundestagsabgeordneten Franz Handlos und Ekkehard Voigt, die aus Protest gegen den von Strauß eingefädelten Milliardenkredit an die DDR ihrer Partei den Rücken gekehrt hatten, und der frühere stellvertretende Chefredakteur des Bayerischen Rundfunks, Franz Schönhuber, der nach dem Erscheinen seiner apologetischen *Waffen-SS*-Erinnerungen mit dem Titel „Ich war dabei" von seinen *CSU*-Freunden fallengelassen worden war. Franz Handlos übernahm zwar den Parteivorsitz, aber in diesem Triumvirat dominierte Franz Schönhuber, der als einziger ein klares politisches Konzept hatte. Auf lange Sicht wollte er am rechten politischen Rand eine Partei etablieren, die in ihren Ansichten radikaler sein sollte als die *CSU*, sich aber trotzdem wirkungsvoll von *NPD* und *DVU* abgrenzen würde. Schönhuber hatte, vereinfacht ausgedrückt, alle die Wähler im Auge, denen die *CSU* zu links und die *NPD* zu rechts oder zu wirkungslos war. Mit dieser Taktik, die schließlich die Partei spalten sollte, hoffte Schönhuber, zuerst in Bayern und dann auf Bundesebene koalitionsfähig zu werden. Alle Entscheidungen, die er seit 1983 getroffen hat, sind unter diesem Gesichtspunkt gefällt worden. Um die *Republikaner* nicht als politisches Anhängsel der *CSU* oder als neue rechtsradikale Splittergruppe erscheinen zu lassen, mußte Schönhuber alles daransetzen, um die Kräfte in seiner Partei, die in die eine oder die andere Richtung operierten, von Anfang an auszuschalten.

Erste Opfer dieser Politik waren die beiden Mitgründer Handlos und Voigt. Im Mai 1985 verließ Handlos, der seine *CSU*-Positionen beibehalten hatte, die Partei und warf Schönhuber vor, er wolle die *Republikaner* zu einer Art „nationalen Front"[1] machen. Handlos versuchte sich danach erfolglos mit einer *Freiheitlichen Volkspartei* und trat schließlich 1987 in die *FDP* ein.

Vor dem Siegburger Bundesparteitag im Juni 1985 verdrängte Schönhuber auch Ekkehard Voigt, der als Rechtsaußen des Triumvirats gegolten hatte und durch markige Forderungen nach Wiedereinführung der Todesstrafe oder durch verbale Entgleisungen über die Bonner Regierungskoalition bekannt geworden war. Auch Voigt suchte Unterschlupf bei der *FDP*, kehrte aber 1989 zu den *Republikanern* zurück und wurde wieder zu einem der schärfsten Konkurrenten Schönhubers. In Siegburg konnte sich Schönhuber mit überwältigender Mehrheit durchsetzen. Das „Siegburger Manifest" der Partei trägt schon deutlich seine Handschrift. Der betont rechtskonservative Kurs, für den Handlos gestanden hatte, wurde zugunsten einer stärkeren Radikalisierung aufgegeben.

Auf der anderen Seite distanzierte sich der neue Vorsitzende bei jeder Gelegenheit von der *NPD* und von Gerhard Frey, der den Autor von „Ich war dabei“ zunächst hofiert hatte. Frey wäre gern mit dem immer noch populären Schönhuber in die politische Arena gestiegen. So erwuchs den *Republikanern* mit Freys *DVU-Liste D* ein erbitterter Konkurrent, der im Bündnis mit der *NPD* zumindest einen Teil der Wähler, auf die Schönhuber zielte, für sich mobilisieren konnte.

Bayerische Landtagswahl 1986 und Krise der Partei

Bei der Bayerischen Landtagswahl im Oktober 1986 konnten die *Republikaner* mit drei Prozent der abgegebenen Stimmen noch deutlich über die *NPD* triumphieren, die nur 0,5 Prozent erreichte. Der Kurs, den Schönhuber eingeschlagen hatte, schien sich zu bewähren, auch wenn der von Generalsekretär Harald Neubauer vorausgesagte Sprung in den Bayerischen Landtag nicht gelang. Der ehemalige *NPD*-Funktionär Neubauer, der 1983 von Freys Medienkonzern zu den *Republikanern* gewechselt war und zum Vertrauten Schönhubers aufstieg, öffnete die Partei für seine früheren politischen Freunde. Damit wurden die *Republikaner* auch für *NPD*-Anhänger attraktiv, die im Gefolge Schönhubers auf eine parlamentarische Präsenz ihrer Vorstellungen hoffen konnten. Der Parteivorsitzende verfolgte diese Entwicklung zunächst mit Sympathie; nur langsam wurde dem Taktiker klar, daß sich am rechten Rand der *Republikaner* eine Oppositionsgruppe formierte, die seinen Führungsanspruch in Frage stellte.

Die Wahlniederlagen der nächsten Jahre, die den bescheidenen Erfolg in Bayern schnell vergessen ließen, erschütterten die Position Schönhubers noch zusätzlich. Bei den Entscheidungen in Bremen (1,2%), Baden-Württemberg (1,0%) und Schleswig-Holstein (0,6%) spielten die *Republikaner* keine Rolle und wurden von dem Bündnis *NPD/DVU-Liste D* weit überflügelt. Das Bremer Ergebnis traf die Partei am härtesten, weil sie in der Hansestadt fast ideale Startbedingungen vorgefunden hatte. Vor der Wahl waren nämlich sieben *CDU*-

Stadtverordnete aus Bremerhaven und zwei *CDU*-Abgeordnete aus der Bürgerschaft zu den *Republikanern* übergetreten. Sie alle mußten jetzt ihre Mandate aufgeben, während auf der anderen Seite die *DVU-Liste D* mit einem Abgeordneten in die Bürgerschaft einzog. Als Folge konstituierte sich die *Bremische Republikanische Partei,* die sich von der Münchner Zentrale löste.

Schönhuber gelang es trotzdem noch einmal, seine Spitzenstellung zu behaupten. Auf dem Bundesparteitag im Juni 1988 in Neustadt hielt er eine kämpferische Rede, in der er die *Republikaner* noch einmal gegen *CSU* und *NPD* abgrenzte. Mit 247 von 268 Delegiertenstimmen wurde er in seinem Amt als Parteivorsitzender bestätigt. Allerdings konnte der nach außen hin demonstrierte innere Frieden nicht darüber hinwegtäuschen, daß die Mitgliederzahl kontinuierlich sank und sich die Skandale in der Partei häuften.

Überraschende Erfolge der Republikaner in Berlin und bei der Europawahl (1989)

Mit dem Einzug der *Republikaner* ins Berliner Abgeordnetenhaus hätte vor der Wahl vom Januar 1989 niemand gerechnet. Der Landesverband, dem nur wenige politisch erfahrene Mitglieder (zumeist aus der Jungen Union) angehörten, präsentierte sich in einem desolaten Zustand und führte einen eng begrenzten Wahlkampf, der allerdings für Aufsehen und Empörung sorgte. In einem von der Partei fabrizierten Fernsehspot wurden zu der Filmmusik von „Spiel mir das Lied vom Tod" ausländische Mitbürger und ihre Kinder gezeigt. Dieser kurze Streifen, der die ausländerfeindliche Agitation der *Republikaner* auf den Punkt brachte, und die mit der Ausstrahlung verbundenen aufgeregten Reaktionen der Berliner Politiker scheinen den Ausschlag für das Abschneiden der Partei gegeben zu haben. Mit 7,5% der Wählerstimmen und elf Abgeordneten zogen die *Republikaner* ins Schöneberger Rathaus ein. Bei den Wahlen zu den Bezirkstagen gewannen sie z.T. mehr Mandate als sie Kandidaten aufgestellt hatten.

Zum erstenmal begannen die Medien sich mit der ‚neuen' Partei und ihren Aussagen intensiver zu beschäftigen. Franz Schönhuber rückte in den Mittelpunkt des Interesses, und er verstand es, die Aufmerksamkeit für sich zu nutzen. Er beanspruchte für sich, „Volkes Meinung" zu kennen und sie als einziger Politiker auch offensiv zu vertreten. Besonders in Bierzelten wußte er sich seiner Sache sicher. „Den größten Beifall kriege ich", erklärte er Claus Leggewie im Interview, „wenn ich die Umerziehung feierlich für beendet erkläre und den Fahrkartenschalter nach Canossa für geschlossen. (...) Wenn ich sage: ich bin stolz darauf, ein Deutscher zu sein – im Nebensaal von Brandt und Momper habe ich das gesagt – darauf haben die Leute jahrelang gewartet".[2] Im *SPIEGEL* hat Jürgen Leinemann Schönhubers rhetorische Technik analysiert und genau beschrieben, wie subtil der Parteivorsitzende Emotionen weckte, die er gleichzeitig verbal ablehnte: „Kein Zweifel, der Kampfredner Franz Schönhuber ist Biedermann und Brandstifter zugleich, zwischen ‚Law and order' und Lynchhetze werden die Grenzen fließend. (...) Kaum hat er die Menge hysterisch aufgeheizt gegen ‚Kriminelle' und ‚Chaoten' – wobei die Grenzen sich verwischen zwischen Walter Momper und Drogen-Dealern – die sich ‚verschworen haben zur Vernichtung des deutschen Volkes', zwischen Triebtätern und Psychiatern, die sie wieder loslassen auf ‚unsere Frauen und Kinder' –, kaum also beginnt sich im Zelt der Aufschrei ‚Kopf ab' zu artikulieren, da bremst der Redner abrupt: ‚Aus ethischen und moralischen Gründen' komme für ihn die Todesstrafe nicht in Frage".[3] Schönhuber kalkulierte geschickt damit, daß seine Zuhörer die Grenzen, die er aus parteitaktischen Gründen einhalten mußte, von sich aus übersprangen. Nur selten ließ er sich zu unkontrolliert scheinenden Äußerungen verleiten, z. B. wenn er die in der Bundesrepublik lebenden Juden attackierte.

Was Schönhuber im Bierzelt- oder Stadthallendunst populistisch verpackt von sich gab, das fand seine Entsprechung im 1987 verabschiedeten „Programm der REPUBLIKANER", das einen völkischen Nationalismus predigte. Im Obrigkeitsstaat *republikanischer* Prägung stehen „Staatsräson" und „Gemeinwohl" an erster Stelle, der einzelne muß sich unterordnen. Die „Entkriminalisierung deutscher Kultur" korrespondiert mit der „Achtung der nationalen Symbole" oder der „Wiederherstellung traditioneller, bewährter Strukturen und pädagogischer Grundsätze". Die Gewerkschaften sollen sich wieder auf das „Wohl der Arbeitenden und das Gedeihen ihrer Arbeitsstätten beschränken". Der Emanzipationsbewegung setzten die *Republikaner* die Hausfrau und Mutter entgegen, der es „insbesondere gegeben" sei, „durch Wärme und Hingabe ein Klima der Geborgenheit zu schaffen, in welchem Familie und Kinder gedeihen können". Um den Einfluß der Medien zurückzudrängen, sollten „Kontrollorgane zum Schutze des von Einschüchterung und Verschmutzung der geistigen Umwelt bedrohten Freiheitsraumes des Bürgers sorgen". Kernpunkt des Programms war der Absatz über die „Ausländer- und Asylgesetzgebung", in dem die *Republikaner*, ähnlich wie *NPD* oder *DVU-Liste D*, verschärfte Maßnahmen forderten, „um Mißbrauch und Schaden deutscher Bürger, ihrer Sicherheit und ihres Gemeinwesens zu verhindern".[4]

Mit dieser Mischung aus nationalistischem Pathos, apologetischer Geschichtsklitterung, ausländerfeindichem Ressentiment und kleinbürgerlichem Sicherheitsdenken konnten die *Republikaner* weiter an Boden gewinnen. Bei der Kommunalwahl in Hessen am 12. März 1989 erreichten sie in den beiden Landkreisen, in denen sie angetreten waren, zweistellige Ergebnisse. Schönhuber fühlte sich seinem Ziel, einer Koalition mit der Union, ein großes Stück nähergekommen, zumal es deutliche Signale von einigen Politikern in *CSU* und *CDU* gab. In einem Interview mit der *Frankfurter Neuen Presse* sagte er am 5. April 1989 mit Blick auf die nächste Bundestagswahl: „Wenn es darum ginge, eine rot-grüne Koalition zu verhindern, müßten all jene, die das wollen, ihre Bedenken – sei es politischer, sei es persönlicher Art – zurückstellen, um dieses nicht Wahrheit werden zu lassen. Das bedeutet sowohl bei uns wie auch bei denen von der *CDU/CSU* ein Überprüfen der Positionen".

Die Europawahl am 18. Juni 1989, bei der die *Republikaner* mit dem Slogan „Europa ja – diese EG nein" angetreten waren, bescherte der Partei ihren bisher größten Erfolg. Über zwei Millionen Bundesbürger stimmten für die *Republikaner.* 7,1% bedeuteten sechs Sitze im Straßburger Parlament. Die *DVU-Liste D,* die gewaltige Summen in den Wahlkampf investiert hatte, erhielt nur 1,6%. Mit der französischen *Front National* von Jean-Marie Le Pen und dem *Flämischen Block* bilden die *Republikaner* eine gemeinsame Fraktion, die allerdings politisch einflußlos ist und durch den Streit bei den *Republikanern* noch zusätzlich gelähmt wird. Der Zusammenschluß dürfte mehr eine symbolische Geste sein, denn die rechtsradikalen Parteien in Europa haben so gut wie keinen institutionellen Kontakt untereinander.

Spätestens mit dem Einzug der *Republikaner* ins Europaparlament begann die intensive Beschäftigung mit dem Wählerprofil der Partei. Die verschiedenen Meinungsforschungsinstitute kamen dabei zu durchaus unterschiedlichen Ergebnissen, die eine auch nur einigermaßen gesicherte Bestimmung nicht zulassen. Claus Leggewie faßte diese Untersuchungen mit den Worten zusammen: „Das einzige exakte Kriterium, das man beim durchschnittlichen REP-Wähler gefunden hat, ist, daß er männlich ist; ansonsten ist er, soziologisch gesehen, eben ein ‚Mann ohne Eigenschaften', der mal die Gestalt des frustrierten jungen Facharbeiters und mal die des Pensionärs aus der unversöhnten HJ- oder Flakhelfergeneration annimmt, als arbeitsloser Sozialhilfeempfänger ebenso auftaucht wie als notleidender Zahnarzt, der gegen die ‚sozialistische' Gesundheitsreform Norbert Blüms ankämpft. Insofern sind die REPs eine rechte kleine Volkspartei".[5]

Lediglich Fremdenfeindlichkeit und Nationalismus scheinen alle *Republikaner*-Wähler gemeinsam zu haben. Sie wollen den Herrschenden, die – ihrer Meinung nach – zuwenig für sie und zu viel für andere tun, einen kräftigen Denkzettel verpassen. Insofern sind sie nicht unbedingt an die *Republikaner* gebunden; sie würden bei ihrer Suche nach ‚nationaler Identität' auch einer anderen nicht stigmatisierten Partei mit ähnlich deutlicher Abgrenzung „von denen da oben" ihre Stimmen geben. Diese Einstellung scheint auch nicht an bestimmte Altersgruppen gebunden zu sein. Denn im Gegensatz zur *NPD* in der zweiten Hälfte der sechziger Jahre gelang es den *Republikanern,* überdurchschnittliche Ergebnisse gerade bei den Jungwählern zu erzielen. In Berlin z. B. stimmten 14,3% der 18- bis 23jährigen für die *Republikaner.* Bei der Europawahl waren es noch im Durchschnitt 7,9%. Die *GRÜNEN* dagegen klagten, daß sie gerade in dieser Altersgruppe Wähler verloren hätten. Den *Republikanern* war es also offensichtlich gelungen, einen Teil des Jugendprotestes in ihre Kanäle umzuleiten. Sie profitierten davon, daß rechtsradikale Denkmuster vielen Jugendlichen nicht mehr unbekannt sind (vgl. Kapitel 6).

Über die Gründe für den überraschenden Erfolg der *Republikaner* ist ausgiebig spekuliert worden. Sicherlich spielten die Furcht vor einer multikulturellen Gesellschaft, die Unüberschaubarkeit von politischen Strukturen, die Zerstörung von Lebenswelten, die bedrückende Wohnungsnot, die zunehmende Kriminalität und die diversen politischen Skandale keine geringe Rolle. Aber der Aufstieg der *Republikaner* hing auch mit der Enttäuschung breiter Wählerkreise über die *CDU/CSU* zusammen. „Während ihrer dreizehnjährigen Opposition", resümiert der Berliner Politologe Richard Stöss die Entwicklung, „hatte die Union alle möglichen Anstregungen unternommen, um die bundesdeutsche Rechte gegen die ‚sozialistische' Politik der sozialliberalen Koalition und den vermeintlichen Ausverkauf Deutschlands zu mobilisieren. Indem sie sich damals als Dach für eine breite, umfassende konservativ-nationalistische Sammlungsbewegung, als politische Heimat aller Rechten, präsentierte, konnte sie zwar der *NPD* das Wasser abgraben, erweckte jedoch Hoffnungen auf eine konsequent neokonservative Politik, die sie als Regierung nicht einlösen konnte".[6] Statt der „geistig-moralischen" Wende wurde von liberalen Unionspolitikern eine Modernisierungspolitik eingeleitet, die zumindest die *CDU* als „Volkspartei der Mitte" profilieren sollte.

Die Enttäuschten hofften die *Republikaner* auf Dauer binden zu können und ließen deshalb ihrem neuen Parteiprogramm, in dem die früheren verfänglichen Formulierungen fehlen, von Hellmut Diwald und Armin Mohler intellektuellen Glanz verleihen. Aber als das neue Grundsatzprogramm im November 1989 der Presse vorgestellt wurde, hatte sich das Blatt für die *Republikaner* schon gewendet.

Fünfte Partei oder Splittergruppe?

Den überwältigenden Wahlerfolgen und dem rasanten Mitgliederzuwachs (auf über 20000) waren die inneren Strukturen der *Republikaner* nicht gewachsen. Ein gut funktionierendes Organisationsnetz gab es nur in Bayern. Karrieristen, die sich den schnellen politischen Aufstieg erhofften (und ihn oft genug auch erreichten), drängten ebenso in die Partei wie frühere Anhänger und Funktionäre von anderen rechtsradikalen Parteien, vor allem der *NPD.* Der formelle Abgrenzungsbeschluß, mit dem Schönhuber den Einfluß der ehemaligen Kader zurückdrängen wollte, blieb Makulatur. In fast allen Landesverbänden gewannen die radikaleren und meist auch politikerfahreneren Kräfte an Boden. Das führte fast unweigerlich zu Konflikten, die Schönhuber persönlich zu schlichten versuchte. Schon dabei zeigte sich, daß seine Macht im Schwinden begriffen war. Der niedersächsische Landesverband z. B. bestätigte seinen Vorsitzenden Norbert Margraf im Amt, obwohl ihm Schönhuber das Vertrauen entzogen hatte (Margraf verließ schließlich im Dezember 1989 die *Republikaner* und gründete eine eigene Partei).

Trotz der inneren Zerwürfnisse und fast täglich neuer Skandalmeldungen konnten die *Republikaner* bei den Kommunalwahlen in Nordrhein-Westfalen und Baden-Württemberg ihre Position halten. Erst die Entwicklung in der DDR brachte den Umschwung. Schönhuber versuchte zunächst offensiv zu reagieren und ließ auf den Leipziger Montagsdemonstrationen medienwirksam Werbematerial verteilen. Die Teilnahme an der Volkskammerwahl im März 1990 wurde seiner Partei allerdings verwehrt. Trotzdem forcierte er den Ausbau von

Orts- und Kreisverbänden in der DDR. Nach vorsichtigen Schätzungen können die *Republikaner* derzeit mit rund 2000 Anhängern rechnen; die Zahl der Sympathisanten dürfte aber weit darüber liegen.

Diese hektischen Aktivitäten in der DDR sollten verdecken, daß die bevorstehende Wiedervereinigung die *Republikaner* in ihre bisher schwerste Krise stürzte. Schönhuber reagierte auf die nationale Euphorie, indem er sich wieder auf die Seite der Verlierer stellte. In diesem Fall waren es die Vertriebenenverbände, die zu Recht fürchteten, im Zuge der Verhandlungen könnte die Oder-Neiße-Linie verbindlich als Westgrenze Polens anerkannt werden. Die *Republikaner* forderten ein Deutschland in den Grenzen von 1937, aber sie stießen damit nur auf eine bescheidene Resonanz.

Während die *Republikaner* bei den Kommunalwahlen in ihrem Stammland Bayern immerhin noch einen Achtungserfolg erzielen konnten und in einen großen Teil der Stadt- und Kreisparlamente einzogen, bestätigten die Landtagswahlen im Saarland (3,3%), in Nordrhein-Westfalen (1,8%) und in Niedersachsen (1,5%) den raschen Niedergang der Partei. Im Innern kämpfte Schönhuber mit dem radikaleren Flügel, der unterdessen den Bundesvorstand dominierte, um die Macht. Öffentlich attackierte er die Mitglieder, „die sich von ihrer früheren *NPD*-Ideologie nicht gelöst“[7] hätten, aber die erhoffte Unterstützung von der Basis, die für Schönhuber „untadelig“ war, blieb zunächst aus. Der bayerische Landesverband mit Harald Neubauer an der Spitze stellte sich gegen ihn und zwang ihn schließlich am 27. Mai 1990 zum Rücktritt. Aber schon sechs Wochen später, am 7. Juli, wurde Schönhuber auf dem umstrittenen Bundesparteitag in Ruhstorf mit großer Mehrheit erneut zum Bundesvorsitzenden gewählt.

Sollten die Gemäßigteren (mit oder ohne Schönhuber) ihre Position behaupten, dann könnten die *Republikaner* zum Sammelbecken für die Wiedervereinigungsverlierer werden. Sollte sich auf längere Sicht aber der radikalere Flügel durchsetzen, dann dürfte die Partei, wie *NPD oder DVU-Liste D*, in die Bedeutungslosigkeit versinken. Das würde allerdings nichts an der Bereitschaft von vielen ändern, in bestimmten Krisensituationen eine rechtsradikale Partei zu wählen.

5. *Das rechtsradikale Netzwerk*

Die aktuellen Konflikte zwischen der *DVU/NPD* und den *Republikanern* sind ein weiterer Beleg dafür, wie schwer es den rechtsradikalen Parteien in der Bundesrepublik fällt, sich unter einem programmatischen Dach zusammenzufinden. Zu unterschiedlich waren und sind die politischen Vorstellungen. Nur für kurze Zeit nach ihrer Gründung konnte die *NPD* die extreme Rechte sammeln und selbst im bürgerlichen Lager Anhänger gewinnen. Der für die Partei erfolglose Ausgang der Bundestagswahl 1969 offenbarte dann, wie weit sich die rückwärtsgewandten, von der NS-Zeit geprägten Funktionäre und die neurechten Strategen unterdessen voneinander entfernt hatten. In einem bemerkenswerten Gegensatz dazu steht die Beobachtung von Dudek/Jaschke, daß sich trotzdem eine „identitätsstiftende politische Stammkultur" herausgebildet hat, deren „Bedeutungskraft" in „gemeinsamen Deutungsmustern und Interpretationsschemata, in einem relativ geschlossenen Wertsystem"[1] liegt. Diese politische Stammkultur verdankt ihr Entstehen einem vernetzten System von Kulturgemeinschaften, Vereinigungen, Zeitschriften und Verlagen, das den Austausch von Meinungen fördert und die Ausgrenzung von bestimmten Positionen vermeidet. Die ersten dieser zunächst von ehemaligen NS-Schriftstellern und -Publizisten dominierten Zirkel entstanden schon bald nach dem Zusammenbruch des „Dritten Reichs"; die Zeit war dafür nicht so ungünstig, wie es auf den ersten Blick scheint.

Völkische Literatur nach 1945

Relativ zügig hatten die Alliierten in den ersten Nachkriegsmonaten „Listen auszusondernder Literatur" erstellt und fast alle namhaften Schriftsteller der NS-Zeit mit Schreibverbot belegt. In den z.T. langwierigen Entnazifizierungsverfahren, die später in deutsche Regie übergingen, wurden diese Verbote jedoch in der Regel wieder aufgehoben oder in Geldbußen umgewandelt, so daß spätestens ab 1950 fast alle vorbelasteten Autoren wieder veröffentlichen durften. Ihr Publikum fanden diese Bücher nicht nur in den Kreisen der Ewig-Gestrigen. Denn nachdem die politisierte und gegenwartsorientierte Literatur der ersten Nachkriegsjahre mit der Währungsreform und dem Beginn des Kalten Krieges fast vollständig an den Rand gedrängt worden war, bestimmten vor allem die Autoren der sogenannten „Inneren Emigration" das Bild. Von den Exilanten, die, nach der von Frank Thiess vehement vorgetragenen (und damals weit verbreiteten) Meinung, der deutschen Tragödie „aus den Logen und Parterreplätzen des Auslands"[2] zugeschaut hatten, war nur Thomas Mann anerkannt, aber selbst sein internationaler Ruhm schützte ihn nicht vor zum Teil bösartigen Attacken.

Dieses kleinbürgerliche Literaturverständnis, das den unsicheren äußeren Verhältnissen eine geordnete innere Welt entgegensetzen wollte, bezeichnete der gerade aus dem Exil zurückgekehrte Theodor W. Adorno 1950 in den „Frankfurter Heften" treffend als „Glück im Gewinkel". Der Umgang mit Kultur im Nachkriegsdeutschland habe, so Adorno, „etwas von dem gefährlichen und zweideutigen Trost der Geborgenheit im Provinziellen".[3] Dieser Rückzug begünstigte auch diejenigen der vorbelasteten Autoren, die schon in der Kaiserzeit oder in der Weimarer Republik mit dem Schreiben begonnen hatten und jetzt auf ihre von der NS-Ideologie angeblich unbeeinflußten Werke verweisen konnten. An diese nur vordergründig unpolitischen Traditionslinien wollten sie unter den veränderten Bedingungen anknüpfen. Voller Verbitterung registrierte Wolfgang Weyrauch 1951 in seinem Aufsatz „Die Schuld der Literatur an der Restauration in Deutschland", wie ungeniert sich Autoren vom Schlage Kolbenheyers, Grimms oder Vespers an die Öffentlichkeit wandten und wieviel Sympathie ihnen entgegengebracht wurde.

Hans Grimm, der den Nationalsozialisten mit seinem Roman „Volk ohne Raum" eine willkommene Parole geliefert hatte, ließ sogar seine *Lippoldsberger Dichtertage* wiederaufleben. Was zwischen 1934 und 1939 noch ein stiller Protest gegen die starre NS-Kulturpolitik war, entwickelte sich nach 1949 (bis 1981) zu einer Art Kameradschaftstreffen von politisch belasteten Autoren. In den ersten Jahren lauschten jeweils mehrere tausend Zuhörer den Schriftstellern, die schon bei ihrem zweiten Treffen im Juli 1950 verkündet hatten, jetzt aus ihrer „inneren Emigration" heraustreten zu wollen. Hans Grimm selbst schrieb zwei den Nationalsozialismus und Hitler verteidigende Bücher, „Die Erzbischofschrift" (1950) und „Warum – Woher – Aber wohin?" (1954), von denen innerhalb kurzer Zeit mehr als 100 000 Exemplare verkauft wurden – der Bedarf an apologetischer Literatur und nationalistischer Selbstvergewisserung war groß. Der Lippoldsberger Dichtergreis avancierte zum Sprecher der „Entnazifizierungsgeschädigten" und zum Propagandisten der *DRP*. „Das deutsche Volk hat dennoch der Welt gar nichts angetan", heißt es in „Warum – Woher – Aber wohin?", „sondern ihm ist angetan worden bis zur schließlichen Verzweiflung und bis zu dem Ziel, an dem das ganze Abendland mit allen, die zu ihm gehören, und allem, das seine Größe ausmachte, in Chaos und an den Untergang herangebracht war".[4]

Neben Hans Grimm konnten in den fünfziger Jahren noch andere ehemalige NS-Autoren mit ihren Büchern hohe Auflagen erzielen: Josefa Berens-Totenohl, Friedrich Griese, Wilhelm Pleyer, Agnes Miegel, Edwin Erich Dwinger, Paul Ettighofer und Hans Friedrich Blunck. Für ihre ungebrochene Popularität sorgten schon die Schullesebücher. Die Richtlinien für den Deutschunterricht, die in den fünfziger Jahren von den Kultusbehörden herausgegeben wurden, lesen sich über weite Strecken wie ein „Who is Who" der NS-Literatur.

In einer Untersuchung von 116 Lesebüchern kam der Germanist Wolfgang Schulz 1961 zu dem Ergebnis, daß insgesamt nur 12 Beiträge der 12 Schriftsteller abgedruckt worden waren, die die Nationalsozialisten 1933 aus der Preußischen Akademie ausgeschlossen hatten. Die 12 nachrückenden völkischen Autoren waren dagegen mit 334 Beiträgen vertreten. Allein von Agnes Miegel fand Schulz 100 Arbeiten, von Heinrich Böll dagegen nur 10.

Zu Beginn der sechziger Jahre trugen noch 13 Oberschulen in der Bundesrepublik den Namen von Agnes Miegel, während der Augsburger Stadtrat sich nicht entschließen konnte, eine Straße nach Bertolt Brecht zu benennen, und die Frage, ob man das „Leben des Galilei" in einem subventionierten Theater aufführen dürfe, sogar den niedersächsischen Landtag beschäftigte.

Besonders die Vertriebenenorganisationen, die die Bundesrepublik lange nur als Zwischenstation akzeptierten (Ziel der kollektiven Wünsche blieb die alte Heimat), sahen in den ehemaligen NS-Autoren, die die Rückgefühle konservierten, Verbündete und zeichneten sie immer wieder mit Preisen aus. Erst die sich langsam ausbreitende Erkenntnis, daß die Ostgebiete möglicherweise für immer verloren sein würden, die aktive Teilnahme am sogenannten „Wirtschaftswunder" und die unorthodoxen Ansichten der nachwachsenden Generation verstärkten die Bereitschaft, sich in das „Provisorium Bundesrepublik" einzufinden. In den Vertriebenenverbänden verlor die primär revisionistisch ausgerichtete Literatur an Bedeutung.

Um die Bedürfnisse, die die ehemaligen NS-Barden auch noch nach Kriegsende und nach dem Zusammenbruch des nationalsozialistischen Staates befriedigt hatten, kümmerten sich jetzt andere Autoren und andere Medien. Der Groschenroman, die Volksmusik, der Schlager und der Heimatfilm kamen ohne den ideologischen Ballast der NS-Zeit aus und verdrängten die mit nationalistischen, rassistischen und mythischen Untertönen durchsetzten Erzählungen und Gedichte, die lange Zeit den literarischen Kanon der Bundesrepublik mitbestimmt hatten. Lediglich die oft antikommunistisch ausgerichteten Bücher, in denen der Krieg als Abenteuer und männliche Bewährungsprobe geschildert wurde, blieben von dieser Entwicklung weitgehend unberührt. Ganz im Gegenteil: jüngere Autoren wie Heinz G. Konsalik, die die NS-Diktatur durchaus verurteilten, schrieben ähnlich wie Dwinger und hatten ähnliche Erfolge. Zudem entstand mit den seit 1953 erscheinenden und unterdessen in Millionenauflagen verbreiteten Kriegsromanheften eine militaristische Subkultur, für die besonders Jugendliche anfällig zu sein scheinen.

Heinrich Anacker, Hermann Burte, Adolf Bartels, Erwin Guido Kolbenheyer, Hans Grimm – um ihr Andenken kümmern sich heute tatsächlich nur noch sektiererische Gruppierungen. Selbst in den rechtsradikalen *Deutschen Monatsheften* wurde das „geistige Schrebergärtnertum" dieser Zirkel 1984 hart attackiert. „Es müßte doch zu denken geben", schrieb Reinhard Pozorny, „daß die Veranstaltungen dieser Kreise immer mehr unter Ausschluß der Öffentlichkeit vor sich gehen, daß sie meistens von Älteren besucht werden, die oft nur noch aus Gewohnheit hingehen, solange sie die Füße tragen, daß schließlich von Jüngeren weit und breit keine Spur mehr ist. (...) Die Frage ist müßig, ob sie noch beanspruchen können, das Sammelbecken für eine Wiedergeburt von Staat und Volk im nationalen Sinne zu sein".[5]

Kulturgemeinschaften

Als Herbert Böhme, der frühere NS-Reichsfachschaftsleiter für Lyrik in der Reichsschrifttumskammer, am 1. Mai 1950 sein *Deutsches Kulturwerk Europäischen Geistes (DKEG)* gründete, wollte er eine straff gegliederte Organisation für die alten Eliten des NS-Staates schaffen. Kultur verstand er als „Pflege der Gemeinschaftsseele" und als „ein Selbstbehauptungswille aus dem Bewußtsein der seelischen Kraft".[6] Kulturzerstörung hatte für Böhme nicht mit der Bücherverbrennung begonnen, sondern mit der Entnazifizierung. Die völkisch-nationalistischen Ideen sollten im *DKEG* konserviert werden, um sie zu gegebener Zeit parat zu haben. Nach dem Verbot der *SRP* übernahm das Kulturwerk, das bis zu 70 „Pflegestätten" unterhielt, die Funktion eines überparteilichen Treffpunkts für die restaurativen Kräfte des rechtsradikalen Spektrums. Hier fanden vor allem ehemalige NS-Autoren ein aufgeschlossenes Publikum. Für das *DKEG* galt in besonderem Maße, was Dudek/Jaschke generell für die Kulturgemeinschaften festgestellt haben: „Ihre Treffen, Tagungen und Preisverleihungen sind strategisch nicht auf die Resonanz der Massenmedien angewiesen, bleiben weitgehend unbeachtet und erweisen sich gerade durch die Umgehung von Stigmatisierungsprozessen als kommunikative Schnittpunkte des rechten Lagers in der Bundesrepublik".[7]

Um die Basis zu verbreitern und den sich abzeichnenden Niedergang des *DKEG* zumindest hinauszuzögern, initiierte Herbert Böhme 1965 den *Arbeitskreis Volkstreuer Verbände (AVV),* dem sich u. a. die von Gerhard Frey mitbegründete *Aktion Oder/Neiße (AKON),* der *Bund Heimattreuer Jugend (BHJ),* der *Stahlhelm – Bund der Frontsoldaten* und die *Deutsche Gemeinschaft (DG)* August Haußleiters anschlossen. Obwohl die *DG* eher in Opposition zur *NPD* stand, konnte Böhme über seinen Arbeitskreis erheblichen Einfluß auf die nationaldemokratische Parteipolitik ausüben. Das *DKEG,* das sich immer stärker an die *NPD* anlehnte, verlor seine frühere Funktion und spaltete sich schließlich nach dem Tod Böhmes. Denn der Nachfolger des Gründers, Oberlandesgerichtsrat Karl-Günther Stempel, konnte dem Kulturwerk kein politisches Profil mehr verleihen und suchte die Nähe zu rechtskonservativen Kreisen. Alfred E. Manke, Mitinitiator der *Aktion Widerstand* und unterdessen Leiter des *AVV,* trat 1978 aus dem *DKEG* aus und gründete die *Deutsche Kulturgemeinschaft (DKG),* die seitdem ebenfalls „Kulturtage" abhält, allerdings ohne größere Resonanz. Alfred E. Manke, der neben seinem Verlag *ALMA Druck* noch ein *Deutsches Arbeitszentrum* als Dachorganisation und einen *Naturpolitischen Volksbund* als Untergruppierung geschaffen hat, sieht die Gründe für den mangelnden Zuspruch „in der charakterlosen, gemeinschaftswidrigen Verantwortungslosigkeit unserer Zeit, auch bei den Nationalen" und in den „anpassenden Winkelzügen an den Zeitgeist". In seinem Rundbrief zum zehnjährigen Bestehen der *DKG,* in dem er dringend um Mitarbeit bat, verkündete er 1988 gleichzeitig *seine* Anpassung an den Zeitgeist: „Wir bemühen uns in ganzheitlicher Ausrichtung um eine überparteiliche und vor allem zukunftsgerichtete geistig-kulturelle und politisch-ökologische Neuausrichtung und Formierung".

Gesellschaft für Freie Publizistik

Enge personelle und organisatorische Verflechtungen bestehen zwischen den Kulturgemeinschaften und der 1960 von zumeist politisch belasteten Verlegern, Publizisten und Journalisten ins Leben gerufenen *Gesellschaft für Freie Publizistik (GFP)*. Zu ihren ersten Mitgliedern zählten neben Herbert Böhme der frühere stellvertretende NS-Reichspressechef und damalige Inhaber des Druffel Verlages Helmut Sündermann, der ehemalige Reichsbankpräsident Hjalmar Schacht, der Bundesminister a. D. Theodor Oberländer und die Schriftsteller Erwin Guido Kolbenheyer, Will Vesper, Bruno Brehm, Wilhelm Pleyer und Kurt Ziesel. Den Vorsitz übernahm Kurt Vowinckel, der während der NS-Zeit dem Börsenverein vorgestanden hatte. Die *GFP* sollte den Kampf gegen die „veröffentlichte Meinung" aufnehmen, die „Schriftsteller mundtot" mache, „angesehene Verlage des Extremismus" verdächtige und „den Weg ihrer Bücher und Schriften in den Handel und damit zum Leser" behindere.[8] An dieser Zielsetzung hat sich bis heute wenig geändert, auch wenn die Erfolge ausgeblieben sind. Die verbalen Attacken gegen die „einseitige Indizierung ausschließlich nationaler Bücher"[9] verhallten ungehört. Auch eine breitere Akzeptanz von rechtsradikaler Literatur im Buchhandel konnte nicht erreicht werden.

Aufsehen und damit Medienresonanz außerhalb des rechtsradikalen Spektrums erregte die *GFP* nur einmal, als sie 1964 den Amerikaner David L. Hoggan für sein Buch „Der erzwungene Krieg" mit ihrer neugeschaffenen „Ulrich-von-Hutten-Medaille" auszeichnete. Hoggans „totale Verkehrung der historischen Wahrheit",[10] die auch in rechtskonservativen Kreisen Anklang fand, beschäftigte sogar den *SPIEGEL* und hielt sich wochenlang in den Bestsellerlisten. „Der erzwungene Krieg" wurde zum Vorläufer einer ganzen Reihe von apologetischen Büchern, deren Zweck nur darin besteht, die Schuld am Ausbruch des Zweiten Weltkriegs den Alliierten in die Schuhe zu schieben. Mit Hoggans Geschichtsklitterung begann auch ein Umdenken in der *GFP.* In der Selbstdarstellung von 1989 liest sich das so: „Die *GFP* sieht ihre Aufgabe auch in der Aufklärung über Geschichtsentstellungen, inbesondere in der Frage der Kriegsschuld an beiden Weltkriegen und in der Richtigstellung einseitiger Verzerrungen in der Zeitgeschichte". Diese neue Ausrichtung geht eindeutig auf den Einfluß von Gert Sudholt zurück. Der Stiefsohn von Helmut Sündermann, der die Verlage Druffel, Türmer und Vowinckel leitet, startete 1975 als Vorsitzender der *GFP* eine Kongreßreihe, die bis heute regelmäßig rechtsradikale Publizisten versammelt, unter ihnen David Irving, Robert Hepp, Bernard Willms, Peter Dehoust, Hans-Dietrich Sander, der frühere *NPD*-Vorsitzende Adolf von Thadden und der *Republikaner*-Landesvorsitzende von Schleswig-Holstein Emil Schlee.

Um den Anschluß an die aktuelle Diskussion nicht zu verlieren und sich als Braintrust für *NPD* und *Republikaner* zu empfehlen, beschloß der Vorstand 1988, in den Veranstaltungen „historische Ereignisse mit dem Geschehen der Gegenwart und der Erwartung für die Zukunft zu verknüpfen".[11] Entsprechend beschäftigten sich die Kongresse 1988 und 1989 mit dem „Selbstbestimmungsrecht und die Deutschen" bzw. mit dem „Ende der Nachkriegszeit".

Aktion Widerstand, Aktion Neue Rechte und Nationalrevolutionäre Gruppierungen

Die *Aktion Widerstand* mit ihren Parolen „Brandt an die Wand!" und „Rüstet euch selbst! Kauft Waffen!" ist neben der Ordnertruppe der *NPD* zum Inbegriff rechtsradikaler Aggressivität geworden. Der *NPD,* die nach der verlorenen Bundestagswahl von 1969 eine Einheitsfront gegen die Ostpolitik der Bundesregierung angeregt hatte, erwies die *Aktion Widerstand* letztlich einen schlechten Dienst; durch ihr negatives Image beschleunigte sie nur den Niedergang der Partei, statt ihr neue Impulse zu geben. Für die Entwicklung des Rechtsradikalismus in der Bundesrepublik dagegen markiert der am 5. Oktober 1970 offiziell in München konstituierte Verein einen Einschnitt. Zwar wurde der Gründungsaufruf noch von den Vertretern eines an der *NPD* orientierten Kurses unterzeichnet (u. a. von Herbert Böhme, Alfred E. Manke, dem Herausgeber von *Nation Europa*, Arthur Ehrhardt, und dem Chefredakteur von *MUT*, Bernhard C. Wintzek), aber unter den 34 Parteien und Organisationen, die die *Aktion Widerstand* bildeten, gab es auch Gruppierungen mit „militanten jüngeren Aktivisten, denen der bisherige *NPD*-Kurs zu defensiv war".[12] Dudek/Jaschke sprechen deshalb von den „ersten Tendenzen eines Generationswechsels im Lager des Rechtsextremismus"; Journalisten wollten damals sogar eine „rechte APO" ausgemacht haben.

Die *NPD* verstand es nicht, diese radikaleren Kräfte nach dem Scheitern der *Aktion Widerstand* zu integrieren, so daß es schließlich 1972 zur Bildung der *Aktion Neue Rechte (ANR)* kam, deren Bundesvorstand mit Siegfried Pöhlmann an der Spitze von früheren *NPD*-Funktionären dominiert wurde. Die „Grundsatzerklärung" verfaßte Henning Eichberg (vgl. Kapitel III, 5), der mit Wolfgang Strauss (als Vertreter der von Otto Strasser beeinflußten *Unabhängigen Arbeiterpartei*) zum nationalrevolutionären Flügel der *ANR* gehörte und die Übernahme linker Strategien forderte, um auch von der Rechten aus in den intellektuellen Diskurs eingreifen zu können. Diese „Grundsatzerklärung" beinhaltete, so Margret Feit, „die wichtigsten Orientierungspunkte der Neuen Rechten: die Vorstellung eines antimarxistischen und antikapitalistischen, also eine ‚neue Ordnung' darstellenden ‚europäischen Sozialismus', sie setzte gegen die ‚nivellierende Gleichheitsidee' eine ‚Leistungsgemeinschaft', predigte einen ‚antiimperialistischen Befreiungsnationalismus' und trat gegen die ‚Umerziehung' und für eine zu schaffende ‚Nation Europa' ein".[13]

Bereits 1967 hatte Eichberg unter seinem Pseudonym Hartwig Singer in der Zeitschrift *Nation Europa* mit der „alten"

Rechten gebrochen. In einem Artikel mit dem Titel „Nationalismus ist Fortschritt" waren von ihm die „nationalistischen Studenten Frankreichs" als neue „geistig und politisch-praktische Kraft" vorgestellt worden. „Demgegenüber erscheinen die jahrelangen parteipolitischen Zänkereien im deutschen ‚nationalen Lager' der Nachkriegszeit verstaubt und kleinbürgerlich, die rückwärtsgewandt-rechtfertigende Haltung mancher nationalen Publizisten reaktionär und unfruchtbar, eine bloße Reaktion auf die Anwürfe von der Gegenseite, die verständlich ist – aber nicht mehr".[14] Der Aktivismus der Nationalrevolutionäre kollidierte in der *ANR* mit den am frühen Nationalsozialismus orientierten ‚volkssozialistischen' Gruppierungen und vor allem mit den traditionellen rechtsradikalen Vorstellungen der Pöhlmann-Fraktion, die die Nähe zu Gerhard Frey suchte und die *ANR* schließlich sogar in den *Freiheitlichen Rat* führte.

Anfang 1974 kam es zur Spaltung, nachdem die „Volkssozialisten" um Friedhelm Busse die *ANR* bereits verlassen hatten. Pöhlmann versuchte erfolglos eine Parteigründung, während sich die nationalrevolutionäre Fraktion am 2./3. März 1974 in Würzburg als *Nationalrevolutionäre Aufbauorganisation (NRAO)* neu konstituierte und sich schon wenige Monate später wieder in zwei partiell zusammenarbeitende Gruppierungen spaltete: in die *Solidaristische Volksbewegung (SVB)* und in die *Sache des Volkes/Nationalrevolutionäre Aufbauorganisation (SdV/NRAO).*

Die *SVB,* die sich 1980 in *Bund Deutscher Solidaristen (BDS)* umbenannte, versuchte in der Friedensbewegung und bei den *GRÜNEN* Einfluß zu gewinnen, scheiterte aber und konzentrierte sich wieder auf den Kampf gegen „die nationale Dekadenz, jene Immunschwäche des liberalistischen Systems".[15]

Die *SdV/NRAO* mit Henning Eichberg an der Spitze und ihre Abspaltung *Nationalrevolutionärer Koordinierungsausschuß* (seit 1987 *Politische Offensive*) konzentrierten sich zu Beginn der achtziger Jahre darauf, die „nationale Frage", ihr Konzept eines basisdemokratisch organisierten Bundes sozialistischer deutscher Republiken, in die linke Diskussion einzubringen und hatten damit zunächst auch Erfolg – vor allem in maoistischen Kreisen. Henning Eichberg durfte seine Thesen sogar in Daniel Cohn-Bendits *Pflasterstrand* zur Diskussion stellen.

In den letzten Jahren scheint in den nationalrevolutionären Gruppierungen wieder eine stärkere Ausrichtung auf „wertkonservative" Orientierungen stattzufinden, verbunden mit einer Annäherung an die *NPD* und die *Republikaner*. Nur noch eine Minderheit behält den alten Kurs bei.

Zeitschriften

Mehr als 130 regelmäßig erscheinende Zeitungen und Zeitschriften zählte Siegfried Jäger 1988 in seinem Buch „Rechtsdruck. Die Presse der Neuen Rechten". Mag diese Zahl auch geringen Schwankungen unterworfen sein und sich unterdessen schon verändert haben, so macht sie doch augenfällig, wie wichtig gerade die Periodika für die Kommunikation innerhalb der rechtsradikalen Gruppierungen sind. Sie dienen dem Gedankenaustausch ebenso wie der Selbstvergewisserung. An Leser außerhalb der eigentlichen Zielgruppe wenden sie sich nur selten.

Das wichtigste Forum ist noch immer die 1951 von dem ehemaligen *SS*-Sturmbannführer und Spezialisten für die „Bandenbekämpfung", Arthur Ehrhardt, gegründete Zeitschrift *Nation Europa.* Im ersten Heft hatte Ehrhardt programmatisch verkündet: „Die Einigung Europas bedeutet für uns grundsätzlich mehr als einen nur widerwillig beschrittenen Ausweg aus wirtschaftlichen Nöten und politisch-militärischen Gefahren. Wir wollen die Verwirklichung einer hohen Idee. Die Forderung ‚Nation Europa' enthält ein Gebot handgreiflicher Notwendigkeit: Die volle Gleichberechtigung aller europäischen Völker, die man uns Deutschen noch immer vorenthalten will".[16]

Was Ehrhardt vorschwebte, war aber mehr an den Idealen der europäischen Freiwilligenverbände der *Waffen-SS* ausgerichtet als an der Realpolitik vom Schlage Adenauers. So zählten zu den ersten Mitarbeitern von *Nation Europa* nicht nur ehemalige NS-Schriftsteller (wie Grimm und Kolbenheyer), sondern auch frühere *SS*-Generäle und die Faschistenführer Guilio Evola aus Italien, Oswald Mosley aus Großbritannien und La Rochelle aus Frankreich. Daneben gab Ehrhardt auch den jungen Nationalrevolutionären erste Publikationsmöglichkeiten. Sein Nachfolger, der *NPD*-Funktionär Peter Dehoust, öffnete sein als ausländer- und judenfeindlich eingestuftes Blatt dann allen wichtigen rechtsradikalen Strömungen – bis hin zu den *Republikanern* und den an der französischen „Nouvelle Droite" orientierten „Neuen Rechten". Als ständige Rubriken wurden die „Nachrichten von der Überfremdungsfront" und „Die EURORECHTE im Aufbruch" eingeführt. Gerade mit den regelmäßigen Informationen über die rechtsradikalen Parteien in Europa und mit entsprechenden Gastartikeln will Dehoust seine Zeitschrift zur deutschen Schaltstelle einer „Europabewegung von rechts" machen. Das Interesse daran scheint allerdings, im Gegensatz zu den fünfziger Jahren, als die „Alten Kameraden" nach grenzüberschreitenden Kommunikationsmöglichkeiten suchten, gering zu sein. Gastkommentare aus dem Ausland sind selten. Lediglich der frühere *NPD*-Funktionär Günter Deckert bemüht sich, den Kontakt zu Le Pens *Front National* aufrecht zu erhalten.

Im Januar 1990 fusionierte *Nation Europa* (Auflage: 8000) mit den von Gert Sudholt herausgegebenen *Deutschen Monatsheften* (Auflage: 4000), um auf die „innenpolitischen Veränderungen, deutschlandpolitischen Umbrüche und weltpolitischen Gewichtsverlagerungen" besser reagieren zu können. „Gerade deshalb ist es wichtig", schrieb Gert Sudholt in seinem „Wort an die Leser", „daß sich jetzt all jene Patrioten zusammenschließen, die integrationsfähig und integrationswillig sind".[17] Tatsächlich scheinen wirtschaftliche Gründe vor allem Sudholt zu diesem Schritt veranlaßt zu haben, denn seine 1949 von Herbert Böhme als *Klüter Blätter* gegründete Monatsschrift, die zeitweilig als Organ des *DKEG* galt, dürfte mit ihrer bescheidenen Auflage und ihrer sorgfältigen Ausstattung nicht mehr rentabel gewesen sein. Gert Sudholt hatte sich einer Modernisierung des Blattes (z. B. durch Hans-Dietrich Sander) energisch widersetzt und damit den Anschluß an die neurechten Diskussionen verloren. In Format und Ausstattung entspricht die neue Zeitschrift den alten Heften von *Nation Europa.*

Die mit pseudowissenschaftlichem Anspruch auftretende Vierteljahresschrift *Deutschland in Geschichte und Gegenwart* konnte ihre Auflage von 7000 Exemplaren in den letzten Jahren relativ konstant halten. Das seit 1953 (zuerst als *Deutsche Hochschullehrer-Zeitung)* im *Grabert* Verlag erscheinende Blatt favorisiert zwar, wie die *Deutschen Monatshefte,* zeitgeschichtliche („revisionistische") Themen, kümmert sich daneben aber auch um die Theoretiker der „Nouvelle Droite" (vgl. Kapitel III, 3), vor allem um Alain de Benoist, der unterdessen zum festen Mitarbeiterstab zählt.

Eine starke Konkurrenz ist diesen in den ersten Nachkriegsjahren gegründeten Zeitschriften durch zwei Blätter entstanden, die die Grauzone zwischen Rechtskonservativismus und Rechtsradikalismus markieren: *Criticón* und *MUT.*

Criticón (Auflage: 8000) versteht sich als Theorieorgan, das Diskussionen nicht nur wiedergibt, sondern vorantreibt. Gegründet wurde die Zeitschrift 1970 von Armin Mohler und dem *WELT*-Mitarbeiter Caspar von Schrenck-Notzing, der in seinem (von rechtsradikalen Periodika immer wieder zitierten) Buch „Charakterwäsche" die „Politik der amerikanischen Umerziehung" angeprangert hatte. Zunächst war die Stoßrichtung klar: Es ging gegen die „seit der Studentenrevolte emporgekommenen Kräfte des gesinnungsethischen ‚Prinzips Hoffnung', die das konservative ‚Prinzip Wirklichkeit' in weiten Teilen systematisch lahmgelegt haben".[18] Schon früh trommelte *Criticón* für eine neue, massenwirksame Rechtspartei (und hatte dabei die *Republikaner* im Sinn), um den in der Bundesrepublik „weitgehend entrechteten" Konservativen politischen Einfluß zu verschaffen. „Mit dem Thema der nationalen Identität", so Claus Leggewie in seinem Buch „Der Geist steht rechts", „hatte man endlich ein Feld gefunden, vor dem die Parteikonservativen in der Union noch zurückschreckten. *Criticón* Nr. 60/61 stimmte die Nationalhymne an – heute ist sie in aller Munde; und Helmut Kohl und Franz Josef Strauß forderten sogar regierungsamtlich, was Armin Mohler und sein Freund, der Erlanger Historiker Hellmut Diwald, seit langem propagiert haben, daß die Deutschen ‚aus dem Schatten Hitlers heraustreten' und einen ‚Schlußstrich' ziehen sollen".[19]

Criticón wendet sich gegen die Westintegration und gegen liberalistische Ideen, lamentiert über das „Absterben des biologischen Potentials unseres Volkes", über die „rückgratlosen Wendepolitiker", über das „Super-Versailles von Potsdam" und über den letzten Aktivposten der Umerziehung", den „Herrn von Weizsäcker". Diesen soziobiologischen Chauvinismus unterstützen indirekt konservative Autoren wie Günter Rohrmoser, Wolfgang Wild, Alexander Gauland oder Hans Graf Huyn, indem sie in *Criticón* veröffentlichten.

Mit einem ähnlichen Konzept noch erfolgreicher operiert die in Asendorf erscheinende Zeitschrift *MUT,* deren Herausgeber Bernhard C. Wintzek es sogar gelungen ist, außerhalb des konservativen Spektrums prominente Mitarbeiter zu gewinnen bzw. die Abdruckgenehmigungen von bereits publizierten Artikeln dieser Autoren zu erhalten. Unterdessen erschienen in *MUT* u. a. Beiträge von Hans Maier, Konrad Lorenz, Golo Mann, Gertrud Höhler, Robert Spaemann und Günther Nenning. Ernst Nolte, Rupert Scholz und Freya Klier ließen sich interviewen. Daneben finden sich in dem Blatt immer wieder Artikel von rechtsradikalen Autoren wie Armin Mohler, Bernard Willms, Alfred Schickel und Gerd-Klaus Kaltenbrunner, dessen Bücher in dem nach der Zeitschrift benannten *MUT* Verlag erscheinen.

MUT hat einen bemerkenswerten Aufstieg hinter sich. Gegründet wurde die Monatsschrift 1965 von dem späteren *NPD-* und *Aktion Widerstand*-Funktionär Bernhard C. Wintzek als Organ für rechtsradikale Jugendgruppen. 1979 setzte die Bundesprüfstelle für jugendgefährdende Schriften ein *MUT*-Heft, das sich mit der Fernsehserie „Holocaust" beschäftigt hatte, auf den Index. Danach gestaltete Wintzek sein Schülerblättchen zu einer aufwendig produzierten Zeitschrift um und bemühte sich um bekannte Autorennamen. 1984 schließlich (Wintzek hatte gerade einen Artikel von Bundesinnenminister Zimmermann nachgedruckt) verschwand *MUT* aus dem Verfassungsschutzbericht. Seitdem ist die Ausrichtung auf das konservative Bildungsbürgertum stärker geworden. Dadurch konnte Wintzek die Auflage seiner Zeitschrift, die sich im Untertitel „Forum für Kultur, Politik und Geschichte" nennt, auf über 20000 Exemplare steigern. *MUT* ist heute das größte und einflußreichste neurechte Blatt, wobei es sowohl personell als auch in den inhaltlichen Aussagen zu deutlichen Überschneidungen mit *Criticón* kommt.

Der Erfolg dieser beiden Zeitschriften scheint den Anstoß für verwandte Projekte gegeben zu haben, die sich, mit Blick auf die *Republikaner*, um eine intellektuelle Profilierung der radikalen Rechten bemühen. So erscheint seit 1989 die zwei Jahre zuvor gegründete Jugendzeitschrift *Europa vorn* als aufwendigeres „Nachrichtenmagazin". Herausgeber ist der ehemalige nordrhein-westfälische Landesvorsitzende der *Jungen Nationaldemokraten* und *Republikaner*-Funktionär, Manfred Rouhs. Als Schwerpunkte in seinem Blatt sieht er „die parteipolitische Entwicklung im nationalen und konservativen Lager, die Situation der nationalen Jugendverbände und die inhaltliche Auseinandersetzung der neuen mit der alten Rechten".[20] *Europa vorn* hat ähnliche Zielsetzungen und einen ähnlichen Mitarbeiterstab wie *Nation Europa*, allerdings ist die Anbindung an die *Republikaner* stärker. Mit Kritik an Schönhuber und seiner Partei wird allerdings nicht gespart. Im Mai 1990 fusionierte die Zeitschrift mit dem *Badischen Landboten* des früheren *JN*-Funktionärs und jetzigen *Republikaners* Thorsten Paproth. Der Konzentrationsprozeß in der rechtsradikalen Publizistik scheint angesichts der neuen politischen Situation rasch voranzuschreiten. Daneben expandieren einzelne Blätter, wie die 1986 gegründete *Junge Freiheit*, die ebenfalls den *Republikanern* nahesteht und unterdessen – nach eigenen Angaben – eine monatliche Auflage von 15000 Exemplaren erreicht. Sie konzentriert sich vor allem auf die Hochschulen, bringt Interviews mit dem *CDU*-Vordenker und Philosophen Günter Rohrmoser oder mit dem Kasseler Sozialwissenschaftler Eike Hennig und sorgt sich um die „Intellektualisierung der *Republikaner*".

Im Januar 1990 stellte der frühere „*WELT*"-Mitarbeiter und Chefredakteur der *Deutschen Monatshefte*, Hans-Dietrich Sander, seine Zeitschrift *Staatsbriefe* vor, die wieder einmal die bekannten neurechten Theoretiker versammelt – von Armin Mohler über Günter Maschke bis zu Wolfgang Strauss. Sander will mit seinem Blatt „aus der deutschen Erde, die der Provinzialismus ausdörrte, die niedergetretene Reichsidee herauskratzen"[21] und beruft sich dabei auf den Stauferkaiser Friedrich II. Die Neugründung hat auch in seriösen Zeitungen Beachtung gefunden.

Eine Sonderstellung nimmt die im Leonberger *Diagnosen*-Verlag erscheinende Zeitschrift *CODE* (vereinigt mit *DIAGNOSEN)* ein, die eng mit den amerikanischen Blättern *The Spotlight* und *New American View* zusammenarbeitet. Hauptanliegen der von Ekkehard Franke-Griksch herausgegebenen Zeitschrift ist es, „Belege" für eine angebliche „jüdische Weltverschwörung" zu finden. Die Ermordung der Juden in nationalsozialistischen Konzentrationslagern wird, wie im Interview mit David Irving (Heft 5/1990), offen in Frage gestellt bzw. geleugnet. *CODE* erreicht eine Auflage von 40000 Exemplaren und wird u.a. über den Bahnhofsbuchhandel vertrieben. Ebenfalls im *Diagnosen* Verlag ist 1986 der Band „Wer regiert die Welt" des Amerikaners Des Griffin in deutscher Übersetzung herausgekommen. In ihm werden die berüchtigten antisemitischen „Protokolle der Weisen von Zion" als „Satans neues Testament" fast wörtlich abgedruckt.

Verlage

Schon bald nach dem Ende des Zweiten Weltkriegs entstanden zahlreiche Verlage, die sich auf die NS-Zeit spezialisierten: mit Memoiren von NS-Funktionären und Offizieren, mit wissenschaftlich verbrämter Rechtfertigungsliteratur und mit das „Dritte Reich“ verherrlichenden oder zumindest verharmlosenden Bildbänden. Leser und Verlage waren in diesem Sinn eine verschworene Glaubensgemeinschaft, die zwei Ziele einte: die Erinnerung an die eigene „große Zeit“ wachzuhalten und jede Schuld der Deutschen zu relativieren. Schon früh gab es Proteste gegen die öffentliche Präsentation von apologetischen Büchern und Boykottaktionen gegen einzelne Verlage. Waldemar Schütz sah sich aus diesem Grund 1955 sogar gezwungen, neben seinem *Plesse* Verlag noch den *Schütz* Verlag zu gründen. Buchhändler hatten den *Plesse*-Stand auf der Frankfurter Buchmesse abgeräumt und sich geweigert, weiterhin Publikationen aus diesem Verlag zu verkaufen.

Später sollte dann der *Schütz*-Stand zum Ziel von Demonstrationen auf der Buchmesse werden. Der Verlag des früheren SS-Hauptsturmführers und *NPD*-Funktionärs existiert bis heute; das Programm hat sich kaum verändert. „Bestseller“ des schon öfter von der Bundesprüfstelle für jugendgefährdende Schriften gelichteten Repertoires sind die Bände „Verbrechen am deutschen Volk“ des „bedeutendsten revisionistischen Schriftstellers Deutschlands“ (Verlagswerbung), Erich Kern, und „Armee der Geächteten“ des ehemaligen SS-Generals Felix Steiner. Bücher, die die NS-Zeit verklären, sind ein umsatzträchtiges Geschäft geblieben, auch wenn der Vertrieb in der Regel über spezielle Versanddienste abgewickelt werden muß, die sich einzelne Verlage aufgebaut haben. Die Akzeptanz beim Buchhandel ist gering. Trotzdem gelingt einzelnen Publikationen immer wieder der Sprung ins Sortiment, wie zum Beispiel dem Band „Mord an Rudolf Heß?“, über den verschiedene überregionale Zeitungen berichtet hatten. Das Buch des Heß-Sohnes ist im seit 1952 bestehenden *Druffel* Verlag erschienen, den Gert Sudholt als Nachfolger seines Stiefvaters Helmut Sündermann leitet. Zu Sudholts Konzern gehören außerdem der *Vowinckel* und der *Türmer* Verlag, den Herbert Böhme 1951 gegründet hatte. Trotz verschiedener Namen sind die Programme ähnlich ausgerichtet. Bei *Türmer* erschienen u. a. neben den Büchern von Böhme selbst die von

Henriette von Schirach gesammelten und 1982 indizierten „Anekdoten um Hitler", die, so die Verlagswerbung, den „Führer" als den „Heiteren, den Mitmenschlichen, den gemütlichen Österreicher" zeigen sollten, „der sich und andere ein bißchen glücklich machen wollte". Weitere Bücher aus dem Repertoire heißen aussagekräftig: „Die Reichsparteitage der NSDAP 1923–1939", „Der Afrikafeldzug in Farbe", „In Pflicht und Freude – Das Erlebnis Hitlerjugend" und „Zions Griff zur Weltherrschaft".

1989 startete Sudholt sein bisher aufwendigstes Projekt: eine siebenbändige Geschichte des Zweiten Weltkriegs, geschrieben „aus der Sicht der Heerführer und der Großoperationen, aber auch aus dem Blickwinkel des Soldaten". Die Redaktion für dieses „authentische Sachbuchkompendium", in dem über 1000 hoch ausgezeichnete Soldaten der Deutschen Wehrmacht" zu Wort kommen sollen, hat Franz Kurowski übernommen, dessen deutsch-nationale Schlachtengemälde u. a. auch von *Moewig, Heyne, Podzun-Pallas* und – in Großauflagen – von *Pawlak* über Buchhandlungen und Kaufhäuser vertrieben werden. Verlage wie *Türmer/Druffel/Vowinckel, Schild, Podzun-Pallas* und (mit einem Teil seines Programms) *Motorbuch* wenden sich mit Publikationen, die den Zweiten Weltkrieg zum positiven Erlebnis stilisieren, vor allem an die Mitglieder der soldatischen Traditionsverbände und an die (oft jugendlichen) Leser der sogenannten „Landser"-Hefte. Die Bedeutung der Soldatenverbände hat zwar seit den fünfziger Jahren, als sie rund eine halbe Million Mitglieder zählten, kontinuierlich abgenommen, aber einzelne Gruppierungen sind bis heute sehr aktiv und stellen noch immer ein beachtliches Käuferpotential dar, so daß manche Bände gleich mehrere Auflagen erreichen. Ein besonderer Bedarf scheint dabei an SS-verklärender Literatur zu bestehen. In Osnabrück hat sich der mit der *HIAG*, der *Hilfsgemeinschaft auf Gegenseitigkeit der ehemaligen Angehörigen der Waffen-SS*, verbundene *Munin* Verlag ganz auf die Geschichte der *Waffen-SS* spezialisiert. Die geschätzten rund 10 000 Mitglieder der 1983 aus dem Verfassungsschutzbericht gestrichenen *HIAG* (die Verbandszeitschrift *Der Freiwillige*, die ebenfalls bei *Munin* erscheint, hat eine Auflage von 9500 Exemplaren), ermöglichen dem Verlag die Produktion von großformatigen und teuren Bildbänden, die den Krieg erinnerungsseelig als faszinierendes Abenteuer schildern.

Diese Fixierung auf die NS-Zeit ist aber nicht für alle rechtsradikalen Buchproduzenten typisch, denn gerade in den letzten Jahren haben einzelne Verlage auch die neurechten Theoretiker in ihre Programme aufgenommen. Der Tübinger Wigbert Grabert z. B. versucht seit 1981 mit seinem Verlag, die „Nouvelle Droite" in der Bundesrepublik populär zu machen. Bis dahin hatte er sein Geld vor allem mit Hoggans „Der erzwungene Krieg" verdient. Daneben erschienen bzw. erscheinen bei Grabert der „Auschwitz-Mythos" von Wilhelm Stäglich, dem wegen dieser antisemitischen Schrift 1987 der Doktortitel gerichtlich aberkannt wurde, und „Feuerzeichen" von Ingrid Weckert, die in der Reichspogromnacht eine „großaufgezogene Aktion deutschfeindlicher Gruppen"[22] sieht.

Vor diesem ideologischen Hintergrund richtete Grabert das von Pierre Krebs geleitete *Thule-Seminar* als deutsche Dependance der *GRECE* ein, die in Frankreich den Kern der „Nouvelle Droite" bildet, und brachte die wichtigsten Bücher Alain de Benoists in deutscher Übersetzung heraus. Allerdings verkauften sich die einzelnen Publikationen nur schleppend. 1983 kam es schließlich zur Trennung. Pierre Krebs betreibt sein *Thule-Seminar* unterdessen allein weiter und gibt in großen Abständen die aufwendig gestaltete Zeitschrift *Elemente* heraus, in der die führenden Vertreter der „Nouvelle Droite" schreiben. Grabert rief die Stiftung *Kulturkreis 2000* ins Leben, „deren Erklärungen", wie Martin Dietzsch feststellte, „z. T. wortgleich mit denen des Thule-Flügels sind. Heidnisches Gebaren und starke Betonung des Rassegedankens unterbleiben jedoch".[23] Für den *Kulturkreis 2000* gründete Grabert 1985 den *Hohenrain*-Verlag, in dem u. a. das dreibändige „Handbuch zur Deutschen Nation" erschienen ist. Der Herausgeber Bernard Willms (vgl. Kap. III, 4) operiert ähnlich wie die Zeitschriften *MUT* und *Criticón.* Er bringt rechtsradikale mit rechtskonservativen Autoren (wie z. B. Dieter Blumenwitz, Klaus Hornung oder Christa Meves) zusammen und erweckt damit den Anschein einer gemeinsamen ideologischen Basis; das verleiht der eigenen Position mehr Gewicht.

Trotz dieser Bemühungen um die „Neue Rechte" hat Grabert auch die „alte" Rechte nicht aus dem Blick verloren. Weiterhin erscheinen bei ihm NS-Apologien, z. B. Mortimer Davidsons dreibändige „Kunst in Deutschland 1933–1945" und Karl Höffkes' „Hitlers politische Generäle. Die Gauleiter des Dritten Reiches".

Höffkes, der zeitweilig dem Vorstand der *Gesellschaft für Freie Publizistik* angehört hatte, war von 1984 bis 1987 Redaktionsmitglied der Zeitschrift *wir selbst.* Das 1979 von Mitgliedern der Koblenzer *Jungen Nationaldemokraten* gegründete Blatt (Auflage: 4500) verstand sich zunächst als Organ nationalrevolutionärer Gruppierungen, plädierte dann aber für eine Sammlung der „Wertkonservativen" und näherte sich den *Republikanern* an. Seit dem Ausscheiden aus der Redaktion leitet Höffkes seinen eigenen Verlag *Heitz & Höffkes,* in dem neben der „Bildchronik der SS-Schule Haus Wewelsburg" und Armin Mohlers „Der Nasenring. Im Dickicht der Vergangenheitsbewältigung" auch Altheidnisches und Deutschtümelndes erscheint. Höffkes arbeitet eng mit den beiden *GFP*-Mitgliedern Heinz Mahncke und Werner Haverbeck zusammen. Der Publizist Mahncke, der für verschiedene rechtsradikale Blätter schreibt, zeichnete bis 1987 für den Kulturteil des *Republikaner* verantwortlich und hielt einen Anteil von 12,5% an der *res-publica GmbH,* dem ökonomischen Rückgrat der Schönhuber-Partei. Außerdem verfaßte er für *Die Deutsche Freiheitsbewegung* Otto Ernst Remers ein Pamphlet „gegen die unwissenschaftlichen Dogmen der UNO von der Menschengleichheit". Der frühere Leiter der NSDAP-„Volkstumsarbeit" und Mitunterzeichner des ausländerfeindlichen „Heidelberger Manifestes" vom 17. Juni 1981, Werner Georg Haverbeck, versuchte mit dem von ihm 1958 gegründeten *Weltbund zum Schutz des Lebens* und mit seinem *Colle-*

gium Humanum in Vlotho, beides völkisch geprägte Institutionen, den Anschluß an die Ökologiebewegung zu gewinnen. In der Aufbauphase der „grünen" Partei gelang es ihm auch. 1979 wurde er sogar auf dem „Grünen Kongreß" in Frankfurt zum Kandidaten für die Europawahl gekürt.

Ähnlich erfolgreich agierte auch Roland Bolinger, der in seinem *Verlag für ganzheitliche Forschung und Kultur* NS-Standardwerke über die „Weltfreimaurerei" und die „Vorgeschichte der deutschen Stämme" nachdruckt und die alten „Weltverschwörungsphantasien" neubelebt. Mit seinen Büchern über „Die genetische Belastung durch radioaktive Stoffe" und „Reaktorsicherheit – oder die Folgen eines als Wissenschaft getarnten Wahns" konnte er bei den *GRÜNEN* sogar offizielle Anerkennung finden.

Die meisten rechtsradikalen Verlage sind bestrebt, zumindest mit einzelnen Publikationen in den seriösen Buchhandel zu gelangen. Sie bemühen sich deshalb in der Regel um bekannte Autoren. Besonders geschickt in dieser Richtung ist der Kieler Dietmar Munier, der in den siebziger Jahren mit seinem „Sturmwind Buchdienst" gute Kontakte zu den *Jungen Nationaldemokraten,* dem *Bund Heimattreuer Jugend* und der *Gesellschaft für Freie Publizistik* unterhielt. 1980 übernahm er den *Arndt*-Verlag und veröffentlichte u. a. das „Handbuch gegen Überfremdung" des früheren *NPD*-Funktionärs Günter Deckert. 1983 gründete er den *Orion-Heimreiter* Verlag neu, der seit den fünfziger Jahren von Ernst Frank, einem Bruder des ehemaligen deutschen Staatsministers in Böhmen und Mähren, Karl Hermann Frank, geleitet worden war. Die Freundschaft zu Erwin Guido Kolbenheyer und die eigene Vergangenheit als NS-Funktionär hatten das Programm des damaligen *Heimreiter* Verlags geprägt. Munier führte die umsatzträchtigsten Titel weiter und ließ mit beachtlicher Medien- und Publikumsresonanz Bücher von Irenäus Eibl-Eibesfeldt, Hans-Jürgen Eysenck und Karl-Heinz Janßen folgen. Bei *Arndt* veröffentlichte der frühere Honecker-Vertraute Hermann von Berg „Gespräche über Deutschland", u. a. mit Helmut Kohl, Peter Glotz und Karl Carstens. Daneben bringt

Munier immer wieder Bücher, die die „Kriegsschuld der Alliierten" „beweisen" sollen. Theoretisch äußern sich der *Republikaner*-Funktionär Emil Schlee und Alain de Benoist.

Der führende Kopf der französischen „Neuen Rechten" ist auch Autor im 1976 gegründeten Krefelder *SINUS* Verlag, der mit Büchern von Armin Mohler, Caspar von Schrenck-Notzing und Klaus Hornung eher der Grauzone zwischen Rechtkonservativismus und Rechtsradikalismus zuzuordnen ist.

Mit Teilen ihres Programms gehört auch die Verlagsgruppe *Ullstein/Langen Müller* in diesen Bereich. Der Konzern, in dem Bücher von Franz Schönhuber, Franz Kurowski, Henning Eichberg, David Irving, Henriette von Schirach, Rudolf Heß und Hans-Ulrich Rudel ebenso erscheinen wie von Willy Brandt, Simon Wiesenthal oder Elie Wiesel, wird von dem Münchner Herbert Fleissner geleitet. Der 1928 in Eger geborene Fleissner hatte in den fünfziger Jahren mit den Romanen des ehemaligen NS-Autors Wilhelm Pleyer und mit Vertriebenenzeitungen (die er später z. T. an Frey verkaufte) seine Karriere als Verleger begonnen. Nach der Übernahme von *Herbig* und *Langen Müller* stand er Ende der sechziger Jahre plötzlich in der vordersten Reihe des deutschen Buchhandels. Heute gehören ihm mehr als 25 Verlage und Imprints. An der Dachgesellschaft *Ullstein/Langen Müller* ist er mit 50% beteiligt; die andere Hälfte gehört dem Springer-Konzern. Für Fleissner brachte dieser 1984 vollzogene Zusammenschluß nur Vorteile: Er erhielt einen direkten Zugang zum Taschenbuchmarkt und verbesserte über die Springerblätter seine Werbemöglichkeiten. (Trotzdem schaltet er weiterhin ganzseitige Anzeigen in rechtsradikalen Zeitschriften.) Schon wenige Monate nach dem Zusammenschluß hatte *Ullstein*-Cheflektor Viktor Niemann gegen die Entscheidung Fleissners protestiert, als Lizenzausgabe des *Arndt* Verlages Dirk Kunerts „Ein Weltkrieg wird programmiert" ins Programm zu nehmen, in dem die angebliche Verantwortung Roosevelts am Ausbruch des Zweiten Weltkriegs „dokumentiert" wird. Offenen Aufruhr verursachte wenig später die Etablierung der von Alfred Schickel betreuten Reihe „Herbigs Materialien zur Zeitgeschichte". Schickel, Leiter der *Zeitgeschichtlichen Forschungsstelle* in Ingolstadt und Autor von *Deutschland in Geschichte und Gegenwart*, versuchte mit diesen Büchern, die deutschen Verbrechen während der NS-Zeit zu relativieren.

1989 schließlich weigerten sich die Mitarbeiter von *Ullstein/Propyläen* erfolgreich, eine Taschenbuchneuauflage von Schönhubers Bestseller „Ich war dabei" vorzubereiten. Die Ausgabe erscheint jetzt unter dem Imprint „Non Stop" bei *Herbig*. Von Schönhubers politischem Erfolg profitierte auch sein Verleger Fleissner, der bisher fünf Bücher des *Republikaner*-Vorsitzenden herausgebracht hat. Allein von „Ich war dabei" wurden mehr als 130 000 Exemplare der gebundenen Ausgabe verkauft. Fleissner schafft seinen rechtsradikalen Autoren ein reputierliches Verlagsumfeld: Es gelingt ihm immer wieder, anerkannte Autoren zu verpflichten, die sich an der Ausrichtung des Verlagsprogramms nicht zu stören scheinen.

6. Rechtsradikale Jugendorganisationen

Im Vergleich zu den anderen überparteilichen Jugendorganisationen sind die rechtsradikalen Jugendbünde weitgehend bedeutungslos geblieben. Lediglich in den fünfziger Jahren konnten sie nennenswerte Mitgliederzahlen aufweisen. Dagegen ist ihr Einfluß auf rechtsradikale Parteien und Vereinigungen nie gering gewesen, da in ihnen häufig der Nachwuchs für die Führungskader ausgebildet wurde. Auch die Ende der siebziger Jahre verstärkt auftretenden neonazistischen Gruppierungen fanden ihre Anhänger oft in diesen Kreisen. Für Pädagogen und Soziologen sind heute weniger diese politisch ausgegrenzten Organisationen ein Problem als die unter Jugendlichen weit verbreiteten rechtsradikalen Orientierungsmuster, die „in zentralen ökonomisch-sozialen Bereichen der hochindustriellen Gesellschaft"[1] ihre Ursachen haben.

Die Jugendbünde der fünfziger Jahre

Die totale Mobilmachung der deutschen Bevölkerung kurz vor Ende des Zweiten Weltkriegs ließ die Alliierten befürchten, daß sich nach der bedingungslosen Kapitulation die in *HJ* und *BDM* ausgebildeten Jugendlichen in ähnlich strukturierten Gruppen neu formieren könnten. Aber genau das Gegenteil trat ein. Die meisten Jugendlichen blieben gegenüber rechtsradikalen Parteien und den ihnen nahestehenden Nachwuchsorganisationen skeptisch. Wichtiger als politisches Engagement war die Sicherung der eigenen materiellen Grundlagen. Hinzu kam die Scheu, sich offensiv mit der eigenen Vergangenheit in den NS-Gliederungen auseinanderzusetzen.

Trotzdem gab es Neugründungen durch ehemalige *HJ*-Führer, *NSDAP*-Funktionäre und Wehrmachtsangehörige, die allerdings in der Regel nur eine kurze Lebensdauer hatten. Denn entweder zerfielen sie nach inneren Querelen oder wurden verboten – wie der *Bund Deutscher Jugend (BDJ)* unter Paul Lüth, der 1952 für einen der ersten politischen Skandale in der noch jungen Bundesrepublik sorgte. Der konspirativ arbeitende *Technische Dienst (TD)* dieser Jugendorganisation sollte nämlich nach einer möglichen Besetzung Deutschlands durch die Sowjetunion als Partisanentruppe Anschläge verüben. Innenpolitische Gegner des hauptsächlich von amerikanischer Seite finanzierten *TDs* waren die *SPD* und die *KPD*. Nach seiner Enttarnung mußte sich der *BDJ* in den meisten Bundesländern auflösen. Einen nennenswerten Zulauf registrierten die rechtsradikalen Jugendorganisationen erst in der Mitte der fünfziger Jahre, als der wirtschaftliche Aufschwung einsetzte. Der Paderborner Soziologe Arno Klönne unterscheidet für diesen Zeitpunkt drei große Gruppen:

„1. betont politische, nationalistische Jugendorganisationen, die im ideologischen, teils auch im organisatorischen Zusammenhang mit nationalistischen oder neonazistischen Erwachsenenorganisationen stehen;

2. ‚völkische' Jugendbünde, die an die völkischen Teile der Jugendbewegung vor 1933 oder deren Gedankengut anknüpfen;

3. ‚soldatische Jugendgruppen', die größtenteils mit Unterstützung militärischer Traditionsverbände oder Organisationen ehemaliger Soldaten arbeiten".[2]

Auf die geringste Resonanz stießen die einzeln agierenden völkischen Bünde, denen es nicht gelang, ihre traditionellen Positionen den veränderten Bedingungen in der Bundesrepublik anzupassen. Die soldatischen Jugendgruppen schlossen sich im Oktober 1956 unter Führung des *Deutschen Jugendbundes Kyffhäuser* zur *Arbeitsgemeinschaft Vaterländischer Jugendverbände (AVJ)* zusammen. Die *AVJ*, die offensiv für die Aufrüstung eintrat und die Wehrmacht glorifizierte, suchte die Nähe zur neugeschaffenen Bundeswehr und sicherte sich damit eine bescheidene gesellschaftliche Anerkennung.

Die wichtigste rechtsradikale Jugendorganisation war seit 1954 der zum nationalistischen Lager zählende *Kameradschaftsring Nationaler Jugendverbände (KNJ)*, für den Peter Dudek drei Richtungen unterscheidet: „völkisch eingestellte Bünde, die unter der Idee des Lebensbundes vorwiegend jugendbewegte Arbeit machten, extrem paramilitärisch ausgerichtete Gruppen wie die *Wiking-Jugend (WJ)* mit deutlich positiven Bezügen zur *HJ* der Kriegszeit und vorwiegend politisch agierende Verbände wie der *Bund Nationaler Studenten (BNS)*, dessen ca. 400 aktivistische Mitglieder zwischen 1956 und 1960 an den Hochschulen für bundesweite Schlagzeilen sorgten".[3] Dem Anfang der sechziger Jahre länderweise verbotenen *BNS* gehörten u. a. der heutige *NPD*-Vorsitzende Martin Mußgnug und der *Nation Europa*-Herausgeber Peter Dehoust an.

Der *KNJ* erfaßte mit seinen rund 20000 Mitgliedern etwa die Hälfte der organisierten rechtsradikalen Jugendlichen. Seine Aufgabe bestand vor allem darin, kleineren Gruppierungen die Existenz zu sichern und die Beziehungen zur *DRP* sowie zum *Deutschen Kulturwerk Europäischen Geistes* zu pflegen. Den Niedergang der in den Führungsspitzen stark überalterten Jugendorganisationen konnte er allerdings nicht aufhalten.

Der Weg in die Bedeutungslosigkeit

Nach einer kurzen Phase der Konsolidierung begann für die rechtsradikalen Jugendverbände der endgültige Abstieg. Äußerer Anlaß waren die antisemitischen Schmieraktionen in den Jahren 1959/60, an denen sich zahlreiche Jugendliche beteiligt hatten. Die Behörden gingen rigoros vor, erließen Verbote und lösten einzelne Gruppierungen ganz auf. So fragwürdig diese Form der Auseinandersetzung mit dem Rechtsradikalismus ist, weil sie, wie sich auch später zeigen sollte, die Bildung von nicht mehr integrationsfähigen Untergrundorganisationen fördert, so wirksam war sie zunächst. Hinzu kam, daß die starre hierarchische Ausrichtung und die propagierten Ideale ebensowenig zeitgemäß waren wie die totale Ausklammerung des Generationenkonflikts. In der Regel wurden die Verbände von Erwachsenen mit nationalsozialistischer Vergangenheit geführt. Immer weniger Jugendliche konnten sich für das pseudomilitärische Gehabe und für Schlagworte wie Volk, Vaterland, Kameradschaft, Treue oder Sitte begeistern. Außerdem nahm die organisatorische Zersplitterung weiter zu. Einzige Klammern blieben die *Lippoldsberger Dichtertage* der Familie Grimm und lockere Zusammenschlüsse wie die *Arbeitsgemeinschaft Volkstreuer Verbände* Herbert Böhmes.

Den Anschluß an aktuelle politische Diskussionen fanden erst die im Dezember 1967 gegründeten *Jungen Nationaldemokraten (JN)* und der mit ihnen verbundene *Nationaldemokratische Hochschulbund (NHB)*, beides Jugendorganisationen der *NPD*. In der Parteispitze blieben beide Verbände umstritten, weil sie nicht immer bereit waren, den legalistischen Weg der *NPD* mitzugehen und die Kontakte zu neonazistischen Gruppierungen abzubrechen. Die *JN* besetzte schon früh politische Positionen, die für die Mutterpartei später von Bedeutung werden sollten. Sie engagierte sich in der Ökologiebewegung, wandte sich gegen Kapitalismus und Kommunismus, propagierte offen Ausländerfeindlichkeit und versuchte mit Hilfe von geschickt aufgemachten Schülerzeitungen neue Mitglieder zu gewinnen. Aber die enge Bindung an die *NPD* ließ den *Jungen Nationaldemokraten* letztlich nur wenige Freiräume. Heute konzentrieren sich die Aktivitäten des rund 800 Mitglieder starken Verbandes auf „feierliche Ausweisausgaben mit Fackeln, Gemeinschaftsabende mit Gesang, Zeltlager mit ausländischen Kameraden und etliche Aktionen vor Ort ... Daneben beteiligen wir uns nach besten Kräften an den Wahlkämpfen unserer Mutterpartei, der *NPD*".[4]

Ebenfalls mit Lagerfeuerromantik wirbt der 1960 gegründete *Bund Heimattreuer Jugend (BHJ)*, der derzeit rund 500 Mitglieder zwischen 7 und 25 Jahren zählt. Der *BHJ* steht in der bündisch-nationalen Tradition und betont immer wieder seine Treue zum Grundgesetz. Tatsächlich ist in den letzten Jahren zu beobachten, daß sich der Bund von anderen rechtsradikalen Organisationen, mit denen er lange zusammenarbeitete, formal abzusetzen versucht, obwohl sich seine „Grundsätze" kaum geändert haben. Nach dem biologistischen Weltbild des *BHJ* stellt „jedes Volk eine natürliche Lebenseinheit" dar, der mit „Opfermut und Idealismus" gedient werden muß. Der „Einsatz für die Gemeinschaft unseres Volkes"[5] steht über persönlichen Bedürfnissen. Als Vorbilder in diesem Sinne dienen NS-Größen wie Hans-Ulrich Rudel, der neben Herbert Böhme Ehrenmitglied des *BHJ* war.

Bereits 1978 hatte der *BHJ* die Kooperation mit der ebenfalls die Odalsrune als Abzeichen tragenden *Wiking-Jugend (WJ)* aufgekündigt, weil er die aggressive Agitation der zum *Freiheitlichen Rat* um Gerhard Frey zählenden Organisation nicht mehr mittragen wollte. Die *WJ*, die 1952 u. a. aus der *Reichsjugend* der verbotenen *SRP* entstanden ist, hat Peter Dudek treffend als „Durchlauferhitzer für neonazistische Karrieren"[6] bezeichnet. Vielfältig waren (und sind immer noch) die personellen und organisatorischen Verflechtungen mit neonazistischen Kadergruppen. Ideologisch ist die *WJ* auf die NS-Zeit fixiert. Sie orientiert sich an den nationalsozialistischen Jugendverbänden und huldigt einem rassistischen „Nordland"-Kult:

„NORDLAND: das ist der geschlossene Lebensraum der Völker germanischer Herkunft in Nord- und Mitteleuropa.

NORDLAND: es wird seit Jahren gelebt in echter kameradschaftlicher Verbundenheit in der volkstreuen Jugend unserer germanischen Völker ... Wir sagen ja zu einem vereinten Europa unter der unabdingbaren Voraussetzung der Erhaltung der Eigenart unserer germanischen Völker. Ihre Besten hatten im Krieg der Churchill-Stalin-Roosevelt zum Schutze unseres gemeinsamen Erbes als Freiwillige in der Waffen-SS gekämpft und ihr Leben gegeben".[7]

In diesem Sinn führt die derzeit rund 500 Mitglieder zählende *WJ* regelmäßig Wehrkämpfe sowie Schießübungen durch und unterhält enge Beziehungen zu Schwesterorganisationen in mehreren europäischen Ländern. Seit kurzer Zeit scheint es auch Verbindungen zur *FAP* zu geben.

Skins und Hooligans

Obwohl es der *Wiking-Jugend* immer wieder gelingt, Aufsehen zu erregen (zuletzt Ende 1989, als 50 ihrer Mitglieder vor einem verbotenen „Silvestertreffen" in Hilders vorübergehend festgenommen wurden), ist die Zahl der in rechtsradikalen Gruppierungen organisierten Jugendlichen heute verschwindend gering. Dagegen wächst die Bereitschaft bei Heranwachsenden, rechtsradikale Verhaltensweisen und Denkmuster zu übernehmen. Diese Prozesse können durch individuelle psychische und soziale Dispositionen ebenso ausgelöst werden wie durch gruppendynamische Zwänge. Bei den Skinheads und den Hooligans, den aggressiven Fußballfans, treffen mehrere Faktoren zusammen. Jüngste Untersuchungen von englischen und bundesdeutschen Soziologen konnten zeigen, daß sie in der Regel eine geringe formale Bildung besitzen, arbeitslos sind oder einfache Berufe ausüben, aus mutterzentrierten, aber vom Mann beherrschten Familien stammen und körperliche Gewalt als Mittel der Auseinandersetzung akzeptieren. Obwohl sie nicht mehr in die Arbeiterkultur integriert sind, fühlen sie sich ihr zugehörig.

Skins und Hooligans hielten lange Zeit Distanz zu rechtsradikalen Gruppierungen. Ihr neonazistisches Auftreten mit

„Heil-Hitler"-Rufen und antisemitischen Ausfällen war die stärkste und provozierendste Form des Protestes bzw. der Beleidigung im Fußballstadion. Versuche der *ANS/NA* um Michael Kühnen, diese Jugendszene zu unterwandern und in ihrem Sinn zu mobilisieren, scheiterten zunächst bis auf wenige Ausnahmen – wohl auch deshalb, weil die Skins und Hooligans zwar Geborgenheit in der Gruppe suchten, aber starre Strukturen ablehnten. Noch 1989 konnten die beiden Pädagogen Gunter A. Pilz und Klaus Sengebusch feststellen:

„Obwohl Skins, Fußballfans und Neo-Nazis im Bereich Ausländerfeindlichkeit, der Gewaltakzeptanz und des Männlichkeitsideals weitgehend identische Wert- und Verhaltensweisen aufweisen, besteht ein zentraler Differenzpunkt darin, daß sich Skins und Fußballfans als unpolitisch verstehen, Politik für sie nichts mit ‚Spaß' zu tun hat".[8]

Unterdessen hat sich das Bild geändert. Dafür dürften nicht zuletzt die Wahlerfolge und die damit verbundene Aufwertung der rechtsradikalen Parteien verantwortlich sein. Vor allem der *FAP* ist es gelungen, wie 1989 Krawalle in Südniedersachsen und Oberschwaben zeigten, Einfluß auf verschiedene Skinhead- und Hooligangruppen zu gewinnen. Auch scheint die Militanz der nicht mehr isoliert agierenden Jugendlichen zuzunehmen. Gute Kontakte bestehen mittlerweile zu Skinheads in der DDR. Regelrechte Straßenschlachten, wie im April 1990 in Ost-Berlin, sind keine Seltenheit mehr. Es besteht die Gefahr, daß sich die Gruppen weiter kriminalisieren und damit noch stärker gesellschaftlich ausgrenzen. Das würde neonazistischen Organisationen neue Rekrutierungsmöglichkeiten eröffnen.

Rechtsradikale Einstellungen bei Jugendlichen

Als der Pädagoge Dieter Boßmann 1977 unter dem Titel „Was ich von Hitler gehört habe ..." Auszüge aus über 3000 Schüleraufsätzen veröffentlichte, wurde augenfällig, wie wenig junge Menschen in der Bundesrepublik über die NS-Zeit wußten, welche Verwirrung der Geschichtsunterricht bei ihnen hinterlassen hatte. Der Bezug zur Gegenwart blieb ausgeklammert. In der Schule hatte die Historisierung des Nationalsozialismus bereits begonnen. Unterdessen scheint sie sogar noch fortgeschritten zu sein. Dafür gibt es eindeutige Anzeichen: vor allem die Verbreitung von neonazistischen und rassistischen Videospielen, die fast selbstverständlich auf Schulhöfen gehandelt werden. Die Staatsanwaltschaften und die Bundesprüfstelle für jugendgefährdende Schriften können gegen diese meist von Einzelgängern fabrizierten Machwerke so gut wie nichts ausrichten, zumal sie häufig auch zusammen mit anderen attraktiven Computerspielen auf Disketten kopiert oder über sogenannte Mailboxen kostenlos angeboten werden. Nach einer im März 1990 veröffentlichten Umfrage an 14 Fuldaer Schulen kannten 77 Prozent der Jugendlichen, die zuhause einen Computer hatten, solche „Spiele", 40 Prozent besaßen sogar selbst welche. Ähnliche Ergebnisse sind aus Berlin bekannt. Viele Schüler scheinen den „Anti Türken Test" oder die Programme „Achtung Nazi" und „Hitler Diktator" eher unüberlegt zu benützen, aber es mehren sich die Indizien, daß neonazistische Gruppierungen elektronisch aufrüsten und Software gezielt für ihre Agitation einsetzen. Besonders mit ausländerfeindlichen Parolen könnten sie Erfolg haben. 1987 fand Wilhelm Heitmeyer in einer Untersuchung mit über 1200 Sechzehn- und Siebzehnjährigen heraus, daß die „Distanz gegenüber dem historischen Nationalsozialismus bei gleichzeitiger Verengung der politischen Ereignisse" verbunden wird „mit der Nähe zu autoritär-nationalisierenden Sichtweisen und Gewaltakzeptanz, in deren Zentrum die ‚Ausländerfrage' lagert".[9] Heitmeyer ermittelte Zustimmungswerte von 43,5% für „Deutschland den Deutschen", von 37,4% für „Kanaken raus", von 32,7% für „Deutsche Ausbildungsstätten nur für deutsche Jugendliche" und von 36,3% für „Deutsches Geld nur für deutsche Aufgaben. Gegen das Verschenken unseres Geldes ans Ausland". Außerdem schlossen sich 66,5% bzw. 57,2% den Forderungen „Schluß mit der weichen Welle im Strafvollzug" und „Todesstrafe für Terroristen, Rauschgifthändler und Sexualmörder" an. Angesichts dieser

Untersuchungsergebnisse können die Erfolge der rechtsradikalen Parteien bei den Erstwählern nicht mehr überraschen. Für Wilhelm Heitmeyer muß deshalb die Frage „Gibt es eine zeitgemäße antifaschistische Erziehung" „dringender gestellt werden, denn die Gefahr eines *blinden Antifaschismus,* der Inhalts- und Formenwandel modernisierter rechtsextremistischer Entwicklungen übersieht und immer noch in erster Linie auf die selbstredende Wirkungsweise von Informationen über die End- und Extremformen des historischen Faschismus setzt, ist groß. Er erreicht so Jugendliche immer weniger, weil viele von ihnen – auch dies ist ein immer deutlicher werdender, schmerzhafter Tatbestand – den historischen Faschismus auf ihre Weise ‚historisiert' haben, also als abgeschlossene Phase ohne eigenen Lebens- und Verantwortungsbezug sehen".[10]

7. Neonazistische Gruppierungen und Parteien

Lange Zeit waren neonazistische Vereinigungen vor allem ein Medienereignis. Die Boulevardpresse riß sich um Fotos, die Jugendliche mit zum Hitlergruß erhobenen Armen zeigten. Aber als die Straftaten mit neonazistischem Hintergrund zunahmen, Asylantenunterkünfte in Flammen aufgingen und Menschen starben, wurde erschreckend deutlich, daß es auch am äußersten rechten Rand des politischen Spektrums Terroristen gab, die ihre politische Schulung gerade in den bis dahin eher belächelten Gruppierungen erhalten hatten. Einen ersten Höhepunkt erreichten die neonazistischen Ausschreitungen nach der Ausstrahlung der Fernsehserie „Holocaust". Nach einer kurzen Beruhigungspause verzeichnen die Verfassungsschutzbehörden seit Mitte der achtziger Jahre wieder eine kontinuierliche Zunahme von Straftaten. Ein Zusammenhang mit den Wahlerfolgen der rechtsradikalen Parteien ist zu vermuten.

Grenzen der „Entnazifizierung"

„Morgen schon, ich zweifle nicht", schrieb Eugen Kogon 1946 in der Einleitung zu seinem Buch „Der SS-Staat", „würden Zehntausende von Deutschen, wenn sie nur könnten, ihre Gegner zu Hunderttausenden den alten Martern unterwerfen, während Millionen wieder bereit wären, die Wahrheit zu verleugnen, indem sie die Wirklichkeit einfach nicht kennenlernen oder nicht zur Kenntnis nehmen wollten".[1] Trotzdem hatte Kogon die Hoffnung nicht aufgegeben, und der Erfolg seines Buches, das Entsetzen, das es auslöste, gaben ihm zunächst Recht.

Aber Aufklärung allein genügte nicht. Schon bald kam es wieder zu antisemitischen Ausschreitungen. Nach einer Aufstellung des Koordinierungsrates der Gesellschaften für christlich-jüdische Zusammenarbeit wurden zwischen 1948 und 1957 fast 160 jüdische Friedhöfe geschändet. Ständig erschienen neue Hetzschriften, deren Verfasser zwar, wenn sie ermittelt werden konnten, mit Gefängnisstrafen rechnen mußten, die aber trotzdem eine weite Verbreitung fanden.

Trauriger Höhepunkt dieser ersten antisemitischen Welle war die Tat von zwei *DRP*-Mitgliedern, die in der Nacht vom 24. auf den 25. Dezember 1959 die Kölner Synagoge und den Gedenkstein für die Opfer des Nationalsozialismus mit „Juden raus"-Parolen beschmierten. Bis Ende Januar 1960 kam es zu fast 700 weiteren antisemitischen Vorfällen, wobei nie geklärt werden konnte, inwieweit der ostdeutsche Geheimdienst dabei seine Finger im Spiel hatte, um die Bundesrepublik vor der Weltöffentlichkeit zu diskreditieren. 234 Personen wurden festgenommen, davon die Hälfte Jugendliche oder junge Erwachsene unter 20 Jahren. Konrad Adenauer sah sich veranlaßt, am 16. Januar 1960 eine Fernsehansprache zu halten, um die jüdischen Mitbürger zu beruhigen und ihnen den Schutz der Bundesregierung zu garantieren. „Der hohe Anteil jugendlicher und halberwachsener Täter führte zu einer Intensivierung administrativ geplanter, durchgeführter und unterstützter Aufklärungsmaßnahmen über die Verfolgung der Juden im Dritten Reich".[2]

Obwohl die Kölner Täter einer rechtsradikalen Partei angehört hatten, wurden die antisemitischen Schmieraktionen in der Regel von Einzelgängern durchgeführt. Straff organisierte neonazistische Kadergruppen tauchten erst Ende der sechziger, Anfang der siebziger Jahre auf. Ihr Entstehen hängt unmittelbar mit der als „Ausverkauf" diffamierten Ostpolitk der Regierung Brandt/Scheel und dem Niedergang der *NPD* zusammen, der es nicht gelungen war, eine „nationale Opposition" zu formieren. Nach dem Mißerfolg bei der Bundestagswahl 1969 versuchten vor allem politisch erfahrene Aktivisten, denen der Kurs der *NPD* zu ‚demokratisch' war, mit eigenen Gruppierungen Fuß zu fassen. Allein 1971 entstanden drei der wichtigsten neonazistischen Organisationen:

– die *Bürger- und Bauerninitiative (BBI)* des früheren „Sonderführers für Pflanzenzucht" im Konzentrationslager Auschwitz, Thies Christophersen, über den und vor allem über dessen Buch „Die Auschwitz-Lüge" weiter unten noch ausführlich zu reden sein wird;

– die *Deutsche Bürgerinitiative (DBI)* des Rechtsanwalts Manfred Roeder, der sich als „Reichsverweser" und Nachfolger von Großadmiral Dönitz „als letztem rechtmäßigen Staatsoberhaupt des Deutschen Reiches" bezeichnet; seine *Deutschen Aktionsgruppen* führten von Februar bis August 1980 mehrere Brand- und Sprengstoffanschläge durch, bei denen zwei vietnamesische Flüchtlinge starben; wegen Gründung einer terroristischen Vereinigung wurde Roeder 1982 zu 13 Jahren Haft verurteilt, aber bereits im Februar 1990 auf Bewährung entlassen;

– die *Partei der Arbeit (PdA)* des aus der *NPD* ausgeschlossenen Schriftsetzers Friedhelm Busse, der sich schon 1970 an militanten Aktivitäten einer *Deutsch-Sozialen Aktion* von *NPD*-Dissidenten beteiligt hatte.

Eng mit Christophersen und Roeder arbeitete Erwin Schönborn zusammen, der bereits 1953 wegen neonazistischer Äußerungen zu fünf Monaten Gefängnis verurteilt worden war. Schönborn hat danach zahlreiche Vereinigungen gegründet, die seinen „modernen Nationalsozialismus" propagieren sollten, der „frei sein muß von biologistischen Vorstellungen (...) Wir können und müssen eine Rassenvermischung ablehnen – politisch gesehen und ideologisch betrachtet, muß uns aber ein nationalsozialistischer Neger näher stehen als ein bolschewistischer Deutscher".[3]

Diese schon im Ansatz verworrene Argumentation ist typisch für die neonazistischen Gruppierungen in der ersten Hälfte der siebziger Jahre. Konkret wurden die politischen Sektenführer nur, wenn es um die Rehabilitierung des Nationalsozialismus und die Leugnung der Massenmorde in den Konzentrationslagern ging. Unterstützung erhielten sie von dem Amerikaner Gary Rex Lauck, dem Chef der *NSDAP/AO* (AO steht für „Auslandsorganisation"), der von Nebraska aus neonazistische Gruppierungen in aller Welt mit Hakenkreuzaufklebern und seinem *NS-Kampfruf* beliefert. Im November 1974 kam Lauck auf Einladung der *DBI* und der *BBI* in die Bundesrepublik und ‚referierte' über das Thema „Warum Hitler in Amerika noch immer populär ist". Er wurde verhaftet und auf Dauer aus der Bundesrepublik ausgewiesen. Die *NSDAP/AO* verfügt in der Bundesrepublik über ein Netz von meist nur aus einer Person bestehenden „Stützpunkten", die Aufkleber, Handzettel und Flugblätter verteilen. Im Jahr 1988 registrierte das Bundesinnenministerium insgesamt 68 Gesetzesverletzungen, die im Zusammenhang mit den Aktivisten der illegalen Organisation standen.

Wehrsportgruppe Hoffmann

Der Nürnberger Graphiker Karl-Heinz Hoffmann, der mit über 500 Mitgliedern die größte neonazistische Organisation in der Bundesrepublik aufbaute, setzte sich bewußt vom Hitlerkult der *NSDAP*-Sympathisanten ab. Er entwarf eine „Rational Pragmatische Sozial Hierarchie", das abstruse Modell eines kollektiv regierten Zentralstaates mit einer „nach dem Leistungs- und Selektionsprinzip ausgerichteten Führerstruktur",[4] und scheuchte seine Anhänger in *SS*-ähnlichen Kampfanzügen durch die fränkischen Wälder. Diese zunächst lächerlich wirkenden Auftritte, bei denen Journalisten gern gesehen waren, ließen die 1974 gegründete *Wehrsportgruppe Hoffmann* zu einem Medienereignis werden. Hoffmann selbst galt als Politclown, den neben Erwin Schönborn und Thies Christophersen nur Gerhard Frey hofierte. Der Münchner Verleger zahlte sogar eine Geldstrafe für ihn und verteidigte die *Wehrsportgruppe* mehrfach in seinen Blättern. So hieß es in der *National-Zeitung* unter der Überschrift „Wie gefährlich ist die Wehrsportgruppe Hoffmann?“: „Hoffmann und seine Sportsfreunde stellten für niemanden auf der Welt auch nur den Schein einer Gefahr dar. Sport ist vielmehr gesund und Wehrsport besonders nötig“.[5]

Das bayerische Staatsministerium des Innern, das die *WSG Hoffmann* seit ihrer Gründung beobachtete, konnte zunächst nichts Strafbares an den paramilitärischen Übungen entdekken. Im Münchner Landtag erklärte Innenminister Alfred Seidl am 12. Juli 1977, „daß das Betreiben des ‚Wehrsports‘ selbst keine strafbare Handlung darstellt; gleiches gilt für die ‚Ausbildung‘ an verschweißten Waffen“.[6] Die publizistische Aufmerksamkeit, die die *WSG* genoß, schien den Behörden den Blick dafür zu trüben, daß Hoffmann seine jungen „Wehrsportler“ (70% von ihnen waren unter 30 Jahre alt) nicht nur für Presseauftritte, sondern vor allem für einen ihm unvermeidlich scheinenden Bürgerkrieg ausbildete. Erst am 30. 1. 1980 erließ das Bundesinnenministerium ein Verbot der *WSG*. Hoffmann zog sich mit einer rund 15köpfigen Gruppe in das libanesische *El Fatah*-Lager Bir Hassan zurück, wo es zu gewalttätigen Auseinandersetzungen unter den Mitgliedern kam.

Der Geologiestudent Gundolf Köhler, der sich und zwölf Besucher des Münchner Oktoberfestes am 26. September 1980 mit einer Bombe in die Luft sprengte, gehörte ebenso zum Umfeld der *WSG Hoffmann* wie der damals 21jährige Stefan Wagner, der im August 1982 nach einem fünfstündigen Amoklauf mit zwei Gewehren und einer Pistole Selbstmord verübte.

Im Dezember 1980 wurden in Erlangen der Verleger Shlomo Levin und seine Lebensgefährtin Frieda Poeschke höchstwahrscheinlich durch den Hoffmann-Getreuen Uwe Behrendt (der später im Libanon ums Leben kam) ermordet. Hoffmann selbst konnte keine Beteiligung nachgewiesen werden. Wegen der vor allem im Libanon begangenen Straftaten wurde er jedoch im Juni 1986 zu neuneinhalb Jahren Gefängnis verurteilt. Weil er sich von seiner Vergangenheit losgesagt habe, so die richterliche Begründung, kam er im Juli 1989 wieder auf freien Fuß. Die Reststrafe wurde zur Bewährung ausgesetzt.

Aus der Rückschau läßt sich heute sagen, daß der *WSG Hoffmann* gleich in mehrfacher Hinsicht eine besondere Bedeutung zukommt: Sie diente und dient noch immer als Vorbild für eine Reihe von neugegründeten Wehrsportgruppen; zuletzt wurde im Februar 1990 in der Oberpfalz eine *Wehrsportgruppe Wolfsschanze* ausgehoben. Wichtiger aber noch ist, daß ein großer Teil der führenden neonazistischen Aktivisten und Rechtsterroristen bei Hoffmann gelernt hat.

Volkssozialistische Bewegung Deutschlands/Partei der Arbeit (VSBD/PdA)

Im Gegensatz zu Karl-Heinz Hoffmann, der sich eine schlagkräftige Bürgerkriegstruppe aufgebaut hatte, versuchte der aus der *NPD* ausgeschlossene Drucker Friedhelm Busse eine eigene Partei für militante Neonazis zu schaffen. Zunächst führte er seine 1971 gegründete *Partei der Arbeit* in die *Aktion Neue Rechte,* die sich allerdings schon bald auflösen sollte. Busse nannte seine nur aus wenigen Mitgliedern bestehende Organisation 1975 in *Volkssozialistische Bewegung Deutschlands/Partei der Arbeit (VSBD/PdA)* um und ließ ein Grundsatzpapier verabschieden, das große Ähnlichkeiten mit dem „25-Punkte-Programm" der *NSDAP* vom 24. Februar 1920 aufwies. „Die *VSBD/PdA* ist in Zielsetzung und öffentlichem Auftreten der früheren *NSDAP* wesensverwandt", stellte das Bundesinnenministerium später fest. „Als eine herausragende Vereinigung der existierenden neonazistischen Gruppierungen glorifiziert die *VSBD/PdA* die Ereignisse während des ‚Dritten Reiches' und interpretiert diese im Sinne der damaligen Machthaber. Die *VSBD/PdA* ist bestrebt, die Verbrechen aus der damaligen Zeit zu leugnen und die führenden Vertreter der *NSDAP* zu rehabilitieren".[7]

Zulauf erhielt die Organisation, die mit allen führenden neonazistischen Aktivisten in Kontakt stand, als die *NSDAP/AO* 1980 ihren Anhängern empfahl, den rechtsradikalen Splittergruppen den Rücken zu kehren und der „einzig ernstzunehmenden legalen Alternative zu den Systemparteien"[8] beizutreten. Zu diesem Zeitpunkt arbeiteten einzelne *VSBD*-Mitglieder allerdings schon in der Illegalität. Physische Gewalt war für Busse und seine Anhänger von Anfang an ein wichtiges Mittel, um politische Ziele zu erreichen. Militante Aktionen gegen vermeintliche Gegner („Bekämpft linksfaschistisches Ungeziefer", heißt es in einem Flugblatt der *VSBD/PdA*) wurden von der Parteiführung nicht nur geduldet, sondern geradezu gefordert. „Ich bin kein Pazifist", erklärte Busse 1980 einer holländischen Journalistin. „Wenn man uns dazu zwingt, werden wir mit entsprechenden Mitteln antworten".[9]

Diese Sanktionierung von Gewalt, das, wie es Busse nannte, „legitime Recht des Widerstandes", ließ die *VSBD/PdA* zur Basis für rechtsterroristische Anschläge werden. Am 24. Dezember 1980 erschoß der Mitbegründer der *VSBD Hessen,* Frank Schubert, zwei Schweizer Grenzbeamte und verübte danach Selbstmord. Möglicherweise sollte er Waffen aus der Schweiz beschaffen.

Auf dem Weg von der Wohnung Busses zu einem geplanten Bankraub in Rennerod wurde von der Münchner Polizei am 20. Oktober 1981 ein Personenwagen gestoppt. Einer der Insassen zündete eine Handgranate. Die *VSBD*-Mitglieder Klaus-Ludwig Uhl und Kurt Eduard Wolfgram, die, wie man später gefundenen Unterlagen entnehmen konnte, weitere Straftaten planten, wurden erschossen. Bei Durchsuchungen fand die Polizei anschließend Waffen und Sprengstoff in größeren Mengen.

Am 27. Januar 1982 entschloß sich das Bundesinnenministerium, die *VSBD/PdA* zu verbieten. Busse wurde 1983 wegen Verstoßes gegen das Waffengesetz und Begünstigung von Bankräubern zu einer Freiheitsstrafe von drei Jahren und neun Monaten verurteilt.

Das Verbot der *VSBD/PdA* konnte nicht darüber hinwegtäuschen, daß sich Ende der siebziger Jahre, verstärkt durch die Diskussionen um die Fernsehserie „Holocaust", ein Terrorismus von rechts entwickelt hatte, der durchaus Parallelen zur *Roten Armee Fraktion* aufwies. „Nach 8 Jahren war der legale Weg erschöpft", schrieb Manfred Roeder im April 1980 an seine Anhänger. „Der Kampf muß jetzt auf einer anderen Ebene mit noch größerer Entschlossenheit fortgeführt werden, denn wir werden niemals tatenlos zusehen, wenn Deutschland zerstört wird. Entweder werden wir siegen oder untergehen!"[10]

Im Gegensatz zur *RAF*, die ein konspiratives Netzwerk mit Sympathisanten und Helfern aufbaute, agierten die verschiedenen rechtsterroristischen Gruppierungen unabhängig voneinander und mit durchaus verschiedenen Zielen. Während die *Deutschen Aktionsgruppen* des Hitler-Verehrers Roeder vor allem Anschläge gegen Asylantenunterkünfte verübten, erklärten das ehemalige *WSG Hoffmann*-Mitglied Odfried Hepp und der frühere *VSBD*-Funktionär Walther Kexel im Juni 1982 ihren Abschied vom „NS-Fetischismus" und verkündeten den „undogmatischen, antiimperialistischen Befreiungskampf". Die Gruppe um Hepp/Kexel, die sich als antibürgerlich und antikapitalistisch verstand, sah die Bundesrepublik als ein von den USA besetztes Land und richtete ihre Aktionen deshalb gegen amerikanische Soldaten und ihre Familien. Dabei wurden mehrere der wahllos herausgegriffenen Opfer schwer verletzt. Die Mitglieder der Gruppe erhielten nach ihrer Ergreifung hohe Haftstrafen. Walther Kexel beging 1987 im Gefängnis Selbstmord.

Nach der Zusammenstellung von Henning Rosen verübten Rechtsterroristen zwischen 1968 und 1988 27 Delikte, bei denen Menschen ums Leben kamen, 97 Brandstiftungen und 33 Sprengstoffanschläge. Die Zahl der Gewaltakte nimmt seit

Mitte der achtziger Jahre wieder zu; vor allem richtet sich die Aggression gegen Ausländer und gegen Asylantenunterkünfte. Das Bundesamt für Verfassungsschutz schätzt, daß es derzeit rund 450 militante Aktivisten gibt, die aber keine festen Gruppierungen mehr bilden, sondern sich zum größten Teil in bereits bestehenden Parteien oder Vereinigungen organisieren. Obwohl alle Altersgruppen vertreten sind, dominieren Jugendliche und junge Erwachsene mit zumeist niedrigem Bildungsgrad. Die jüngsten Erfolge militanter Aktivisten in Skinhead-Kreisen lassen befürchten, daß die Gewaltbereitschaft weiter wächst.

Die Gruppierungen um Michael Kühnen

Leitfigur des bundesdeutschen Neonazismus war lange Zeit der frühere Bundeswehrleutnant Michael Kühnen, der es wie kein zweiter verstand und noch versteht, sich in den Medien in Szene zu setzen. Kühnen, der sich zunächst in verschiedenen rechtsradikalen Parteien und Gruppierungen engagiert hatte, gründete 1977 die *Aktionsfront Nationaler Sozialisten (ANS),* deren Hauptziel es war, die Wiederzulassung der *NSDAP* zu erreichen. Die *ANS* schreckte auch vor Gewalttaten und Raubüberfällen nicht zurück. Im sogenannten „Bükkeburger Prozeß“ wurden die Rädelsführer 1979 zu langjährigen Freiheitsstrafen verurteilt. Michael Kühnen mußte für vier Jahre ins Gefängnis, wo er unter dem Titel „Die zweite Revolution. Glaube und Kampf“ sein Programm niederlegte. Kühnen ergreift darin vehement für eine „korporativistische Volksgemeinschaft“ Partei, die die *SA* in einer „zweiten Revolution“ erreichen wollte. Er rekurriert auf den frühen Nationalsozialismus und wirft Hitler vor, daß er „einen Pakt mit der Reaktion schloß und Ernst Röhm opferte“.[11] Für Kühnen ist Geschichte, wie Peter Dudek bemerkt, eine „Geschichte von Rassenkämpfen, die nur eine Alternative zulassen: Kapitulation oder Kampf“.[12] Zu Hauptfeinden werden nicht nur „Liberal-Kapitalismus“, „Marxismus“ und „zionistische Weltpest“, sondern auch die rechtsradikalen Parteien, die sich den

„revolutionären Strömungen unserer Zeit" nicht anschließen wollen.

Diese Ablehnung war keineswegs nur einseitig. Die um den letzten Rest ihrer gesellschaftlichen Reputation fürchtenden Nationaldemokraten und ‚National-Freiheitlichen' unternahmen alles, um sich von militanten Aktivisten abzusetzen, die vor allem aus den Jugendorganisationen Zulauf hatten. Am deutlichsten distanzierte sich Gerd Badstübner in den *Deutschen Monatsheften:* „Bei der Bestimmung von Freund und Feind werden sich Nationalisten nicht davor drücken können, die Neonazis als Feinde einzustufen. Diese Position schließt Stimmungen heimlicher Solidarität aus. Neonazis und Nationalisten sitzen nicht in einem Boot. Wer Neonazis toleriert, darf sich nicht wundern, wenn diese in den Phasen kurzer Blüte eine Dynamik entfesseln, die der eigenen Arbeit den Boden entzieht".[13]

Nach der Haftentlassung Ende 1982 ging Kühnen daran, seine Organisation neu zu ordnen. Er sammelte ehemalige Mitglieder der *WSG Hoffmann* und der *VSBD* in der *ANS/NA* (wobei *NA* für *Nationale Aktivisten* steht) und ließ eine eigene Partei, die *Aktion Ausländerrückführung – Volksbewegung gegen Überfremdung und Umweltzerstörung (AAR),* gründen, die bei der hessischen Landtagswahl im September 1983 allerdings nur 890 Stimmen errang. Interne Differenzen über den Kurs der *ANS/NA* wurden mit dem Ausschluß von Arnd-Heinz Marx gelöst, der sich mehr an der *SS* als an der *SA* orientiert hatte. Im Dezember 1983 verfügte das Bundesinnenministerium die Auflösung der *ANS/NA* und der *AAR.* Gegen führende Mitglieder wurden Gerichtsverfahren eingeleitet. Der unterdessen vielfach vorbestrafte Kühnen entzog sich seinem Prozeß zunächst durch Flucht, wurde aber schließlich im Januar 1985 zu drei Jahren und vier Monaten Gefängnis verurteilt.

Die Mitglieder der aufgelösten *ANS/NA* organisierten sich in zahlreichen Kleingruppen neu (z. B. *Stoßtrupp Renchen, Taunusfront, Frankfurter Front*) und begannen bereits bestehende Vereinigungen zu unterwandern: die *Hilfsorganisation für nationale und politische Gefangene (HNG)*, vor allem aber die 1978 von dem Kaufmann Martin Pape gegründete *Freiheitliche Deutsche Arbeiterpartei (FAP)*, die bis dahin nur ein Schattendasein im Raum Stuttgart geführt hatte. Daß sich die früheren *ANS/NA*-Aktivisten gerade eine Partei für ihre weiteren Aktionen aussuchten, hängt mit der bundesdeutschen Gesetzgebung zusammen. Im Gegensatz zu einer Vereinigung, die das Bundesinnenministerium relativ einfach auflösen kann, setzt das Verbot einer Partei den Spruch des Bundesverfassungsgerichts voraus. Die ehemaligen *ANS/NA*-Kader konnten sich daher zunächst in Sicherheit wiegen. Auf dem Bundesparteitag im November 1988 besetzten sie alle wichtigen Funktionen in der *FAP*. Friedhelm Busse übernahm den Vorsitz und verdrängte Martin Pape, der danach in seinem Blatt *Deutscher Standpunkt* eine „neue Rechtspartei" anstelle des „NS-Kaspervereins"[14] *FAP* forderte.

Die *FAP* ist mit derzeit rund 500 Mitgliedern die größte Gruppierung militanter Neonazis in der Bundesrepublik. Wachsende Erfolge erzielt sie seit 1989 bei der Rekrutierung neuer Mitglieder in Skinhead- und Hooligankreisen. Damit scheint auch die Gewaltbereitschaft zuzunehmen. 1988 deuteten – nach Angaben des Bundesinnenministeriums – 222 Gesetzesverletzungen auf Täter aus der *FAP* hin, darunter waren Brandanschläge, Überfälle, Körperverletzungen und schwere Sachbeschädigungen. Bei Wahlen blieb die *FAP* bisher bedeutungslos.

Die Führungsposition Michael Kühnens, der kurz nach seiner Entlassung aus der Haft die im Februar 1989 verbotene *Nationale Sammlung* gegründet hatte, ist unterdessen nicht mehr unumstritten. Spekulationen über die Homosexualität des Neonaziführers lieferten der Opposition um Jürgen Mosler den Vorwand für eine Palastrevolution. Bei der Wahl zum *FAP*-Bundesvorsitzenden konnte sich mit Busse der Kandidat der Mosler-Fraktion durchsetzen. Aber weiter wollten die Kontrahenten die Zersplitterung ihrer „Bewegung" nicht mehr treiben. Am 8. Januar 1989 schlossen sie ein „Schlichtungsabkommen", da die Auseinandersetzungen „zu einer ernsthaften

Beeinträchtigung der jeweiligen politischen Arbeit geführt"[15] hätten.

Die Verfassungsschutzbehörden schätzen die Gesamtzahl der neonazistischen Aktivisten auf rund 1500, die neben der *FAP* in verschiedene Splittergruppen und -grüppchen organisiert sind; die größte von ihnen ist die *Nationalistische Front* mit nicht einmal 100 Mitgliedern. 1988 wurden insgesamt über 1600 Gesetzesverletzungen mit neonazistischem Hintergrund registriert. Das bedeutete eine weitere kräftige Zunahme gegenüber dem Vorjahr. Ein Zusammenhang mit den Wahlerfolgen der rechtsradikalen Parteien ist nicht auszuschließen. Es gibt Anzeichen dafür, daß die neonazistischen Gruppierungen in der Bundesrepublik und der DDR enger kooperieren wollen (von Kühnen-Anhängern wurde in der DDR bereits die *Deutsche Alternative* gegründet), nachdem eine internationale Zusammenarbeit aus Anlaß des 100. Geburtstag Adolf Hitlers trotz intensiver Vorbereitungen nicht zustande kam. In München trafen sich im April 1990 rund 800 Neonazis, unter ihnen Michael Kühnen, Otto Ernst Remer, Manfred Roeder und der englische Historiker David Irving.

Die „Revisionisten" und die Leugnung der Judenvernichtung

An Versuchen, den Nationalsozialismus von seinem schlimmsten Makel, dem millionenfachen Mord an den europäischen Juden, zu befreien, hat es nach 1945 nicht gefehlt. Wegen der starken Tabuisierung dieses Themas in der Bundesrepublik begannen zunächst selbsternannte Historiker in Frankreich und den USA mit ihren Zahlenmanipulationen. Der Franzose Paul Rassinier veröffentlichte seit Beginn der fünfziger Jahre gleich mehrere Bücher, die für die „Revisionisten", wie sich diese Extrem-Apologeten selbst nennen, zum Vorbild wurden. Georges Wellers hat sie später als „raffinierte Mischung aus Argumentation und falschen demographischen Berechnungen" entlarvt, die beweisen sollten, „daß die sechs Millionen Opfer nur eine schändliche Erfindung des allmächtigen Weltjudentums seien".[16]

In Frankreich hat unterdessen der Sprachwissenschaftler Robert Faurisson die Nachfolge Rassiniers angetreten. Er geht noch einen Schritt weiter als sein Vorbild und leugnet die Existenz von Gaskammern ganz. In einem Aufsatz für die Zeitschrift *Historia* sprach er 1977 gar von einem „vorgetäuschten Völkermord". Während es für Rassinier oder die beiden Amerikaner Arthur R. Butz und Richard Harwood zumindest außer Frage stand, daß in Auschwitz und in anderen Konzentrationslagern Juden ermordet wurden, bezweifelt Faurisson nicht nur die offiziell genannten Zahlen, sondern den Genozid selbst.

In der Bundesrepublik ist es der Herausgeber der Zeitschrift *Die Bauernschaft* und Gründer der *Bürger- und Bauerninitiative*, Thies Christophersen, der bis heute ähnlich krude Thesen vertritt. Als „*SS*-Sonderführer für Pflanzenschutz" sei er 1944 nach Auschwitz abkommandiert worden. Er habe „weder etwas von Gaskammern gesehen noch gehört, weder Flammen aus Schornsteinen gesehen noch Grausamkeiten oder Exekutionen erlebt".[17] 1972 veröffentlichte Christophersen seine Broschüre „Die Auschwitz-Lüge", von der trotz Verbots in der Bundesrepublik über 100000 Exemplare verbreitet sein sollen. Seit 1986 lebt Christophersen, der noch weitere rassistische und NS-verherrlichende Schriften verfaßt hat, im dänischen ‚Exil'.

Für ähnliches Aufsehen wie „Die Auschwitz-Lüge" sorgte auch „Der Auschwitz-Mythos", den der pensionierte Jurist Wilhelm Stäglich 1979 veröffentlichte. Stäglich, den der Historiker Hermann Graml als „Dilettant in des Wortes schlechtester Bedeutung"[18] bezeichnet, erklärt alle Dokumente, die seine Hypothesen widerlegen könnten, zu Fälschungen und kommt zu dem Ergebnis, daß es „keinen einzigen wissenschaftlichen Beleg" für die planmäßige Ermordung der Juden gebe. Am 19. März 1982 kam das Buch auf den Index der Bundesprüfstelle für jugendgefährdende Schriften. Zwei Monate später folgte die gerichtliche Einziehung. Im März 1983 wurde Stäglich der Doktortitel von der Universität Göttingen aberkannt, eine Entscheidung, die seit 1987 rechtskräftig ist.

Mit der Verabschiedung des Gesetzes über das Leugnen oder Billigen von nationalsozialistischen Gewalttaten im Jahre 1985 verstummte in der Bundesrepublik zunächst jede Diskussion über die Existenz von Gaskammern in Auschwitz. Aber seit 1988 werden wieder öffentlich Zweifel geäußert. Auslöser war der Prozeß gegen Ernst Zündel in Toronto. Der Deutsch-Kanadier hatte Richard Harwoods Schrift „Did Six Million Really Die?" verbreitet und wurde dafür am 11. Mai 1988 zu neun Monaten Gefängnis ohne Bewährung verurteilt. Das Verfahren erregte in Kanada großes Aufsehen. Als Zeugen der Anklage traten u. a. die beiden amerikanischen Historiker Raul Hilberg und Christopher Browning auf, während die Verteidigung Robert Faurisson, Thies Christophersen, David Irving und den Vlothoer Verleger Udo Walendy *(Verlag für Volkstum und Zeitgeschichtsforschung)* eingeladen hatte. Von Ernst Zündel selbst war der sogenannte „Leuchter-Report" in Auftrag gegeben worden. Der amerikanische Ingenieur und Experte für „Exekutions-Ausrüstungen", Fred A. Leuchter, hatte in Auschwitz – ohne Genehmigung der Gedenkstättenleitung – Mauerproben aus den früheren Gaskammern entnommen und sie analysiert. Dabei war er zu dem von Zündel gewünschten Ergebnis gekommen:

„After reviewing all of the material and inspecting all of the sites of Auschwitz, Birkenau and Majdanek your author finds the evidence overwhelming:

– There were no execution gas chambers at any of these locations.

– It is the best engineering opinion of this author that the allged gas chambers at the inspected sites *could not have then been, or now, be utilized or seriously considered to function as execution gas chambers*".[19]

Obwohl das Gericht dem „Leuchter-Report" keine Beachtung schenkte, wird er von den „Revisionisten" als endgültiger Beweis dafür angesehen, daß schon aus technischen Gründen die Vergasung einer so großen Zahl von Juden in Auschwitz nicht möglich gewesen sei. Das Münchner „Institut für Zeitgeschichte" sah sich sogar veranlaßt, eine Stellungnahme abzugeben, in der der „Leuchter-Report“ als „eine ziemlich oberflächliche Untersuchung“ bezeichnet wird, „die noch dazu auf falschen Berechnungen beruht und daraus falsche Schlüsse zieht“.[20] Unterdessen wird der „Leuchter-Report“ weltweit vertrieben. Eine deutsche Übersetzung ist im Verlag von Udo Walendy erschienen. Initiativgruppen haben sich gebildet (u. a. in der Schweiz), die Politiker und andere Persönlichkeiten des öffentlichen Lebens mit den „Protokollen von Toronto“ beliefern. Für die englische Ausgabe des „Leuchter-Reports“ schrieb David Irving das Vorwort, der sich unterdessen an die Spitze der „Revisionisten“ gesetzt hat. Im britischen Unterhaus wurde im Juni 1989 von 88 Abgeordneten ein Antrag gegen den „Leuchter-Report“ eingebracht mit dem Ziel, „diese bösartigen Hinterlassenschaften Hitlers ohne Einschränkungen zu verurteilen“. Irving, den Unterhausabgeordnete persönlich angegriffen hatten, reagierte mit äußerstem Zynismus und bot „folgenden Test“ an:

„Ich begebe mich in die ‚Gaskammern‘ von Auschwitz, und Sie und Ihre Freunde dürfen Zyklon B gemäß den altbekannten Prozeduren und Umständen werfen. Ich garantiere Ihnen, Sie werden mit dem Ergebnis nicht zufrieden sein!“[21] In einem Interview mit der Zeitschrift *CODE* antwortete Irving auf die Frage, wie er die Glaubwürdigkeit der Augenzeugen bewerte: „Ich sage, daß sich die Psychiater einmal mit dieser Sache befassen sollen. Es gibt viele Fälle von Massenhysterie“.[22] Im Juni 1990 reiste Irving durch die DDR und hielt unter dem Titel „Ein Engländer kämpft für die Ehre der Deutschen“ rund ein Dutzend Vorträge, in denen er behauptete, die Siegermächte hätten seit Jahrzehnten mit „gefälschten Akten“ über Nazigreuel das deutsche Volk „erniedrigen“ wollen. Irving, dessen marktgängige Bücher weiterhin im Fleissner/Springer-Konzern erscheinen, plant für den Herbst 1990 ein dreibändiges Projekt mit dem Titel „Adolf Hitler und die Judenfrage“. Herauskommen soll diese „Dokumentensammlung“ bezeichnenderweise im Bremer *Faksimile* Verlag, der sich auf den Nachdruck von NS-Literatur spezialisiert hat.

Unerwartete Unterstützung erhielten die „Revisionisten“

von einem ‚Zunfthistoriker', dem Berliner Zeitgeschichtler Ernst Nolte, der den sogenannten „Historikerstreit" ausgelöst hatte. In einem Artikel für das rechtsradikale Blatt *Junge Freiheit* bezog er zwar deutlich gegen den „Leuchter-Report" Stellung, verteidigte aber die „Revisionisten":

„Wenn der Revisionismus und mit ihm Leuchter für die Öffentlichkeit klar gemacht hätten, daß auch ‚Auschwitz' ein Gegenstand wissenschaftlicher Untersuchungen und Kontroversen sein muß, müßte man ihnen einen Verdienst aussprechen, auch dann, wenn sich letzten Endes herausstellen sollte, daß die Opferzahlen noch größer und die Vorgänge noch schrecklicher waren, als man bisher angenommen hat".[23]

II. Die Entwicklung in der DDR

Erst die Öffnung der Berliner Mauer ermöglichte in der DDR eine breite Diskussion über Rechtsradikalismus, Antisemitismus und Ausländerfeindlichkeit. Bis zu diesem Zeitpunkt wurde von offizieller Seite fast jede Beschäftigung mit diesem Thema unterdrückt, da nach der herrschenden Doktrin im „ersten antifaschistischen Arbeiter- und Bauernstaat auf deutschem Boden" keine „Faschisten" mehr leben konnten.

Deshalb liegen auch bisher noch keine gesicherten empirischen Daten vor. Die Politik- und Sozialwissenschaftler in der DDR, die sich mit dem Rechtsradikalismus auseinandersetzen, stehen am Anfang ihrer Forschungen und sind mit Einschätzungen sehr vorsichtig.

Dieses Kapitel ist ein Versuch, Anhaltspunkte für eine noch zu schreibende Geschichte des Rechtsradikalismus in der DDR zu liefern.

Entnazifizierung und Gründung der NDPD

Im Gegensatz zu den Westzonen, in denen die Untersuchungen alle Erwachsenen erfaßten, konzentrierte sich die Entnazifizierung in der Sowjetischen Besatzungszone nur auf ehemalige Mitglieder der *NSDAP*, die innerhalb kurzer Zeit aus allen wichtigeren Positionen entfernt wurden. Die Sowjetische Militäradministration *(SMAD)* hielt sich formal sehr genau an die Vereinbarungen des Potsdamer Abkommens, in dem u. a. festgelegt worden war:

„Kriegsverbrecher und jene, die an der Planung oder Verwirklichung nazistischer Maßnahmen teilgenommen haben, die Greuel oder Kriegsverbrechen nach sich zogen oder als Ergebnis hatten, sind zu verhaften und einem Gericht zu überantworten. Naziführer, einflußreiche Nazianhänger und das leitende Personal von Nazibehörden und -organisationen, die für die Besetzung und ihre Ziele gefährlich sind, sind zu verhaften und zu internieren.

Alle Mitglieder der Nazipartei, die mehr als nominell an ihrer Tätigkeit teilgenommen haben, und allen anderen Personen, die den alliierten Zielen feindlich gegenüberstehen, sind aus öffentlichen und halböffentlichen Ämtern und von verantwortlichen Posten in wichtigen Privatunternehmen zu entfernen".[1]

Diese Bestimmung eröffnete der *SMAD* auch die Möglichkeit, politisch mißliebige Personen, die nicht vorbelastet waren, als „für die Besetzung und ihre Ziele feindlich" einzustufen und zu internieren. Bis 1950 sollen rund 150 000 Menschen auf diese Weise gefangen gehalten worden sein, u. a. in den früheren Konzentrationslagern Sachsenhausen und Buchenwald. Viele der Internierten starben, wie die im Frühjahr 1990 entdeckten Massengräber noch einmal eindrücklich dokumentierten.

Für die Durchführung der Entnazifizierung sorgten insgesamt 262 Kommissionen, die weitreichende Vollmachten besaßen. Lediglich Schwerbelastete wurden der Polizei oder den Gerichten übergeben. „Bei allem theoretischen Bemühen, zwischen Aktivisten und Mitläufern des Nationalsozialismus zu unterscheiden", resümierte der Berliner Politologe Dietrich Staritz 1968, „prägte Spontaneität des Sieges, der Differenzierungen fremd waren, den Charakter der Entnazifizierung. Die Grenzen zwischen wohlbedachter Strafe und Racheakt wurden ständig überschritten oder waren selbst in Bewegung".[2]

Nach DDR-Angaben wurden bis zum offiziellen Ende der Entnazifizierung am 10. März 1948 insgesamt 520 000 ehemalige *NSDAP*-Mitglieder aus ihren Ämtern und Positionen entfernt.[3] Ende 1950 hatten die Gerichte bereits 12 147 „Kriegsverbrecher und Verbrecher gegen die Menschlichkeit" verurteilt. Bis zum 31. Dezember 1978 erhöhte sich die Zahl auf 12 861.[4] Seither sind nur noch wenige Urteile gefällt worden. NS-Verbrecher konnten kaum mit Gnade rechnen; von Amnestien wurden sie in der Regel ausgenommen. Dagegen bemühte sich die *SED* schon recht früh um die nur nominellen Parteigenossen, die einen beträchtlichen Teil der Wahlbevölkerung ausmachten. Wie Wolfgang Leonhard in seinem Buch „Die Revolution entläßt ihre Kinder“ (Köln/Berlin 1955) berichtet, erschien am 20. Juni 1946, noch rechtzeitig vor den Gemeindewahlen in der SBZ, eine Erklärung des *SED*-Parteivorstands mit dem Titel „SED und nominelle Pgs“, die schon lange vorbereitet worden war. Sie sollte dazu beitragen, die sogenannten ‚kleinen Nazis‘ für die *SED* zu gewinnen. Man wollte nicht den Fehler der österreichischen Kommunisten wiederholen, die sich durch einen starren Antinazismus in der Bevölkerung isoliert hatten.

Parteiintern löste die Erklärung heftige Debatten aus, aber sie scheint ihr Ziel erreicht zu haben. Die ehemaligen *NSDAP*-Mitglieder strömten zu den Versammlungen der *SED*, die sie als einzige Partei nicht mehr diskriminierte. Um diese Bindungen weiter zu verstärken, ohne die eigenen Reihen zu belasten, und gleichzeitig die gesellschaftliche Integration der früheren „Pgs“ voranzutreiben, gingen die *SED* und vor allem die *SMAD* daran, für diesen Personenkreis eine eigene Satellitenpartei zu gründen. „Da die *NSDAP*“, so Staritz, „zumindest in ihrer früheren Zeit besonders im Mittelstand eine starke Anhängerschaft gehabt hatte und ein erheblicher Teil der Entnazifizierten aus diesen Schichten kam, bot sich die Form einer Mittelstandspartei an, die den bürgerlichen Parteien, die sich auf nennenswerten bürgerlichen Anhang nach den Reformen ohnehin nicht stützen konnten, Mitglieder und Wähler entziehen und als Transmission zu den Mittelschichten fungieren konnte“.[5]

Das heißt, die am 16. Juni 1948 konstituierte *National-Demokratische Partei Deutschlands (NDPD)* trat in direkte Konkurrenz zur *CDU* und zur *LDP*, nicht aber zur *SED*, obwohl sie sich verbal immer wieder von ihr abzusetzen suchte. Die Führungsspitze der neuen Partei bestand zum größten Teil aus ehemaligen Mitgliedern des 1943 von Stalin initiierten „Nationalkomitees Freies Deutschland“, dem zahlreiche deutsche Kriegsgefangene angehört hatten.

Die *NDPD* schlug deutlichere nationale Töne an als die anderen Parteien. So heißt es in ihrem Programm vom Juni 1951 über die Gründung der Bundesrepublik:

„Amerika brach das Potsdamer Abkommen und stürzte uns Deutsche mit Vorbedacht in die größte nationale Not unserer Geschichte (...) Der amerikanische Krieg aber darf und wird nicht stattfinden! Deutschland muß leben! Deswegen fordern wir nationale Demokraten: Die Amerikaner nach Amerika! Deutschland den Deutschen! Die Bundesrepublik ist ein Kind des nationalen Verrats (...) Deshalb fordern wir nationale Demokraten: Über die Bonner Regierung des nationalen Verrats hinweg zur deutschen Einheit als der Grundlage für Frieden, Unabhängigkeit und Wohlstand unseres ganzen deutschen Vaterlandes".[6]

Der *NDPD* fiel damit in der Phase des „Kalten Krieges" eine weitere Aufgabe zu. Sie sollte in der Bundesrepublik unter ehemaligen Offizieren agieren und die Front der Remilitarisierungsbefürworter aufweichen. Zugleich setzte sich die *NDPD* offensiv für die Deutschlandpolitik der Sowjetunion ein. Obwohl Kontakte mit einzelnen Soldatenverbänden zustande kamen und eine spezielle Wochenausgabe der parteieigenen *National-Zeitung* an einen festen Kreis in der Bundesrepublik verschickt wurde, hatten die Bemühungen keinen Erfolg. Zu eng war die *NDPD* mit der *SED* und dem sozialistischen Staat DDR verflochten. Die Ehemaligen suchten sich lieber Parteien in der Bundesrepublik, die ihre Interessen vertreten konnten.

In der DDR dagegen war die *NDPD* erfolgreicher. Es gelang ihr in relativ kurzer Zeit, die gesellschaftliche Gleichberechtigung der ehemaligen Nationalsozialisten durchzusetzen. Allerdings blieb der DDR-Führung auch gar nichts anderes übrig, wenn sie die Übersiedlung dieser Personengruppe in den Westen verhindern wollte. Bereits am 11. November 1949 wurde das „Gesetz über den Erlaß von Sühnemaßnahmen und die Gewährung staatsbürgerlicher Rechte für ehemalige Mitglieder und Anhänger der Nazipartei und Offiziere der faschistischen Wehrmacht" von der Volkskammer verabschiedet. Im

September 1952 erfolgte dann durch ein weiteres Gesetz die völlige rechtliche Gleichstellung. Ausgenommen blieben lediglich verurteilte Aktivisten und Kriegsverbrecher.

Die *NDPD* profitierte in hohem Maß von diesen Regelungen; ihre Mitgliederzahlen erhöhten sich kontinuierlich. Ein eigenständiges Profil durfte die Partei allerdings nicht entwikkeln, obwohl ihre Spitzenfunktionäre sogar in Ministerämter aufstiegen. Bis zur Öffnung der Mauer blieb sie ein Satellit der *SED.* Bei der Volkskammerwahl vom 18. März 1990 erreichte die *NDPD,* obwohl sie für ein blockfreies, wiedervereinigtes Deutschland eintrat, lediglich 0,39% der abgegebenen Stimmen. Nur rund die Hälfte ihrer eingeschriebenen Mitglieder hatte sie noch gewählt.

Der „Kalte Krieg" um ehemalige NS-Funktionäre

Da sich in der DDR die „Antifaschistisch-demokratische Ordnung" durchgesetzt hatte, konnte es, so die offizielle Sprachregelung, auch keine „Faschisten" mehr geben. Zwar lebten im Arbeiter- und Bauernstaat noch ehemalige *NSDAP*-Mitglieder, Offiziere und Berufssoldaten, aber das waren Menschen, „die in Wort und Tat bewiesen haben, daß sie aus der eigenen Vergangenheit wie aus der unseres Volkes die richtigen Lehren gezogen haben und heute unter Führung und im festen Bündnis mit der Arbeiterschaft am Aufbau eines neuen, friedliebenden Deutschland mitarbeiten".[7] Aus dieser Position heraus, die die *NDPD*-eigene *National-Zeitung* im Mai 1959 so umriß, konnte propagandistisches Kapital geschlagen werden, wenn man behauptete, daß der „Bonner Staatsapparat mit aktiven Faschisten und Militaristen" durchsetzt sei, „die sich offen rühmen, aus der Vergangenheit keinerlei Lehren gezogen zu haben".[8]

Diese Form der simplen Polemik kulminierte in den letzten Jahren vor dem Mauerbau, als die DDR-Führung bemüht war, angesichts der Massenflucht die Bundesrepublik als Nachfolgestaat des „Dritten Reichs" zu diskreditieren und das im Ausland vorhandene Mißtrauen gegenüber Westdeutschland zu schüren. Die um internationale Anerkennung ringende DDR wollte sich als ‚wahre' Demokratie auf deutschem Boden empfehlen und richtete ihre Angriffe vor allem gegen Adenauers Staatssekretär Hans Globke, der die „Nürnberger Gesetze" rechtsverbindlich kommentiert hatte, und gegen den damaligen Bundesvertriebenenminister Theodor Oberländer, dem die Beteiligung an der Ermordung von Juden vorgeworfen wurde. (In der Bundesrepublik wurde die gerichtliche Untersuchung gegen Oberländer eingestellt; als Minister trat er allerdings im Mai 1960 zurück.) Der vorgeschobene „Ausschuß für Deutsche Einheit", der zwei Bücher gegen Globke und Oberländer veröffentlichte, wurde u. a. von Arnold Zweig, Ludwig Renn und Helene Weigel unterstützt.

Aber der DDR-Führung ging es um etwas anderes als um die exemplarische Verurteilung zweier – aus ihrer Sicht – NS-Verbrecher: „Ein Staat, der Hitlers und Himmlers Mitverschworene zu seiner Spitzenmannschaft zählt, hat längst seinen moralischen Bankrott angemeldet und wird so enden, wie die Hitler und Himmler endeten." Die Ehrenerklärung Adenauers für seinen Staatssekretär beweise, „daß Globke keine Einzelerscheinung und kein Schönheitsfehler, sondern die Verkörperung der Identität der Adenauerschen mit der Hitlerschen Politik ist. Er ist ein Mittelstück des Bildes, das der Bonner Staat bietet mit seinen Hitler-Generalen, die über die Wehrmacht herrschen, mit seinen tausend faschistischen Blutrichtern, mit seinen Nazi-Diplomaten, mit seinen Rüstungsbaronen, von deren Gnaden gestern Hitler regierte und heute Adenauer abhängt".[9]

Die Bundesregierung reagierte auf diese Vorwürfe mit einem Gegenangriff. Bereits im Juni 1958 hatte der West-Berliner „Untersuchungsausschuß Freiheitlicher Juristen" eine Broschüre mit 75 Namen von ehemaligen Mitgliedern der *NSDAP* veröffentlicht, die in der DDR führende Positionen bekleideten. Die Bundesregierung stützte sich auf diese mehrfach aktualisierte Liste, als sie zunächst am 16. April 1959 und dann am 12. Mai 1960 in ihrem *Bulletin* die „Verdächtigungs-Kampagne Pankows" zurückwies und ihrerseits behauptete, daß „in Mitteldeutschland die rote Diktatur ja nur die braune abgelöst“[10] habe.

In den nächsten Jahren jagte, angeheizt durch den Mauerbau, eine Enthüllung die andere. Es zeigte sich dabei, daß die DDR keineswegs nur von ehemaligen Widerstandskämpfern regiert wurde, sondern auch von früheren NS-Funktionären, die teilweise sogar hohe Stellungen im Staats- oder Parteiapparat bekleidet hatten. Nur wenige von ihnen mußten nach den Angriffen aus dem Westen ihre Sessel räumen. Noch in den siebziger Jahren griffen bundesdeutsche Zeitungen und Zeitschriften das Thema immer wieder auf und enthüllten als Sensationen, was in der Regel schon längst bekannt war. 1981 schließlich erschien das von Olaf Kappelt herausgegebene „Braunbuch DDR. Nazis in der DDR“, das über 900 Namen enthielt.

Man könnte dieses Hin und Her als Teil des „Kalten Krieges“ abtun, wenn sich nicht der Leiter des „Dokumentationszentrums des Bundes jüdischer Verfolgter des Naziregimes“, Simon Wiesenthal, in die Diskussion eingeschaltet hätte. Auf einer Pressekonferenz stellte er am 6. September 1968 in Wien eine „aktuelle Dokumentation“ über „nationalsozialistische Elemente in Presse und Propaganda der Deutschen Demokratischen Republik“ vor. Anlaß war die deutlich proarabische und antiisraelische Berichterstattung der DDR-Medien über den Sechstagekrieg im Juni 1967. Wiesenthal fand bei seiner Untersuchung heraus:

„Wenn man in den Kommentaren der DDR-Blätter das Wort ‚Israeli‘ durch ‚Jude‘ sowie ‚fortschrittliche Kräfte‘ durch ‚Nationalsozialismus‘ ersetzte, glaubte man plötzlich eine Vorlage aus Goebbels Propagandaministerium vor sich zu haben. Die Ähnlichkeit der Gedanken und Begriffe ergab sich aber auch, wenn man den umgekehrten Weg ging und probeweise Artikel aus der NS-Zeit mit Vokabeln aus dem DDR-Wortschatz ausstattete“.[11]

Wiesenthal führte diese Parallelen darauf zurück, daß in führenden Positionen der DDR-Publizistik frühere NS-Funktionäre saßen. Günter Schabowski antwortete Wiesenthal im

Neuen Deutschland und nannte die Dokumentation „einen untauglichen Versuch, vom westdeutschen Neonazismus abzulenken und die DDR zu verleumden".[12] Auf die Vorwürfe Wiesenthals ging er nicht ein.

Sollte der Leiter des Wiener Dokumentationszentrums seine Schlußfolgerungen auch bewußt provozierend formuliert haben, so machten sie doch auf etwas aufmerksam, was bis dahin verdrängt worden war, nämlich daß es zumindest einen latenten Antisemitismus in der DDR gab.

„Antizionismus" und Antisemitismus in der DDR

Mit dem Sieg über den Nationalsozialismus galt auch der Antisemitismus in der DDR als überwunden. Da im Gegensatz zur Bundesrepublik „antifaschistische Widerstandskämpfer" den Arbeiter- und Bauernstaat regierten, fühlte sich die DDR auch nicht verpflichtet, Wiedergutmachung an Juden, jüdische Organisationen oder gar an Israel zu leisten.

Die Zahl der Juden in der DDR hat kontinuierlich abgenommen. Gehörten 1946 noch 3100 Mitgliedern den jüdischen Gemeinden an, so sind es jetzt noch rund 400. Die Gesamtzahl der Juden dürfte bei etwa 4000 liegen. Die DDR-Regierung hat den jüdischen Gemeinden beim Wiederaufbau ihrer Synagogen geholfen. Neue Gotteshäuser sind in Dresden und Erfurt entstanden. Auch am Unterhalt der 130 jüdischen Friedhöfe beteiligte sich der Staat. Überlebende des Holocaust wurden als „Verfolgte des Naziregimes" eingestuft und mit verschiedenen Privilegien bedacht.

Während der Antisemitismus also offiziell mit Stumpf und Stiel ausgerottet war, schuf die DDR-Führung mit dem gegen Israel und die amerikanischen Juden gerichteten Antizionismus einen adäquaten Ersatz. Eines der ersten Opfer dieser Politik war das im *SED*-internen Machtkampf unterlegene Politbüromitglied Paul Merker. Zusammen mit Leo Bauer und Bruno Goldhammer wurde Merker 1952 nach dem Prager Schauprozeß gegen Rudolf Slansky als angeblicher „zionistischer Agent" entlarvt und erst 1956 rehabilitiert. Damals kam es in fast allen osteuropäischen Staaten zu Prozessen gegen Juden. Stefan Heym hat das Schicksal Merkers 1979 in seinem Roman „Collin“ verarbeitet.

Die „zionistische Weltverschwörung“ wurde immer dann bemüht, wenn es darum ging, politische Gegner zu diskriminieren. Selbst als im November 1956 in Radeberg ein sowjetischer Ehrenfriedhof mit „Sieg Heil“-Parolen geschändet wurde, standen die Hintermänner für die *Sächsische Zeitung* sofort fest: „Es sind die gleichen Kräfte, die heimtückisch das Land am Nil überfielen und in Ungarn die Brandfackel der Konterrevolution entzündeten. Es sind die gleichen Kräfte, die in den heute noch von ihnen beherrschten Ländern aus ohnmächtiger Wut über ihre Niederlage in der Ungarischen Volksrepublik faschistischen Mob gegen kommunistische Parteibüros und sowjetische Botschaften hetzen“.[13] Noch 1968 überschrieb das *Neue Deutschland* einen Bericht über die Ereignisse in der CSSR mit „Der Zionismus herrscht in Prag“. Das Verhältnis zu Israel war von Anfang an gespannt. Die DDR unterstützte Araber und Palästinenser. Nach dem Sechstagekrieg veröffentlichte die *Berliner Zeitung* auf ihrer Titelseite eine Karikatur, die den israelischen Verteidigungsminister Moshe Dayan als legitimen Erben Hitlers verleumdete. Damit war auch der inoffizielle Standpunkt der Regierung umrissen. Bücher mit israelfreundlichem Inhalt durften in der DDR nicht erscheinen, und Sprecher der jüdischen Gemeinden wurden mehrfach angehalten, sich vom „Zionismus“ zu distanzieren. Als die DDR 1975 in der UNO-Vollversammlung für die Verurteilung des „Zionismus“ als Rassismus stimmte, widersprachen im eigenen Land nur die evangelischen Bischöfe.

Was die offizielle Ächtung des „Zionismus“ für die in der DDR lebenden Juden bedeutete, läßt sich nur vermuten. Wissenschaftliche Untersuchungen fehlen ganz; persönliche Erfahrungsberichte wie von Christa Wiesenberg („Boat People aus Leipzig“, Böblingen 1990) oder Reportagen wie von Reinhard Hesse („Die zweite Schuld der Linken“, *TransAtlantik* 5/1990, S. 19–28) sind noch die große Ausnahme. Zumindest als Tendenz ist festzustellen, daß in der Bevölkerung die offizielle Trennung von „Antizionismus" und Antisemitismus nicht immer mitvollzogen wurde. Oft genug diente der „Antizionismus" nur als Vorwand, um einen jüdischen Mitbürger aus der Gemeinschaft auszuschließen. Alte Vorurteile hielten sich hartnäckig – trotz antifaschistischer Erziehung. Selbst hohe Funktionäre wie Gerhart Eisler, Albert Norden, Hermann Axen, Alexander Abusch oder Otto Winzer vermieden es, ihre jüdische Abstammung offen zuzugeben.

Zu antisemitischen Ausschreitungen scheint es trotzdem nur in ganz seltenen Fällen gekommen zu sein. Lothar Mertens berichtete in seinem Aufsatz „Juden in der DDR. Eine schwindende Minderheit" (*Deutschland Archiv* 11/1986, S. 1192 ff.) über vereinzelte Friedhofsschändungen in den siebziger Jahren – in Zittau, Potsdam und Dresden, die allerdings in den DDR-Medien nicht erwähnt wurden. Um so mehr überraschte, wie ausführlich im März 1988 über eine Friedhofsschändung in Ost-Berlin berichtet wurde. Offensichtlich wollte die DDR-Regierung, die mit dem Jewish Claims Committee über Wiedergutmachungsleistungen verhandelte und im Gegenzug amerikanische Wirtschaftshilfe erwartete, vor der Weltöffentlichkeit demonstrieren, daß sie jedes Aufkeimen von Antisemitismus mit Härte verhindern würde. Laut *Neuem Deutschland* erklärte der Staatsanwalt in seinem Plädoyer, daß „im sozialistischen deutschen Staat (...) das antifaschistische Vermächtnis und das Gedenken an die sechs Millionen jüdischen wie an alle Opfer des Faschismus seit je und für alle Zeit gewahrt, gepflegt und in Ehren gehalten" werde. „Wer dies, wie die Angeklagten, mit den von ihnen begangenen Ausschreitungen zu stören versuche, mache sich einer schweren Straftat schuldig".[14]

Als Ursache für das Verhalten glaubte der Staatsanwalt den Export westlicher Ideologien via Fernsehen ausmachen zu können. Die katastrophalen familiären Verhältnisse der fünf Jugendlichen fanden keine Beachtung. Wegen Rowdytums wurden die Angeklagten zu Gefängnisstrafen zwischen zweieinhalb und sechseinhalb Jahren verurteilt. Bereits im Februar hatte das Kreisgericht Weißenfels – weitgehend unbeachtet von den Medien – zwei junge Arbeiter wegen des gleichen Delikts mit ähnlich hohen Strafen belegt.

Stephan Hermlin nahm diese Fälle zum Anlaß, die „Belebung des Antisemitismus“ zu beklagen und noch härtere Strafen zu fordern. In einem Interview mit der *Jungen Welt* begründete er seinen Standpunkt damit, „daß man nicht defensiv reagieren darf in Situationen, in denen man offensiv reagieren muß! Ich bin für defensives Autofahren, aber nicht für defensive politische Strategien. Die Situation eines gewissermaßen beruhigenden oder beruhigten Antifaschismus ist plötzlich erheblich gestört worden durch schlagartig auftauchende antisemitische Ausschreitungen und verbrecherische Handlungen einzelner Leute“.[15]

So kopflos wie Stephan Hermlin reagierte auch die DDR-Führung. Sie setzte auf die abschreckende Wirkung drakonischer Strafen, statt nach den Ursachen für das Verhalten der Jugendlichen zu fragen. In der Folge häuften sich die antisemitischen Exzesse, und überall in der DDR entstanden rechtsradikale Gruppierungen.

Von Altnazis, Skins und „Faschos“

Während der latente und offene Antisemitismus von den DDR-Medien bis 1988 konsequent verschwiegen wurde, durfte über rechtsradikale Ausschreitungen wenigstens bis zum Mauerbau ausführlich berichtet werden. Es scheint sogar, daß die DDR-Führung ein ausgesprochenes Interesse an großformatig aufgemachten Artikeln über die „Provokationen“ von „faschistischen Agenten und Saboteuren“ hatte, denn so ließ sich die „westliche Kriegstreiberei“, die „zionistische Weltverschwörung“ und das „Fortbestehen des nationalsozialistischen Systems“ in der Bundesrepublik ‚beweisen‘. Von willfährigen Journalisten wurden bewußt Ängste geschürt, um dann zur Solidarität mit den Blockparteien aufrufen zu können. „Gerade die gegenwärtige politische Lage erfordert“, hieß es in den *Sächsischen Neuesten Nachrichten* zu dem bereits erwähnten Vorfall in Radeberg, „daß wir uns noch enger zusammenschließen in der Nationalen Front, um gegen Provokationen stark zu sein, um Agenten und Saboteure zu entlarven und ihrer gerechten Strafe zuführen zu können“.[16]

Die Aggression der in der Mehrzahl Jugendlichen richtete sich vor allem gegen sowjetischen Soldatenfriedhöfe, die verwüstet und mit NS-Parolen beschmiert wurden. Es ist aus heutiger Sicht schwer zu entscheiden, ob diese Aktionen wirklich Ausdruck einer rechtsradikalen Gesinnung waren oder ob durch die Verwendung von nationalsozialistischen Losungen der Hauptfeind, die Sowjetunion, noch heftiger attackiert werden sollte. Denn auch das machen die östlichen und westlichen Presseartikel aus dieser Zeit deutlich: Das Schmieren von Hakenkreuzen konnte eine letzte, ohnmächtige Form des Protestes gegen das kommunistische System sein. Der West-Berliner *Telegraf* berichtete z. B. am 17. Februar 1960, daß in einem Kraftwerk bei Cottbus 17 mit Ölfarbe gemalte Hakenkreuze entdeckt wurden. Daneben stand „Ulbricht danke ab“.

Detaillierte Informationen dieser Art sind in der DDR-Presse nur selten zu finden. Der Begriff „Faschist“ wurde so inflationär für Regimegegner gebraucht, daß eine Differenzierung heute fast unmöglich ist. Lediglich bei den wenigen Beschreibungen von neonazistischen Gruppierungen ist die Zuordnung eindeutiger. Daß es aber noch Ende der fünfziger Jahre zahlreiche Anhänger des untergegangenen NS-Staates in der DDR gegeben haben muß, macht eine Meldung des Informationsbüros West vom 29. Mai 1959 anschaulich (die *Die WELT* später mit einem eigenen Bericht bestätigte). Darin heißt es: „Die gesprengten Ruinen des ehemaligen Prunksitzes von Göring, Karinhall in der Schorfheide, nordwestlich von Eberswalde, sind, wie das Informationsbüro West (IWE) von einem Augenzeugen erfährt, Tag für Tag, nicht nur an Sonntagen, das Ziel regelrechter Pilgerfahrten von Sowjetzonen-Bewohnern. Die Besucher haben sich zum Teil mit kleinen Hämmerchen bewaffnet, um Erinnerungsstücke der gesprengten Marmorsäulen mit nach Hause zu nehmen. Es werden selbst Blumen aus dem Gelände ausgepflanzt, um sie als Erinnerung im eigenen Garten anzupflanzen. In dem erhalten gebliebenen Luftschutzbunker ist ein Bild von Hitler in Uniform, offensichtlich eine Aufnahme aus dem Kriege, an die Wand geklebt. Rundherum sind die Wände mit Hakenkreuzen und faschistischen Sprüchen bemalt, wie ‚Sieg Heil', ‚Trotzdem', ‚Deutschland erwache', ‚Nun erst recht'. Über dem Eingang zum Luftschutzbunker ist ein riesiges Hakenkreuz an die Decke gemalt. Am letzten Sonntag, als der Augenzeuge den Bunker besuchte, waren dort zahlreiche Jugendliche versammelt, die faschistische Lieder sangen, darunter ‚Volk ans Gewehr'".

Mit der Errichtung des „antifaschistischen Schutzwalls", wie die Berliner Mauer offiziell genannt wurde, hörten die Presseberichte in der DDR über rechtsradikale Ausschreitungen schlagartig auf. Die Logik, die dahinterstand, war frappierend einfach: Da der „antifaschistische Schutzwall" die „Agenten und Saboteure aus Westdeutschland" abwehrte, konnte es in der DDR auch zu keinen „faschistischen Provokationen" mehr kommen. Wenn es aber keine „faschistischen Provokationen" gab, konnte die Presse auch nicht darüber berichten. Es ist zu vermuten, daß die Wirklichkeit anders aussah, aber Genaueres wird man erst erfahren, wenn die Akten des Staatssicherheitsdienstes und des Innenministeriums für die wissenschaftliche Forschung zur Verfügung stehen. Da der Paragraph 220 des DDR-Strafgesetzbuches alle Formen der „Staatsverleumdung", also auch „Äußerungen faschistischen und militaristischen Charakters" umfaßte, läßt sich aus einzelnen Urteilen nur schwer auf die tatsächlichen Hintergründe schließen. Die Offenheit der *Neuen Deutschen Bauernzeitung* vom 28. Juni 1974 scheint eine seltene Ausnahme zu sein. In einem Artikel des Blattes wurde über das Gerichtsverfahren gegen einen Handwerksmeister berichtet, der in geselliger Runde die „Großdeutsche Wehrmacht" gefeiert und sich mit „Sieg Heil" verabschiedet hatte. Der Angeklagte erhielt damals eine Bewährungsstrafe von einem Jahr.

Erst Mitte der achtziger Jahre begann eine intensivere öffentliche Auseinandersetzung mit rechtsradikalen Tendenzen in der DDR-Gesellschaft. Der Anlaß war das militante Auftreten von Skinheads. Die gewalttätigen Aktionen sorgten für Unruhe in der Bevölkerung und ließen sich nicht mehr verschweigen. Bereits am 10. Dezember 1985 und damit lange vor den ersten Zeitungsmeldungen brachte *Radio DDR* ein Feature über Skinheads in der Uckermark, in dem ein nicht namentlich genannter Staatsanwalt mit der Aussage zitiert wurde: „Zurecht sind die Bürger über rowdyhafte Verhaltensweisen empört und davon befremdet und verlangen, daß diejenigen, die sich solcher Handlungen schuldig machen, entsprechend zur Verantwortung gezogen werden. Praktiken des Faustrechts sind unserer Gesellschaft fremd".[17]

Trotzdem fielen die Strafen in dieser Phase noch relativ mild aus. Das sollte sich nach dem 17. Oktober 1987, an dem 30 Skinheads die Besucher eines Punk-Konzertes in der Ost-Berliner Zionskirche überfallen hatten, gründlich ändern. Die im ersten Verfahren gegen die jugendlichen Angeklagten ausgesprochenen Strafen wurden nach massiven Protesten in der DDR-Presse wesentlich erhöht. Hans-Dieter Schütt, der Chefredakteur der *Jungen Welt*, der sich bei dieser Kampagne besonders hervorgetan hatte, lieferte auch die Begründung für das Verhalten der Jugendlichen. Sie waren – wie die Anhänger der Friedensbewegung oder aufmüpfige Schriftsteller – nur Werkzeuge des Imperialismus: „Der Feind, ob er nun mit missionarischem Eifer junge ‚Literaten' gegen uns losschickt, die das Talent haben, ein Talent zu verkaufen, das sie gar nicht haben, ob er nun in der Pose eines ‚Mahnwächters', stets pünktlich wie auf Bestellung, mit Fernsehkameras vor Kirchentore zieht oder ob er Rowdys mit faschistischem Vokabular und Schlagwaffen ausrüstet – er hat bei uns keine Chance".[18] Diese politisch eindeutige Form der ‚Ursachenforschung' fand sich auch in anderen Blättern. Da Skinheads, wie *Die Weltbühne* schrieb, eine „besonders widerliche Erscheinung der krisenhaften gesellschaftlichen Situation in kapitalistischen Ländern" waren, mußten die Vorbilder „aus westlichen Fernsehsendungen"[19] stammen. Wie bei den antisemitischen Ausschreitungen wußte die DDR-Führung keinen anderen Rat, als die Schuld in der Bundesrepublik zu suchen und die Strafen drastisch zu erhöhen. Sie erreichte damit genau das Gegenteil von dem, was sie erwartet hatte. Nach einer Aufstellung des Bonner Politologen Thomas Ammer fanden von Ende November 1987 bis Anfang Juli 1988 in der DDR „mindestens neun Prozesse gegen sog. ‚Skinheads'" statt, „in denen 49 Personen im Alter von 16 bis 25 Jahren wegen zahlreicher Gewaltakte und auch wegen Handlungen mit rechtsradikalem Hintergrund abgeurteilt wurden".[20] Die Zahl der Strafverfahren wegen rechtsradikaler Delikte stieg von 44 im Jahr 1988 auf 144 in den ersten elf Monaten des Jahres 1989.

Auf dem Evangelischen Kirchentag in Berlin hielt der DDR-Filmemacher Konrad Weiß im September 1989 eine Rede, in der er nach Gründen dafür suchte, warum sich in seinem Land „rechtsradikales Gedankengut (...) allgemein einer zunehmenden Akzeptanz" erfreue: „Ich denke, das hängt mit den Werten zusammen, die von den Faschos gelebt werden. Dem unpolitischen Betrachter, dem Kleinbürger zumal, erscheinen sie als arbeitsame, ordentliche, disziplinierte junge Mitbürger. Die Rechten selbst sind stolz darauf, Ideale zu haben. Ein Elitebewußtsein wird regelrecht antrainiert. Soldatische Werte werden kultiviert, der Kameradschaftsgeist der faschistischen Wehrmacht beschworen. Verurteilte Gewalttäter werden zu Helden hochstilisiert. (...)

Die künstliche Konstruktion einer ‚sozialistischen Nation' ist niemals wirklich angenommen worden. Die verbreitete Hinwendung zu kleinbürgerlichen Werten und Lebensformen, das Wohlstandsdenken, die Flucht aus dem gesellschaftlichen ins private Sein hat auch in der DDR die Anfälligkeit für die simplen Rezepte der Rechten erhöht. Ein Gemeinwesen, dessen Bürger dauernd etwas anderes sagen als sie denken, die dauernd etwas anderes tun als sie wollen, die dauernd etwas anderes scheinen als sie sind, ist geschwächt und empfänglich für Radikalismen jeder Art. Junge Menschen, die in unserem Land aufwachsen, sind von Kindheit an diesen sozialen Defekten ausgesetzt: Wir müssen begreifen, so schmerzlich es auch sein mag: Diese jungen Faschisten sind das Produkt unserer Gesellschaft".[21]

Die DDR-Führung zeigte sich von solchen Vorstößen unbeeindruckt und ließ regelmäßig über ihre Nachrichtenagentur ADN verkünden, daß es in der DDR keine „neonazistischen Tendenzen“ gäbe, da „jeder Ansatz durch harte Strafen schon im Keime erstickt werde“.[22]

Erst nach der Öffnung der Mauer durfte ohne Einschränkungen über den Rechtsradikalismus in der DDR diskutiert werden. Der Kriminalsoziologe des DDR-Zentralinstituts für Jugendforschung, Wolfgang Brück, nannte im Dezember 1989 als Ergebnis einer repräsentativen Umfrage, daß zwei Prozent der DDR-Jugendlichen „nach rechtsaußen“ tendierten. Auch über den seit Jahrzehnten offiziell geleugneten Ausländerhaß (vor allem gegen Polen und Vietnamesen) wurde jetzt gesprochen.

Am 27. Dezember 1989 veröffentlichte der ‚Runde Tisch‘ eine Erklärung, in der dazu aufgefordert wurde, „allem und jedem entschieden entgegenzutreten, was ganze Menschengruppen diskriminiert, Andersdenkende und Andersartige ausgrenzt und damit die Gleichheit aller Menschen mißachtet und so schwere Gefahren für Nation und Demokratie heraufbeschwört“.[24]

Die *SED-PDS* versuchte wie schon in den fünfziger Jahren, aus rechtsradikalen Aktionen politisches Kapital zu schlagen. Als Unbekannte Ende 1989 das Sowjetische Ehrenmal im Treptower Park beschmierten, setzte sie sich an die Spitze einer landesweiten „Einheitsfront gegen die Gefahr von rechts“, um die Angst vor dem inneren Chaos zu schüren und damit ihre Chancen bei den bevorstehenden Volkskammerwahlen zu verbessern.

Auf der anderen Seite nutzten *Republikaner, NPD* und *DVU-Liste D* die Leipziger Montagsdemonstrationen, um Werbematerial und Flugblätter in großen Mengen zu verteilen. Alle drei Parteien hoffen auf gesamtdeutsche Wahlen und sind dabei, sich landesweite Organisationsnetze aufzubauen. Vor allem die *Republikaner,* denen in der Bundesrepublik die Wähler davonlaufen, scheinen in der DDR immer mehr Anhänger zu finden. Die *NPD* hat sich mit den *Mitteldeutschen*

Nationaldemokraten einen zunächst noch sehr schwachen Bündnispartner geschaffen, mit dem sie das Verbot ihrer Partei umgehen will. Auch gibt es unterdessen erste Anzeichen dafür, daß neonazistische Organisationen und Skinheadgruppen aus beiden Teilen Deutschlands zusammen agieren wollen. „Diverse westliche Organisationen blasen zum Sammeln",[24] stellte der Extremismusexperte des DDR-Innenministeriums, Bernd Wagner, Ende Mai 1990 in einem Interview mit dem *Neuen Deutschland* fest. Wagner stufte 1500 Personen als rechtsradikal ein. Andere Schätzungen liegen weit höher. Seit Öffnung der Grenzen ist die Zahl der antisemitischen und der anderen rechtsradikalen Ausschreitungen sprunghaft angestiegen. Selbst vor den Gräbern von Bertolt Brecht und Helene Weigel wurde nicht haltgemacht. Unbekannte besprühten sie kurz vor dem Treffen des Jüdischen Weltkongresses in Berlin mit antisemitischen Parolen. Da die meisten rechtsradikal eingestellten Jugendlichen, wie erste soziologische Untersuchungen deutlich machen, aus durchaus geordneten Familienverhältnissen stammen und in der Regel eine Berufsausbildung abgeschlossen haben, dürften administrative Mittel als Gegenmaßnahme nicht genügen. Auch in der DDR wird eine ernsthafte politische Auseinandersetzung mit dem Rechtsradikalismus notwendig.

III. Das Weltbild der „Neuen Rechten"

Als der Münchner Publizist Armin Mohler, seines Zeichens Biograph der „Konservativen Revolution", Privatsekretär Ernst Jüngers, Berater der französischen Rechten, Geschäftsführer der Siemens-Stiftung und heutiger Souffleur der „Republikaner", als Mohler 1985 die Ehre hatte, ein neues Buch seines Musterschülers Alain de Benoist vorzustellen, empfahl er seiner Gemeinde, der obdachlosen radikalen Rechten, sich an Benoist, dem Führer der „Nouvelle Droite", ein Beispiel zu nehmen. „Die deutsche Rechte hat den Durchbruch der ‚Nouvelle Droite' mit Staunen, Freude und wohl auch einigem Neid erlebt. Sie selbst hat bisher den Durchbruch nicht geschafft." Die „Widrigkeiten" jedenfalls, so Mohler im Vorwort von Benoist' „Kulturrevolution von rechts", die die deutsche Rechte am Erfolg hinderten, entschuldigten sie nicht. „Ein zu großer Teil ihrer Anhänger versteift sich in einer markigen Trotzhaltung und hat sich geistig in einen komfortablen Winterschlaf zurückgezogen, der etwas zu lange dauert. Nur zu oft ist ein naturburschenhafter Anti-Intellektualismus die Ausrede, mit der man um die fatale Tatsache herumzukommen versucht, daß der Geist der Welt regiert".[1]

Wer den Geist nicht in den Griff bekommt, bekommt auch die Macht nicht. Während die deutsche Rechte noch Winterschlaf hielt, hatte die „Nouvelle Droite" die Konsequenzen aus dem Scheitern rechtsradikaler Wahlbündnisse gezogen. Sie glaubte, daß das Fortleben ihrer Ideologie *im* politisch-kulturellen System potentiell bedrohlicher sei als *gegen* das System, daß eine *intellektuelle* Bewegung Voraussetzung sei für den Erfolg der *politischen* Rechten. Sie exerzierte vor, wie man die Rechte durch taktische Selbstverleugnung modernisiert, wie man publizistische Techniken erlernt, mit denen man Berührungsflächen zwischen links und rechts schafft, Begriffsbrücken baut, über die man „aus dem neofaschistischen Ghetto“ herauskommt, ohne im „liberalen Sumpf“[2] zu versinken. Dafür muß sie ihren verlorenen Posten verlassen, alte, erfolglose Manöver der Machtgewinnung (vorerst) aufgeben, und stattdessen in den Diskurs-Schlachten des Zeitgeistes Stellung beziehen. Das Stichwort dafür heißt „Metapolitik“, also Veränderung des politischen Klimas durch Erringung kultureller Hegemonie, durch die Besetzung von Themen, durch „Umwertung“ linker und liberaler Positionen. Daher hält die „Neue Rechte“ der alten hochfahrend vor, sie habe den Schlüssel zur Macht aus der Hand gegeben und den von Gramsci belehrten Linken überlassen.

Neu war die Strategie nicht. Als der Wortführer des jungkonservativen Juni-Clubs, Arthur Moeller van den Bruck, 1923 seinem Hauptwerk den Titel „Die dritte Partei“ geben wollte, rieten Freunde ab: das sei zu aktionistisch, man treibe schließlich keine Parteipolitik. Genauso verfuhr die „Nouvelle Droite“. Sie hielt sich von Parteipolitik scheinbar fern, wahrte Distanz zur *Front National* Le Pens und studierte (übrigens auf Anraten Armin Mohlers) Propagandawerke der in der Bundesrepublik vollständig diskreditierten „Konservativen Revolution“.

Die Pointe bei der Entstehung der bundesdeutschen „Neuen Rechten“ (so die Selbstbezeichnung) ist nun die: über den französischen Umweg, gleichsam als Re-Import, gelang es, das rechte Lager neu zu munitionieren. Dabei wurde das primäre geistige Bezugsfeld in die Weimarer Republik zurückverlegt: nicht mehr der NS-Ideologie verdächtige Autoren bildeten nun die intellektuelle Bezugsquelle, sondern die rabiate Gegenaufklärung der „Konservativen Revolution“. Daß die damalige „Neue Rechte“ in diskreter oder offener Kumpanei Hitler den Weg bereitete, störte weder Mohler noch Benoist. Die Kollaboration der Republikzerstörer erledigten sie mit der Bemerkung, die konservativen Revolutionäre seien die wahren Antipoden Hitlers gewesen – „während die Linke sich ergab, wurde die Rechte zum unerbittlichen Gegner der siegenden Faschisten“.[3]

Wie die „Nouvelle Droite", von der sie mit der Exhumierung ihres Weimarer Erbes konfrontiert wurde, so versprach sich die „Neue Rechte" der Bundesrepublik, durch „Intellektualisierung" hoffähig zu werden. Auf bürgerlichem Terrain wieder ernst genommen, sollte ein alter Nachkriegs-Gegner herausgefordert werden: der „nationenvergessene", vom Liberalismus infizierte, Neo-, Gärtner- und Demutskonservative, der sich wie ein wilhelminischer Sekuritäts-Spießer am Status-Quo berausche. Für den „Neuen Rechten" hat dieser Fundamentalopportunist in ewiger Anbetung der Konsum- und Wachstumsgesellschaft rechts-revolutionäre Marschbefehle verraten. Obgleich der Stärkste im ganzen Land, versage er nicht nur davor, die Wende zu exekutieren und von allem liberalen Flitterwerk zu säubern. In seiner blindwütigen West-Orientierung verschließe er auch die Augen vor der klaffenden Wunde des geteilten Deutschlands, um sich mit dessen Inferiorität abzufinden und die Bundesrepublik als „Staat der Besiegten von 1945" demütig zu akzeptieren.

Womöglich hat die „Neue Rechte" auf bürgerlichem Gelände ihren sichtbarsten Erfolg errungen. An der Re-Nationalisierung des Neo-Konservatismus ist sie nicht unschuldig; ebensowenig daran, daß nach der „Wende" einige Immunitätsbarrieren gegen Nationalismus und Rassismus fielen. Und als die „Neue Rechte" mit der Losung von der „Entkriminalisierung der deutschen Geschichte" auch bei Neo-Konservativen Gehör fand, die das Normalitätsverlangen am rechten Rand heimlich teilten, wurde die Relativierung von Auschwitz diskussionswürdig.

Verwunderlich bleibt, daß die „Neue Rechte", die sich im Gegensatz zu den rechtsradikalen Fußtruppen als rein intellektuelle Formation versteht, mit uralten Versatzstücken aus dem Arsenal der Weimarer Gegenaufklärung Einfluß gewinnen konnte. Ihre Ideologie ist eine lupenreine Transplantation der „organischen" Gesellschaftsideen der zwanziger Jahre: mit ihrem Anti-Liberalismus, Anti-Universalismus (heute heißt das: „nominalistische Wende"), mit der Denunziation demokratisch-politischer Kultur als „Geschwätz der diskutierenden

Klasse". Hörig imitieren rechte Nachfahren die alte Kampfvokabel vom „Volk als Subjekt", das im biologisch gerechten Ständestaat zu sich selbst kommt – angeleitet von einer neuen Aristokratie, um der Dekadenz, die unsere Welt ergriffen hat, ein Ende zu bereiten.

Freilich, die „Neue Rechte", die in den konservativen Revolutionären ihre Idole fand und seit neuestem nicht einmal vor deren Antisemitismus zurückschreckt, gibt sich wissenschaftlich. Sie hat den völkischen Irrationalismus gegen die krude Empirie eugenischer und verhaltenstheoretischer Forschungen ausgewechselt; sie argumentiert auf den ersten Blick nicht mehr rassistisch, sondern spricht mit pseudo-sensiblem Zungenschlag von der „Unberührbarkeit" der Kulturen. Auf ihrem „linken" Flügel verblüfft sie mit einem zunächst suggestiven, gegen die Weltherrschaft der Supermächte scharf gemachten nationalrevolutionärem Pathos, das dann im Nationalismus auf Gegenseitigkeit mündet: Deutschland den Deutschen, die Türkei den Türken.

Wie wenig originär und originell, deshalb nicht ungefährlicher, die Ideologie der „Neuen Rechten" ist, kann man zeigen, indem man ihre Säulenheiligen vorführt: Moeller van den Bruck, Edgar Julius Jung, Hans Freyer, Othmar Spann und vor allen anderen: Carl Schmitt. Danach werden die kalkuliert unscharfen Ränder der neurechten Weltbetrachtung klarer, und man sieht auch, wie die Weimarer Gegenaufklärung Ende der sechziger Jahre in Frankreich textgetreu wiederaufbereitet und hierzulande von den „Zwergen am rechten Rand" (Leggewie) konsumiert wurde. Der Durchgang durch die „Konservative Revolution" hellt auch andere Agitationsfelder ihrer bundesdeutschen Schüler auf: Re-Nationalisierung, Sozio-Biologismus, Europa-Idee. Gleichsam als ideologische Schnittmenge dieser Positionen, kann bei Gerd-Klaus Kaltenbrunner, dem gefeierten Ideologieplaner der „Neuen Rechten", eine randscharfe Gegenutopie in Augenschein genommen werden, die endlich ankündigt, womit nach dem Sieg der „Konservativen Revolution" zu rechnen ist. Mit dankeswerter Offenheit setzt Kaltenbrunner all jene in Kenntnis, die sich bislang unter einer Allianz aus Carl Schmitt und Konrad Lorenz, aus totalem Staat und Sozio-Humanismus wenig vorstellen konnten. Nach dieser Lektion kann man den Vorwurf nicht mehr aufrecht erhalten, die Ideologie der „Neuen Rechten" sei inhaltsleeres und harmloses Räsonnement.

1. „Erst Barbarei, dann neue Sittlichkeit." Die „Konservative Revolution" in der Weimarer Republik

Wer vor dem Ersten Weltkrieg mit beiden Beinen fest im rechten Lager stand, konnte nicht revolutionär sein. Im Pakt mit der Gegenwart vertrat der Konservative die fraglosen Rechte der Vergangenheit gegen die Anmaßungen einer unheilvollen vorgestellten Zukunft, und so ordnete er, wie die alte wilhelminische Rechte, sein Weltbild in den Kategorien von Machterhalt und Anti-Modernismus. Dieser deutschnationale Beharrungs- und Obrigkeitskonservative nährte seine aggressive Nostalgie aus einer romantisch manipulierten Vergangenheit, in der sich „Stabilität" und „Einheit" glücklich mit der Abstufung der Klassen und Stände verbanden. Der Alt-Konservative war ein Anti-Revolutionär.

Doch nach 1918 hatte die alte Rechte die Macht an den verhaßten Gegner abgeben, zumindest: mit ihm teilen müssen. „Die militärische Niederlage von 1918 bringt soziale und politische Veränderungen, durch die sich die Konservativen in ihrer Existenz bedroht fühlten. Mit der Gründung einer demokratischen Republik kommen erstmals politische Gruppierungen an die Macht, die im Kaiserreich Außenseiter geblieben waren: die Sozialdemokraten, das katholische Zentrum und die linken Liberalen (‚Weimarer Koalition')".[1]

In dieser neuen Lage wird politisches Status-quo-Denken illusionär und „ungleichzeitig", Wilhelminismus unter dem Diktat der Moderne zur Folklore. Das „Gesicht der Welt hatte sich verändert", die Gesellschaft war „industriell und fungibel geworden", die „geistige Welt verwandelte sich in einen Pluralismus gleichzeitig bestehender Kulturen, Religionen und

Philosophien."[2] Die „neue Zeit" machte deutschnationale Politik zur Karikatur zwischen Thron und Altar, und darum rebellierte gegen den bürgerlichen, sekuritätssüchtigen und technikfeindlichen Ordo-Konservativen eine neue Rechte. Mit ihr wollte der Konservative Angehöriger der Moderne werden, um sie zu sprengen. Der Krieg war das „Fegefeuer, das alle Halbheiten und Fälschungen des Wilhelminismus"[3] ausgeglüht hatte. Nach seinem Ende, in der entzauberten Welt, an der „Wende zweier Zeitalter, wie sie etwa dem Wechsel von der Stein- zur Metallzeit entspricht",[4] versteht sich der neue Rechte als Partisan, intellektueller Terrorist, Zerstörer – also als Revolutionär. Nicht die Vergangenheit, seine Gegenwart ist dem konservativen Revolutionär die entscheidende Zeit, die Zeit der Entscheidung. Wo der alte, enterbte Konservative blind bewahren will, was nicht zu bewahren ist, will die Revolution von rechts zerstören, was ohnehin stürzt. Am meisten haßt er die Reform. „Reform ist immer etwas Unblutiges, während es den (neuen) Konservativen nicht erstaunt, daß Geburt mit Vernichtung bezahlt werden muß".[5]

So wurde die „Konservative Revolution" der zwanziger Jahre zur kalkulierten Verzweiflungstat des Konservatismus, dessen Eliten sich durch den Erzfeind Demokratie und Liberalismus bedroht sahen, der zerrissen war vom Selbstwiderspruch zwischen Bewahren und Verändern, Sabotage und Rekonstruktion. Die Ideologen der Revolution von rechts wollten die Republik in Trümmer legen, um dann den „machtvollsten Mythos der antirepublikanischen Kräfte" zu errichten: das Dritte, bei anderen auch das „Vierte Reich".[6] Dafür waren sie bereit, den Kampf gegen die Moderne mit modernistischen Mitteln zu führen und, wie Hans Zehrer schrieb, die „sturen Einteilungen, die blödsinnigen Reservate von links und rechts" aufzugeben.[7]

„Wir treiben hier keine Parteipolitik." Die „metapolitische" Strategie der „Konservativen Revolution"

Die Überlebensformel von der „konservativen Revolution" hatte zunächst Thomas Mann, dann noch einmal Hugo von Hofmannsthal in seiner berühmten Münchner Rede vom „Schrifttum als geistigem Raum der Nation" ins Spiel gebracht. Die jungen Rechten, die dies zu ihrem Kampfbegriff machten, verstanden sich aber (genauso wie heute die „Nouvelle Droite" und die „Neue Rechte" in der Bundesrepublik) nicht als politische Partei, sondern als „geistige Wegbereiter", als „Metapolitiker", ohne Verbindung zu rechten Fußtruppen. Ihre jungkonservativen, heroisch auftretenden Intellektuellen, deren Heilige Nietzsche, Sorel, Bergson, und Langbehn hießen, haßten, schreibt Oswald Spengler, „die schmutzige Revolution von 1918 vom ersten Tage an (...) als den Verrat des minderwertigen Teils unseres Volkes an dem starken, unverbrauchten, der 1914 aufgestanden war." Jede Zeile, so fährt Spengler fort, „sollte zu ihrem Sturz beitragen, und ich hoffe, daß das der Fall gewesen ist".[8] Die Republik war den „Überwindern" die „Summe der Dinge, durch die wir hindurch müssen".[9] Und diese Dinge waren, wie Marcuse 1934 addiert hat: „Humanismus und Pazifizismus, westlicher Intellektualismus, selbstsüchtiger Individualismus, Auslieferung des Staates an die Interessenkämpfe bestimmter gesellschaftlicher Gruppen, abstrakte Gleichmacherei, Parteiensystem, Hypertrophie der Wirtschaft über den Staat, zersetzender Technizismus und Materialismus."[10]

Arthur Moeller van den Bruck: „Das dritte Reich"

Der einflußreichste Agitator gegen die Republik ohne Republikaner, überdies das größte Denunziationstalent in den Reihen der Weimarer Jungkonservativen, war der Autodidakt Arthur Moeller van den Bruck, der 1923 mit seinem Buch „Das dritte Reich" Furore machte (für Alain de Benoist, den intellektuellen Führer der „Nouvelle Droite" in Frankreich, ist es heute noch eine unverzichtbare Inspirationsquelle). Moeller van den Bruck (der Hitler als „kleinbürgerlich" verachtete) zog die junge Rechte deshalb in den Bann, weil er die Liberalismus-Kritik demagogisch so zuspitzte, daß sie umschlug in ein suggestives Gegenbild vom neuen Reich. Liberale Demokratie, heißt es bei ihm, sei „Ersatz auf Zeit", „Selbstbetrug", Scheinform der Freiheit, Versklavung des deutschen Volkstums.[11] „Der Liberalismus ist der Ausdruck einer Gesellschaft, die nicht mehr Gemeinschaft ist",[12] er hat „Kulturen untergraben. Er hat Religionen vernichtet. Er hat Vaterländer zerstört. Er war die Selbstauflösung der Menschheit".[13] Der Auszug aus der wertneutralen, liberalen Welt folgt der Parole von der völkischen Erneuerung. Das Volk ist die Substanz und daher das Gegengift zum substanzlosen Liberalismus, der Krankheit der europäischen Kultur. Das „Deutsche" gibt die alleingültige Antwort auf die Fragen der Moderne. Die Deutschen, suggeriert Moeller van den Bruck, haben den Engländern und Franzosen die „Möglichkeit eines unfertigen, aber auch unerschöpflichen Volkstums voraus, das noch nicht zu seinem nationalen, geschweige denn politischen Ich kam".[14] Erst das Dritte Reich sichert den (im Felde) unbesiegten deutschen Werten „Dauer in der Welt".[15] Dieses Endreich ins Werk zu setzen, dafür besitze der wilhelminische Alt-Konservative allerdings keine Legitimation, weil die „geistige Verfassung", in die er die deutschen Soldaten im Ersten Weltkrieg gebracht habe, Schuld an der Niederlage war. Dieses Versagen befugt laut Moeller van den Bruck die neue Weimarer Rechte zur Änderung der Mittel; sie hat gelernt, linke Politik taktisch zu adaptieren, sie hat erkannt, „daß sich auch mit revolutionären Mitteln konservative Zwecke erreichen lassen",[16] sie kämpft dafür, Dinge zu schaffen, deren Erhaltung sich lohnt. In diesem „Kampf" steht er an der Zeitenwende, im Umschlagsmoment der katastrophischen Geschichte. Wie bei der von Spengler beeinflußten „Konservativen Revolution" überhaupt, dient eine alles einschwärzende Untergangsdrohung der „Entscheidungsbeschleunigung" am historischen Wendepunkt. Die Geschichte folgt nicht dem Bewegungsgesetz des Fortschritts, sondern dem möglichen Untergang. „Das Tier im Menschen kriecht heran. Apokalyptik in Europa herauf. Wir haben die Wächter zu sein an der Schwelle der Werte".[17]

Hans Freyer: „Revolution von rechts"

Haß auf die parlamentarische, „entscheidungsschwache" Demokratie, auf das „System" aus hedonistischem Individualismus und Sicherheitsdenken, auf die Philosophie von Gleichheit, Aufklärung und Fortschritt, Haß auf die „neutralisierende", „zersetzende" Moderne überhaupt: das war das zeittypische Reaktionsmuster von rechts, kombiniert mit einer aggressiven Rettungs-Ideologie vom „einheitsstiftenden" Reich. Die zentralen Hintergrundserfahrungen dieser Generation waren die „Materialschlachten des Ersten Weltkriegs", „Weltwirtschaftskrise und Massenarbeitslosigkeit", die Überzeugung, daß eine „erbarmungslose Dynamik das Gesetz des Lebens sei", daß die als „Drohung erfahrene Geschichte nicht von irgendeinem (...) Logos, vielmehr von einem blinden und dämonischen Willen bestimmt werden."[18]

Mit wünschenswerter Klarheit hat dies der Soziologe Hans Freyer in seiner verspäteten Programmschrift „Revolution von rechts" (1931) dargelegt. Sein Konterrevolutionär ist ein Dissident des 19. Jahrhunderts, dessen industrielle, entsubjektivierte Massengesellschaft die „Abstraktion des Lebens von sich selbst" verschuldet habe.[19] Dieser antikapitalistische Affekt, den Freyer mit seinen Kombattanten teilt, klingt zunächst wie die Diktion des jungen Karl Marx: „Das System ist fertig. Es hat die Werte in Waren, die Menschen in Arbeitskräfte, das Leben in Wirtschaft verwandelt".[20] Der Kapitalismus „hat das Idyll der guten alten Zeit zerstört",[21] den Staat unterworfen und zum „Büttel der Wirtschaft" erniedrigt; er machte sich „liberal"[22] – für die „Neue Rechte" heute noch der entscheidende Sündenfall – und ließ sich die Macht zur gemeinschaftsstiftenden Einheit entwinden. Im sozialen Bürgerkrieg der Klassen lügen das „organisierte Kapital, die organisierten Arbeitskräfte (...) ihren Eigennutz in Gemeinschaftswerte um".[23]

Die Pointe liegt nun darin, wie Freyer das Subjekt künftiger Geschichte austauscht. Die Arbeiterbewegung ist es nicht mehr, denn die liberale Kompromißgesellschaft habe das elementare Erbe des 19. Jahrhunderts, die „permanente Revolution", neutralisiert und adaptiert. Wenn die Revolution von links versagt, tritt die von rechts an ihre Stelle. Sie „formiert sich als neue Front auf den Schlachtfeldern der bürgerlichen Gesellschaft". Über „Nacht wird die Front stehen", noch „ohne Geister, ohne Bewußtsein, ohne Symbol, ohne Führung". Sie wird den „verstockten Klassengegensätzen einer hüben wie drüben kleinbürgerlich gewordenen Welt (...) ihren Dünkel, politisch produktiv zu sein, mit Erfolg bestreiten. Sie wird mit den Resten des neunzehnten Jahrhunderts (...) aufräumen und die Geschichte des zwanzigsten freimachen".[24] Und so kämpft die rechte Avantgarde *in* der Moderne *gegen* die Moderne; sie tritt auf im Namen eines neuen, alle Klassen übergreifenden Subjekts: dem Volk. „Das Volk als Gegenspieler gegen die industrielle Gesellschaft ist Realität geworden,[25] in ihm „liegt die Reserve an produktiven Instinkten bereit".[26] Hitler ante portas begrüßend, formulierte Freyer dann: Man dürfe sich der „Kühnheit des Glaubens" hingeben, „daß sich dieses Wesen Volk noch einmal in einem revolutionären Feuer reinigen wird, so daß es ganz und hart und neu wird".[27] Noch einmal: Freyer legitimiert seine „völkische Revolution durch das Scheitern der proletarischen (...) Als eine Art Aschenputtel der seitherigen Geschichte erwacht das Volk zum politischen Leben, befreit den Staat und macht ihn erneut handlungsfähig".[28]

Edgar Julius Jung

Ein Jahr nach Freyers Manifest erscheint Edgar J. Jungs schneidende Bilanz der rechten Revolution, die sich heute wie ein Hymnus auf die nationalsozialistische Bewegung liest. Doch anders als die NS-Parteiideologen, ist Jung, Berater Franz von Papens (und Verfasser seiner Reden), religiös inspiriert. Dem christlichen Gott, nicht der „Vernunft" solle ein neuer Altar errichtet werden, und zwar durch Rückverlagerung des europäischen Schwerpunkts auf sein ‚biologisch kräftigstes Volk Europas'. Daraus spricht ein anti-westlicher Affekt, aus dem heraus die Gegenrevolution zur Gegenaufklärung wird – so „langwierig wie die Reformation". Aber „sie wird um so gründlicher das Gesicht der Menscheit bestimmen. Sie wird rücksichtslos alle Menschwerte revidieren und alle mechanischen Formen auflösen (...) Es wird die große konservative Gegenrevolution sein, welche die Auflösung der abendländischen Menschheit verhindert, (...) eine neue abendländische Einheit unter deutscher Führung begründend (...) Konservative Revolution nennen wir die Wiederinachtsetzung all jener elementaren Gesetze und Werte, ohne welche der Mensch den Zusammenhang mit der Natur und mit Gott verliert und keine wahre Ordnung aufbauen kann. An Stelle der Gleichheit tritt die innere Wertigkeit, an Stelle der sozialen Gesinnung der gerechte Einbau in die gestufte Gesellschaft, an Stelle der mechanischen Wahl das organische Führerwachstum, an Stelle (...) des Massenglücks das Recht der Volkspersönlichkeit".[29] Und so wird das dritte Reich „nicht als Fortsetzung des großen Säkularisationsvorgangs möglich sein, sondern nur als seine Beendigung. Es wird germanisch-christlich sein oder nicht".[30]

Othmar Spann: „Der wahre Staat"

„Volk", „Gemeinschaft", „Reich", „Unmittelbarkeit" und „souveräner Machtstaat" sind die konservativ-revolutionären Kampfbegriffe, die noch für die „Neue Rechte" der Bundesrepublik einen hohen politischen Funktionswert besitzen. Doch sie hatten bloß Signalcharakter, ohne daß ihnen ein dezidiertes Programm entsprach, und dies verlieh der „Konservativen Revolution" den Charakter brutaler, inhaltsloser Entschiedenheit. Bei Freyer heißt es, das revolutionäre Prinzip sei keine „Struktur, keine Ordnung", es sei „reiner Prozeß". Die „Frage, zu welcher Form es sich fügen wird, wenn es am Ziel der Bewegung ist, ist nicht nur falsch, sondern feige". Das revolutionäre Prinzip gleicht so dem „Prinzip des aktiven Nichts“.[31] Im Pathos des Aufbruchs, von dem auch Heidegger infiziert war (und zwar derart, daß man am Ende seiner berüchtigten Rektoratsrede „nicht wußte, ob man Diels *Vorsokratiker* in die Hand nehmen soll oder mit der SA marschieren“[32]), verschwimmen die Konturen jenes Gesellschaftsmodells, jener „neuen Hierarchie“, die auf dem leeren „Lebensraum“ (Ernst Jünger) der weggesprengten Republik errichtet werden soll. Hier kam der österreichische Volkswirtschaftler Othmar Spann dem destruktiven Charakter des konservativen Revolutionärs zu Hilfe. Er hielt der ungefestigten, bedrohten „Republik ohne Republikaner“ seinen autoritären Ständestaat entgegen – gleichsam das post-revolutionäre Modell einer „Rückkehr zur Bindung, zur Ganzheit“.[33]

Dieser „wahre Staat“ vollendet die Gegenrenaissance der konservativen Revolution in der „rangstufigen Gliederung der Gemeinschaften“.[34] Er schneidet die „Eiterbeule, die da heißt Demokratie und Marxismus“[35] heraus; so siegt der „wahre Staat“ doch noch über die „Französische Revolution“, die das Unheil des Individualismus in die Welt gebracht hat. „Das Geistige in uns will wieder zurück aus der Vereinsamung und Armut des verselbständigten Individuums“.[36] Es soll zurück in den ständischen Staat, in dem sich nicht mehr die „verständnislose, unbelehrbare Masse ihren Führer wählt, sondern (in dem sich) die Führer der mannigfach gegliederten Massen ihre Oberführer“[37] wählen. In der „organisch“ geschichteten Gesellschaft schmiegt sich das „Niedere gern an das Knie des Höheren“,[38] an die geistigen Eliten. Sie sind das „Gute, das über das weniger Gute“ die Herrschaft ausübt, es aber zugleich aus Lebenskampf und sozialem Bürgerkrieg in die Geborgenheit der Macht rettet. „Die Demokratie (. . .) will über die Wahrheit abstimmen – das ist nicht nur undurchführbar (. . .), sondern auch frevelhaft, denn die Mehrheit in den Sattel setzen, heißt, das Niedere herrschen machen über das Höhere“.[39]

Spanns restriktiver Ordnungsstaat, der als Modell unvermeidlich in die geistige Vorgeschichte des Faschismus einrückt, gleichwohl aber für die „Neue Rechte“ unvermindert aktuell geblieben ist,[40] kommt aus dem Affekt, alle Übel der Neuzeit auf einen Schlag auszumerzen: „Vermassung“, Individualismus, Versachlichung und Entzauberung, Krieg der Verbände und der Parteien, Souveränitätsverlust des Staates, Auflösung der Gemeinschaft, Zerstörung des „Völkischen“. Wie alle Staatsfiktion der jungen Weimarer Rechten, steht auch Spanns Endreich außerhalb der Zeit. Es „biegt“ die Zeit zurück zu einem (fingierten) „Ursprung“ des Gesellschaftlichen, in dem Ordnung als Naturordnung imaginiert wird. Damit endet die ruinöse, lineare Zeit des „demokratisch-liberalen“ Fortschritts im ‚bewegten Stillstand‘ der zyklischen Zeit. Der wahre Name dieses posthistorischen Endstadiums lautet: Tausendjähriges Reich.

Ernst Jünger: „Der Arbeiter“

Hinter der „imposanten Maske des Gemüts und der Germanentreue“, hinter der „sentimentalen Roheit“[41] der „Konservativen Revolution“ verbarg sich die Wahnidee, man könne die Entfremdung zwischen Individuum und Gesellschaft, Einzelnem und Allgemeinem buchstäblich auf einen Schlag beenden: Durch radikale Unterordnung unter den absoluten Staat, durch Entsubjektivierung des Subjekts. Für diese schwarze Utopie einer heroischen Person ohne Persönlichkeit steht beispielhaft „Der Arbeiter“ von Ernst Jünger (1932). Ernst Jünger ist unter den Propagandisten der „Konservativen Revolution“ derjenige, der im reaktionären Geist die Signatur der Moderne am genauesten begriffen hat. Er entledigt sich aller konservativen Vorbehalte gegen die „Technik“, er definiert den Kapitalismus als energetische Hyper-Maschine, die alles Soziale im Strudel aus entfesselter Beschleunigung und totaler Mobilmachung mitreißt. „Kinetik“ heißt das geheime Gesetz der Moderne, das der Erste Weltkrieg mit blutiger Grausamkeit zur Anschauung gebracht hat. Es war die „völlige Zersplitterung, das Sinnloswerden der alten Gefüge“, das die „Wirklichkeit eines anderen Kraftfeldes“[42] zur Erscheinung brachte. „Das Klappern der Webstühle von Manchester, das Rasseln der Maschinengewehre von Langemarck – dies sind die Zeichen, Worte und Sätze einer Prosa, die von uns gedeutet und beherrscht werden will".[43] Die „Empfindungen des Herzens und die Systeme des Geistes sind widerlegbar, während ein Gegenstand unwiderlegbar ist – und ein solcher Gegenstand ist das Maschinengewehr".[44]

Jünger gewinnt an den „Stahlgewittern" des Krieges, besonders an der „Auguststimmung von 1914", das affirmative Gegenbild zur „bürgerlichen Gesellschaft, die sich zur Nutznießerin des Staates erhoben hat. Das Gesicht der späten Demokratie, in das Verrat und Ohnmacht ihre Zeichen eingegraben haben, ist allzu bekannt. In diesem Zustande sind alle Mächte der Verwesung, alle abgelebten, fremden und feindlichen Elemente herrlich gediehen"[45] – und so erhebt sich vor dem lächerlichen Weichbild des wilhelminischen, saturierten, idealistischen Bürgers die heroische Gestalt des Arbeiters, der im Soldaten des Weltkrieges seinen Vorgänger hat und dem bürgerlichen Kultus des Individuums ein Ende bereitet. Derart entsteht nach dem Tod des Subjekts das „neue Menschentum",[46] der „Typus", der „Mensch" der kinetischen Moderne, der sich „unter lautlosen und unsichtbaren Kommandos zu bewegen beginnt".[47]

Dieser neue Typus, den der Jüngersche „Arbeiter" zum einen beschreibt, zum anderen mit Enthusiasmus „erfindet", geht als Partisan in den Kampf gegen den Bürger. Er sabotiert seine „Begriffe, Ordnungen, Spielregeln und Verfassungen"[48] und schafft die „erste Voraussetzung einer organischen Konstruktion des Staates", in dem „alle jene Schlupfwinkel ausgebrannt werden, aus denen (...) der Verrat (...) seine Hilfstruppen entläßt".[49] Dann wird auch die „Masse" in eine „organische Konstruktion" verwandelt werden: „Den hierzu erforderlichen Maßnahmen verleihen einerseits die fürchterlichen Mittel Gewicht, die der wirklichen Autorität (...) des Arbeiters zur Verfügung stehen; andererseits werden sie, und dies ist bei weitem wichtiger, durch die neue Vorstellung des Menschen vom Glück unterstützt, das nicht mehr in der Entfaltung der individuellen Existenz gesehen wird".[50] Dem „Ersatz der Verfassung durch den Arbeitsplan entspricht eine Art Humanität, die sich nicht mehr darauf beschränkt, dem Menschen verfassungsmäßige Rechte zuzubilligen, sondern die sein Leben autoritativ zu verändern weiß".[51] Nirgendwo kommt der *revolutionäre* Gestus der Jung-Konservativen der „Weimarer Republik" deutlicher zum Tragen als bei Jünger; nirgendwo wird klarer, daß der Hyper-Modernismus schließlich umschlägt in eine Feier des vorfaschistischen Anti-Modernismus als „planetarischer Herrschaft". Nach der Moderne mit ihrer entscheidungsschwachen Demokratie, der wertepluralen Gesellschaft, dem tobenden sozialen Bürgerkrieg und dem saturierten Bourgeois wird, so die Suggestion Jüngers, eine Gesellschaft entstehen, die sich von den abendländischen, anthropozentrischen Werten wie Freiheit, Gerechtigkeit und Glück verabschiedet hat. „Es läßt sich voraussehen, daß hier weder von Arbeit noch von Demokratie in dem uns geläufigen Sinne mehr die Rede sein wird." Das Wort Demokratie, und diese Auffassung teilt Jünger mit Moeller van den Bruck und Carl Schmitt, wird sich ändern, „wenn der Mutterboden des Volkes als der Träger einer neuen Rasse erscheint (...) Nicht anders als mit Ergriffenheit kann man den Menschen betrachten, wie er inmitten chaotischer Zonen an der Stählung der Waffen und Herzen beschäftigt ist und wie er auf den Ausweg des Glückes zu verzichten weiß".[52]

Nietzsche und die „Konservative Revolution"

Armin Mohler, der, zeitlich noch im Schatten Hitlers, den anerkannt ersten Versuch gemacht hat, die Protagonisten der „Konservativen Revolution" zu entkriminalisieren, um ihre Substanz für die Ideologiebildung der (diskreditierten) Rechts-Konservativen zu retten, hat mit Recht auf den antiwestlichen und damit auch anti-römischen Affekt der Weimarer „Konterrevolution" hingewiesen. Sie erhob sich nicht nur gegen Aufklärung, Französische Revolution und junge Republik, sondern auch, einmal abgesehen von Edgar Jung, gegen das Heilsversprechen des Christentums. Dieses Heilsversprechen rückt deshalb ins Fadenkreuz der lebensphilosophisch angestachelten „Konservativen Revolution", weil das christliche Erlösungsprojekt Modell war für das aufklärerische Fortschrittsdenken. Christus (bei dem neurechten Vordenker Gerd-Klaus Kaltenbrunner, dem ehemaligen Herausgeber der *Herder*-Reihe „Initiative", ist es Paulus) erscheint in dieser Lesart als Einsager von Karl Marx; Marxismus entpuppt sich als Theologie der Revolution, als säkularisiertes Evangelium. Deshalb revoltiert der Konservative gegen die Vorstellung einer linearen Zeit, die vorgibt, mit dem Fortschritt im Bunde zu sein. Spengler sagt das so: „Nun sind alle kommunistischen Systeme des Abendlandes tatsächlich aus christlich-theologischem Denken erwachsen (...) Wieviel vom Naturrecht und Staatsbegriff des Thomas von Aquino (...) steckt noch (...) im kommunistischen Manifest! Die christliche Theologie ist die Großmutter des Bolschewismus".[53] Oder in Mohlers Worten: „Durch die Setzung einer ‚unwiederbringlichen Stunde' hat das Christentum den Kreislauf unterbrochen".[54] Seine „Idee des unaufhaltsamen Fortschreitens" entwertet „das jeweils gegenwärtige zugunsten eines besseren Zukünftigen", egal ob „ein Fortschreiten auf das christliche Reich Gottes oder die klassenlose Gesellschaft oder ein anderes Endziel gemeint ist".[55]

Auch die heutige „Neue Rechte" hat, sehr zum Leidwesen eines katholisch-rechtskonservativen Günter Rohrmoser, das Neuheidentum ihrer Vorbilder bewahrt. Sie setzt gegen den Mythos von der christlich-aufklärerischen „fortschreitenden" Zeit den von der zyklischen: Wiederkehr contra Fortschritt, oder „Dionysos gegen den Gekreuzigten". Für dieses Programm gibt es nur einen Schutzpatron, nur eine „Schicksalsgestalt" (Mohler). Es ist ein für die Gegenaufklärung retouchierter Nietzsche, jene „Gestalt", die „groß über der ganzen ‚Konservativen Revolution' steht".[56] Seine Philosophie ermutigt einen „zerstörerischen Nihilismus", der die „verfaulenden Trümmer ganz zerstört (...), um Platz für einen neuen Bau zu schaffen".[57]

Intellektuelle „Kleinarbeit" für den Nationalsozialismus? Die „Konservative Revolution" und Hitler

Nietzsche, schreibt Karl Löwith in seinen Erinnerungen, „ist und bleibt ein Kompendium der deutschen Widervernunft (. . .) auch ich kann nicht leugnen, daß der Wahlspruch, den ich in mein Kriegstagebuch schrieb: ‚navigare necesse est, vivere non est', auf vielen Umwegen und doch direkt von Nietzsche zu Goebbels' heroischen Phrasen führt".[58] Entsprechendes gilt für das Verhältnis von „Konservativer Revolution" und Nationalsozialismus. Die Neue Rechte rekonstruiert ihre Leitideologie so, daß sie von faschistischen Hypotheken befreit wird, wobei der Nationalsozialismus zum unbefugten, unautorisierten Epigonen des rechtsrevolutionären Weltbildes schrumpft. Dagegen ist festzuhalten: Es gab zwar keine Identität von „Konservativer Revolution" und NS-Ideologie, doch die antidemokratischen Sprengmeister von rechts fühlten sich durchaus als Wegbereiter Hitlers, übrigens auch dann noch, als einige von ihnen in Ungnade gefallen waren. „Es steht fest", schreibt Edgar Jung, „daß die (. . .) volksdeutsche Ideologie für den deutschen Nationalismus (. . .) weittragende Bedeutung gehabt hat (. . .) Die geistigen Voraussetzungen für die deutsche Revolution wurden außerhalb des Nationalsozialismus geschaffen. Der Nationalsozialismus hat gewissermaßen das ‚Referat Volksbewegung' (. . .) übernommen (. . .) In unsagbarer Kleinarbeit, besonders in gebildeten Schichten, haben wir die Voraussetzungen für jenen Tag geschaffen, an dem das deutsche Volk den nationalsozialistischen Kandidaten seine Stimme gab".[59] Hitler sollte eine „begrenzte historische Aufgabe" übernehmen: die der „Zertrümmerung einer morschen Welt und der Bereitung der großen Brache, auf der die neue Saat aufgehen soll".[60] Kurt Sontheimer hat gewiß recht, wenn er schreibt, die „Konservative Revolution" habe die NS-Bewegung gutgeheißen, „solange sie den Parlamentarismus funktionsunfähig" machte[61] – doch diese „anti-demokratische Minierarbeit"[62] habe man ihr nicht gedankt, und so sei es dann, nach 1933, „absolut irreal" gewesen, „zu hoffen, die nationalsozialistische Partei (...) im Sinne der eigenen elitären Vorstellungen beeinflussen zu können".[63]

In der Tat, die Rechtsintellektuellen, die sich als Dolmetscher des Weltgeistes, als Erwählte der „Umbruchszeit" und der Gegenrenaissance fühlten, glaubten im Ernst, Hitler als temporären „Steigbügelhalter" (Sontheimer) benutzen zu können, der einer konservativen Elite zur Macht verhelfen sollte. Nach der Parole: erst Barbarei, dann neue Sittlichkeit, sollte Hitler das Terrain planieren, auf dem die intellektuellen Wächter des tausendjährigen, indogermanischen Endreiches ‚symbolische Formen und Institutionen schaffen, deren Erhaltung sich lohnt'. Nicht wenige Antidemokraten aber wurden Opfer jener Gewalt, die sie herbeigeschrieben, in Kauf genommen, begrüßt, zumindest aber: publizistisch nicht bekämpft hatten. Edgar Jung wurde 1934 von den Nationalsozialisten ermordet; Ernst Niekisch, der linke Mann auf dem rechten, nationalbolschewistischen Flügel, sperrte man ins Zuchthaus, Spengler sah sich über Nacht von jenen Cäsaristen angefeindet, denen er, fürchterlich wirkungsvoll, das Feld bestellt hatte. Doch Verfolgung und Kaltstellung sind kein rückwirkender Freispruch, sie exkulpieren nicht die entscheidenden Jahre der „Konservativen Revolution." Spengler wußte dies genau. „Jede revolutionäre Bewegung", schrieb er, „kommt mit einer Avantgarde von Prätorianern zum Sieg, die dann nicht mehr brauchbar und nur noch gefährlich sind".[64]

2. Das Patronat des Carl Schmitt. Der Kronjurist Hitlers und die „Neue Rechte"

Unter den Prätorianern Hitlers, die ihr „wirkliches geistiges Können" eingesetzt haben, um an die „Spitze der nationalsozialistischen Bewegung zu kommen" (Karl Jaspers),[1] ist Carl Schmitt derjenige, der auf die „Neue Rechte" einen gleichsam magischen Einfluß ausübt. Kritisch befragt, verklärt sie Hitlers Kronjuristen zum Märtyrer und Widerstandskämpfer, wie zum Beispiel Günter Maschke in seiner Seligsprechung „Der

Tod des Carl Schmitt".[2] Devotion und Epigonalität bestimmen das Verhältnis neurechter Theorie zu ihrem Präzeptor. Schmitts „Ethik" des Staates gilt ihr als verbindliche ideologische Blaupause für die Verbindung aus souveränem Machtstaat und Volksgemeinschaft. Interessanter, wenngleich nicht in diesem Zusammenhang, sind „linke" Lektüren rechter Schmitt-Texte, etwa von Jacob Taubes oder Norbert Bolz,[3] die sich im Gefolge Walter Benjamins von den anti-apokalyptischen, „katechontischen" Motiven des katholischen Staatsrechtlers beeindrucken lassen, dabei aber das *factum brutum* seiner intellektuellen Kollaboration voraussetzen.

Diese Komplizenschaft Carl Schmitts mit dem NS-Regime hat zuletzt Bernd Rüthers eindrucksvoll resümiert. Rüthers sagt über Carl Schmitt zurecht, die „NS-Zeit gehört zum Zenith seiner akademischen Karriere und seiner rechtspolitischen Aktivitäten".[4] Von trister Prominenz sind hier Schmitts Aufsätze „Die deutsche Rechtswissenschaft im Kampf gegen den jüdischen Geist", seine Empfehlungen zur „Weiterentwicklung des totalen Staates" sowie der alles überbietende, unmittelbar nach dem „Röhm-Putsch" geschriebene Jubelbeitrag „Der Führer schützt das Recht". Schmitt trägt darin offene Sympathie zur Schau, rechtfertigt die Mordaktion, bei der auch sein Freund und Förderer General von Schleicher umkam, und begrüßt Hitler emphatisch als *den* Souverän, den er in seiner „Politischen Theologie" herbeigewünscht hatte. Sein Hitler-Gruß zeigte, wie schnell sein im Grunde gegenrevolutionärer Katholizismus umschlagen konnte in eine Akklamation des Nationalsozialismus. Denn das Fundament zur „Perversion des Rechts" war in seiner anti-liberalen, anti-demokratischen Parlamentarismuskritik längst gelegt, und so mußte Schmitt nach 1933 seine Staats-Ethik lediglich im Dienste der „völkischen Rechtserneuerung" radikalisieren. „Vom April 1933 (Parteieintritt) bis Dezember 1936 (Verlust aller politischen Ämter und Funktionen) schreibt Schmitt mehr als vierzig (!) Beiträge (...), die, durchweg von begeisterter Zustimmung getragen, (sich) mit dem Rechts- und Verfassungswandel unter der NS-Herrschaft beschäftigen".[5]

Es fällt schwer, in *dieser* Publikationsphase Autor und Werk zu trennen. Mit seinem „Übersoll an Loyalität" (Rüthers) betrieb Schmitt Wissenschaft als Förderung der eigenen Karriere, wobei er offenbar auf den Posten des Staatssekretärs im Justizministerium spekulierte. Allerdings, die Eile, mit der er in die Zitadelle des NS-Staates einziehen wollte, sein grenzenloser Opportunismus, überhaupt die Bedenkenlosigkeit, mit denen er seinen Katholizismus gegen das völkische Neu-Heidentum auswechselte, dies weckte die Mißgunst nicht nur von konkurrierenden Kollegen (Koellreutter, Eckhardt, Höhn), sondern auch die Aufmerksamkeit des „Sicherheitsapparates" der *SS*. Schmitt bemerkte die Selbstgefährdung und reagierte wie gewohnt – mit vorauseilender Unterwerfung und offen rassistischen Argumenten (was er bis dahin vermieden hatte), zuerst vorgetragen auf dem von ihm organisierten Berliner Fachkongreß über „Das Judentum in Rechts- und Wirtschaftswissenschaft". In seinem Eröffnungsvortrag „Die deutsche Rechtswissenschaft im Kampf gegen den jüdischen Geist" lobte er den Antisemitismus als Kampf für das Werk des Herrn und rühmte den „großartigen Kampf des Gauleiters Julius Streicher".[6] Es half nicht, Carl Schmitt erlag den Anfeindungen seiner Gegner und verlor, bis auf die Berliner Professur (und einige Kommissionssitze), alle einflußreichen Ämter, übrigens auch mit der Begründung, er habe in der Weimarer Zeit Kontakte zu katholischen Konservativen und jüdischen Rechtslehrern gepflegt. Den Ideologen der reinen Lehre war Schmitts Katholizismus verdächtig; den Kollegen das Übersoll an Loyalität und Karriere-Sinn.

Nach 1945 stilisierte sich Hitlers Kronjurist zum Widerstandskämpfer, zum „Benito Cereno des Völkerrechts". Doch selbst eine vasallentreue Exegese seiner entscheidenden Schriften liefert für diese Partisanen- und Widerstandshaltung nur dünne Hinweise, und so muß man, was die biographisch-wissenschaftliche Verstrickung Schmitts anbetrifft, der trostlosen Einschätzung Bernd Rüthers' folgen: „Die Angriffe gegen ihn, die zum Verlust seiner Ämter (...) führten, hatten ihre Gründe nicht etwa in einer inneren Distanzierung oder gar Widerstandshaltung Schmitts gegenüber dem Nationalsozialismus (...) Das Gegenteil trifft zu. Das von Schmitt gerade zwischen 1933 und 1936 geleistete Übersoll von weltanschaulichen Loyalitätsbekundungen wirkte auf seine mächtigen Gegner und Konkurrenten in der Kollegenschaft, in der Partei und besonders in der SS ebenso unglaubwürdig wie provokativ. Sie fürchteten einen weiteren Aufstieg und griffen ihn deshalb frontal an. Nicht Schmitt hat sich 1936/7 vom Nationalsozialismus abgewendet. Es war umgekehrt (...) Für eine Stilisierung der Rolle Schmitts nach 1936 im Sinne (...) eines heimlichen Widerstandes gegen die Machthaber fehlt jede tatsächliche Grundlage".[7]

„Souverän ist, wer über den Ausnahmezustand verfügt." Carl Schmitts Attraktivität für die „Neue Rechte"

Abgesehen von seinem Kampf gegen Parlamentarismus und liberale „Plutokratie" der „entscheidungsunfähigen" Weimarer Republik – was fasziniert nun die „Neue Rechte" der Bundesrepublik an Carl Schmitt? Man muß sich vor Augen halten, daß die Revolte der jungen Rechten der zwanziger Jahre, besonders jener, die sich auf Sorel beriefen, auch eine „leere" Erhebung war, eine „révolution sans phrase", die einer Ästhetik der brutalen Destruktion folgte, die sich nicht nach ihren Zielen fragen lassen wollte. Anders Carl Schmitt: Er teilte zwar Spenglers suggestive Diagnose vom Verfall der westlichen Zivilisation, zog aber andere Konsequenzen: weder Fatalismus noch blinde Revolte, sondern Anti-Apokalyptik, also „Aufhalten" der Zeit. Er dachte, seinem Katholizismus verpflichtet, katechontisch; wenn schon die alte Ordnung nicht wiederherstellbar ist, muß man sich, rechtshegelianisch, der „Furie des Verschwindens", der Dekadenz und der Auflösung, autoritativ entgegenstemmen. Zeit und Geschichte erscheinen Schmitt als „Frist, als Galgenfrist",[8] deren finale Katastrophe man ‚dehnen' und aussetzen muß. Entsprechend inthronisiert er den autoritären Staat als Konterrevolutionär, als Katechont, der als Absolutes selber außerhalb der Zeit steht. Sein Souverän vertagt die Ankunft des Anti-Christs und des Weltendes, und daher ist er eine niederhaltende Gewalt. Der totale Staat, der Leviathan, hält das andere Ungeheuer, Behemoth, also: Revolution und Anarchie, in Schach. „Die Staatsmaschine funktioniert oder sie funktioniert nicht." In ihr ist souverän, wer über den Ausnahmezustand verfügt; sie verlangt „unbedingten Gehorsam gegen die Gesetze ihres Funktionierens";[9] der Leviathan ist als Staat „entweder wirklich vorhanden, dann funktioniert er als das unwiderstehliche Instrument der Ruhe, Sicherheit und Ordnung, und dann hat er alles objektive und alles subjektive Recht auf seiner Seite, da er (...) alles Recht selber macht; oder er (...) erfüllt seine Funktion oder Friedenssicherung nicht (...), dann kommt (es) vor, daß (...) die große Maschine an Rebellion und Bürgerkrieg zerbricht".[10] Daraus folgt, daß Gruppen oder Parteien, die sich auf Moral oder universale rechtssetzende „Wahrheiten" (Freiheit, Gerechtigkeit) berufen, nicht Frieden schaffen, „sondern den Krieg".[11] Und Schmitt kann dekretieren: nicht die Wahrheit, sondern die Macht setzt das Recht.

Dabei liefert ihm die „Staatsmaschine" in Thomas Hobbes' „Leviathan", die die „Anarchie des feudalen, ständischen oder kirchlichen Widerstandsrechtes und den daraus fortwährend neu entbrennenden Bürgerkrieg und den mittelalterlichen Pluralismus überwinden"[12] sollte, ein Modell, das er polemisch der „Plutokratie" Weimars entgegenhält. Mit Kalkül läßt er seine Hobbes-Interpretation umschlagen in die autoritäre Gegenutopie einer „societas perfecta", ins Lob des absoluten, wert- und wahrheitsneutralen Staates. Er ist das Heilmittel für die „Krankheit" der Moderne: Liberalismus, Parlamentarismus und Bürgerkrieg der indirekten Gewalten. Als absoluter wirkt Schmitts Staat nach außen und nach *innen:* Er hält zum einen die Revolution (= Apokalypse) nieder, zum anderen die Anarchie, die aus dem destruktiven Naturzustand des Individuums entsteht. „Der staatliche Absolutismus ist der Unterdrücker eines im Kern, nämlich in den Individuen, ununterdrückbaren Chaos".[13]

Wer nun zerstörte die Staatsmaschine, wer stürzte den Souverän? Die Antworten, selbst noch die antisemitischen, sind heute noch für die Ideologie der „Neuen Rechten" von diagnostischem Wert. Schmitt schreibt, nach dem Wiener Kongreß, nach den Sabotageakten der „jüdischen Front",[14] zerbricht die „gesetzesstaatliche Maschine"; der „Leviathan ist als *magnus homo,* als gottähnliche souveräne Person des Staates, von innen heraus zerstört worden".[15] Nach 1815 brach die „erste Generation emanzipierter Juden in breiter Front in die europäischen Nationen ein. Die jungen Rothschilds, Karl Marx, Börne, Heine, Meyerbeer und viele andere besetzten jeder sein Operationsgebiet in der Wirtschaft, Publizistik, Kunst und Wissenschaft", um den „innersten Kern des Staatswesens (...) ideologisch (zu) verwirren und geistig zu paralysieren".[16] Der „jüdische Denker" hat in Fortführung der Linie von „Spinoza über Moses Mendelssohn" seinen „Teil dazu mitgewirkt, einen lebenskräftigen Leviathan zu zerschneiden".[17] So mußte der preußische Staat unter der „Belastungsprobe" des Ersten Weltkrieges zusammenbrechen, so mußte der „verschnittene" Leviathan den Mächten der Gesellschaft erliegen, unfähig zur „innerstaatlichen Feinderklärung", unfähig zur Wahrnehmung seines *ius belli* nach außen. Die zersetzende Kraft des inneren Feindes, so lautet Schmitts Dolchstoßlegende von der jüdischen Weltverschwörung, neutralisierte das Politische – also jene Souveränität, Macht nicht nur zu beanspruchen, sondern auszuüben.

Souveräne Macht gegen das „Geschwätz der diskutierenden Klasse"

Diese Denunziation des liberalen Staates verfügt noch über einen zweiten, anti-parlamentarischen Refrain, der von der „Neuen Rechten" ausdauernd memoriert und zum Beispiel gegen die Diskurs-Theorie von Jürgen Habermas ins Feld geführt wird. Die „Entscheidung" des absoluten Souveräns ist „Setzung" und damit schon „als solche wertvoll"; sie ist Resultat von Macht, nicht von Diskussion, nicht von parlamentarischer Abstimmung. Diskussion erscheint Schmitt als Kapitulation vor dem Zwang zur Entscheidung; das Parlament figuriert dabei als selbstbetrügerische Abstimmungsmaschine für periphere Privatmeinungen und ist schon deshalb kein Ersatz für den Souverän. Schmitt spricht durchaus von Demokratie, aber im „volklichen" Sinn; eine Diktatur wäre nicht undemokratisch, solange sie von der „acclamatio des Volkes" getragen wird.[18] Demnach betrügt Massendemokratie durch „leere Formalität",[19] die Diskussion vorspiegele, in Wirklichkeit aber „zielbewußte Interessen und Machtchancen" berechne. „Definitionen, in denen der Parlamentarismus wesentlich als *government by discussion* erscheint, müßten demnach als ‚verschimmelt' gelten".[20] Parlamentarismus wäre dann eine typische Erfindung der Bourgeoisie, der diskutierenden (und nicht: entscheidenden) Klasse. „Wie der Liberalismus in jeder politischen Einzelheit diskutiert (...), so möchte er auch die metaphysische Wahrheit in eine Diskussion auflösen. Sein Wesen ist Verhandeln, abwartende Halbheit, mit der Hoffnung, die definitive Auseinandersetzung, die blutige Entscheidungsschlacht, könnte in eine parlamentarische Debatte verwandelt werden und ließe sich durch eine ewige Diskussion ewig suspendieren. Diktatur ist der Gegensatz zur Diskussion".[21] (Diskussion, so argumentiert in Schmitts Nachfolge der neurechte Vordenker Gerd-Klaus Kaltenbrunner, stiftet weder Ordnung noch „Homogenität" noch Identität; sie ist Ritual der „Schönwetterdemokratie", die es verlernt habe, vom „Ernstfall" aus zu denken und den inneren wie äußeren Feind zu definieren.)

Carl Schmitt und der „Mythos des Nationalen"

Allein, die alt- wie neurechte *Politische Theologie* ist nicht nur Regieanweisung für den antirepublikanischen Polizeistaat, der den „Beschleunigern" und „Mobilmachern", dem verselbständigten Kapitalismus und der kommunistischen Weltrevolution, ein Ende setzt. Schmitts Staats-Ethik, die so fasziniert ist von der „wunderbaren Armatur einer modernen staatlichen Organisation"[22] als funktionalem Äquivalent zur Monarchie, wäre mißverstanden, wenn man ihren Anspruch auf *mythische Ge-*

walt unterschätzte: Sein absoluter Staat tritt auf als letzter denkbarer Mythos in der entzauberten Welt. Als irdischer Gott beansprucht er auch die Verfügungsgewalt über das „Innen" seiner Untertanen. Nur dies sichert der Macht Dauer, denn in dem Moment, wo ihm das „Innen" der Bürger als feindselige Bastion gegenübersteht, in der die herrschende Macht nicht mehr frag- und bewußtlos akzeptiert wird, steht die Souveränität des Souveräns auf dem Spiel. „Wenn aber wirklich die öffentliche Macht nur noch öffentlich sein will (...), dann begibt sich die Seele eines Volkes auf den ‚geheimnisvollen Weg', der nach innen führt. Dann wächst die Gegenkraft des Schweigens und der Stille. In dem Augenblick, in dem die Unterscheidung von Innen und Außen anerkannt wird, ist die Überlegenheit des Innerlichen über das Äußerliche und damit die des Privaten über das Öffentliche im Kern bereits entschiedene Sache. Eine öffentliche Macht und Gewalt mag noch so restlos (...) anerkannt werden, als eine nur öffentliche und nur äußerliche Macht ist sie hohl und von innen her bereits entseelt. Ein solcher irdischer Gott hat nur noch den Schein und die *simulacra* der Göttlichkeit auf seiner Seite".[23]

Auch das aktuelle Staatskonzept der „Neuen Rechten" steht in Treue fest zu dieser Mythologisierung und damit: Verinnerlichung des Staates, auch wenn die Bindung ans Grundgesetz stets betont wird. Wie bei Schmitt übernimmt nicht die politische Kultur, sondern der Staat die „Integration" der Gesellschaft; es gibt kein Recht vor dem Staat, weil der Staat das Recht in ein Gesetz (in „Befehlsform") verwandelt hat und daher per se im Recht ist (auctoritas, non veritas facit legem).[24] Der Staat gewährt als Gegenleistung für unbedingte Gefolgstreue die Grundlagen persönlicher Freiheit, und daher besitzen Staatsräson und Gemeinwohl Vorrang vor Parteiräson und Gruppeninteressen. Der Staat erhält bei der „Neuen Rechten" wie bei Schmitt „eine besondere Existenzweise gegenüber der nicht mehr als substantiell gefaßten Staats*form*. Was das Gemeinwohl ist, bestimmt nun dieses eigenartige Subjekt Staat. Die Legitimität seines Handelns ergibt sich daraus, daß er per se das ‚Volksganze' verkörpert; gegenüber den Bürgern vertritt er das ‚Recht' der ‚Lebens-, Leistungs- und Wertungsgemeinschaft' – eine Formel, die offensichtlich den anrüchigen Begriff ‚Volksgemeinschaft' ersetzen soll".[25] So wird der Mythos vom Staat heute wieder angereichert mit dem Mythos des Nationalen – eine explosive Rezeptur, die Carl Schmitt erfunden hatte, war ihm doch der „Mythus" vom Nationalen der „energiereichste" aller Mythen der „neueren Zeit". Der Glaube an das Nationale lege die Fundamente einer „neuen Autorität, eines neuen Gefühls für Ordnung, Disziplin und Hierarchie"; er ist synonym mit dem „Prinzip der politischen Wirklichkeit" *überhaupt* – „jene Wirklichkeit, die Parlamentarismus, Liberalismus etc. immer verfehlen werden".[26]

Begeistert beobachtet Schmitt deshalb, wie Italien das historisch erste Schauspiel inszeniert, in dem, „unter bewußter Berufung auf den Mythus, Menschheitsdemokratie und Parlamentarismus verächtlich beiseite gesetzt" werden. Wie im 16. Jahrhundert habe wieder ein Italiener das ‚Prinzip der politischen Wirklichkeit' ausgesprochen: Benito Mussolini.

Mit der triumphierenden Geste dessen, der sich auf der Seite des welthistorischen Siegers weiß, verklärt Schmitt, genauso wie Hans Freyer in seiner „Revolution von rechts", den Mythos vom Nationalen, damit dieser dem des 19. Jahrhunderts den Todesstoß versetze: dem „Mythos" von Liberalismus und Sozialismus. Darüberhinaus besiegt der dem Alltagsbewußtsein „implantierte" Mythos des Nationalen die „destruktiven" Anmaßungen individueller „Glaubensmächte", deren öffentliche Artikulation die absolute Macht des Souveräns in Frage stellt.

Der Souverän ist allein dadurch schon legitimiert, daß er den Bürgerkrieg in Permanenz niederhält. Es gibt von daher nicht die geringste Veranlassung, sich von den kontingenten Ansprüchen individueller Glaubensmächte zur Rede stellen zu lassen. Der Souverän kommt aus dem Volk, und er ist „demokratisch", weil er dem Volk die Mächte des Verfalls, Chaos, Anarchie und Bürgerkrieg vom Leibe hält. Liberalismus (=

„individuelle Glaubensmächte") aber zerstört die Maschinerie der Macht. Jürgen Habermas hat das Schmittsche Schema so präzisiert: Mit der Trennung von Liberalismus und Demokratie wird das „Verfahren der öffentlichen Diskussion auf die Rolle der parlamentarischen Gesetzgebung (beschränkt) und von demokratischer Willensbildung entkoppelt (...) Schmitt will die identitär verstandene Demokratie von der (dem Liberalismus zugeschlagenen) öffentlichen Diskussion aus durchsichtigen Zwecken abtrennen. Er stellt die begrifflichen Weichen so, daß er die demokratische Willensbildung (...) auf ein ethnisch homogenes Bevölkerungssubstrat einschränken und zur argumentfreien Akklamation unmündiger Massen herabsetzen kann. Nur so läßt sich nämlich eine cäsaristische und völkisch homogene Führerdemokratie vorstellen, in der sich so etwas wie ‚Souveränität' verkörpert".[27]

Ohne Aufwand kann man zeigen, daß die „Neue Rechte" in Frankreich und der Bundesrepublik dieses Schmittsche Schema als ideologische Devotionalie herumreicht. Für sie macht Hitlers Kronjurist den Sprengstoff scharf, mit dem man den ‚Gefängnismauern der Verfassung' (Günter Maschke) und der liberalen Demokratie entrinnen kann.

3. „Le couple franco-allemand". Die Wiederkehr der „Konservativen Revolution" im Denken der französischen „Nouvelle Droite"

Die „Konservative Revolution" der zwanziger Jahre war, entgegen den Beteuerungen Hans Freyers, keine deutsche Erfindung. Während Carl Schmitt Mussolini als Machiavelli einer verdämmernden Moderne bewunderte, der im Stammland des „politischen Prinzips" dem „nationalen Mythus" zum Sieg verholfen habe, orientierten sich seine Kombattanten lieber an der französischen Reaktion. Den jungen Rechten diesseits des Rheins imponierte die *action français* um Maurice Barrès und Charles Maurras, trotz aller Polemik gegen ihre royalistischen und national-jakobinischen „Torheiten". Man zollte Respekt, weil die Demagogie dieser (antisemitischen) Rechten gleichsam intellektuell imprägniert war: mit dem Anti-Rationalismus Bergsons, mit der (elitären) Kritik der Massenpsychologie (Le Bon), mit dem revolutionären, zwischen Marx und Nietzsche taumelnden Syndikalismus Georges Sorels.

Diese besonderen deutsch-französischen Beziehungen nahmen auch nach 1945 keinen Schaden, wenngleich sich das geistige Alimentations-Verhältnis umkehrte. Denn nach dem Pariser Mai 1968 war es die französische Rechte, die ideologische Anleitung suchte und bei der „Konservativen Revolution" der zwanziger Jahre fand. Sie wurde zum Leitstern der „Nouvelle Droite", und staunend verfolgte die desorientierte Rechte hierzulande, wie selbstverständlich ihr korrumpiertes Erbe durch geschickte Jargon-Auffrischung wieder hof- und diskursfähig gemacht wurde.

Wie schon die „konservativen Revolutionäre" der Weimarer Republik, die sich im Berliner Juni-Club versammelt hatten, formierte sich die „Neue Rechte" in Frankreich als „societé de pensée", als elitärer Zirkel versprengter rechtsradikaler Intellektueller. Sie gaben die Parole aus, nach dem Scheitern ultrarechter Wahlbündnisse müsse zuerst die kulturelle „Hegemonie" der Linken zerschlagen werden. Andernfalls, ohne Infiltration in die politische Kultur, sei die authentische Rechte dauerhaft chancenlos.

Die „Nouvelle Droite" als Sammelplatz rechtsradikaler Intellektueller

Die Gründungsmitglieder der „Nouvelle Droite" waren erfahrene Frondeure der rechtsextremen Bewegung *Europe Action*, einer Sammlungsbewegung mit „ausgesprochen faschistischen Zügen",[1] die sich vor allem aus verbotenen nationalistischen Vereinigungen rekrutierte *(Jeune Nation, Parti Nationaliste)* sowie aus ehemaligen Mitgliedern der *OAS*, einer rechtsradikalen Terrorgruppe im Algerienkrieg. Als der Niedergang der *Europe Action* (so hieß auch ihre Zeitschrift) absehbar wurde, verließ ihr führender Kopf das rechtsradikale Ghetto zwecks

Ausdehnung seines Wirkungskreises: Fabrice Laroche alias Alain de Benoist, „Schüler" und Vertrauter von Armin Mohler.

Benoist, Jahrgang 1943, ehemals Mitglied der ultrarechten *Jeune Nation* (1958 nach dem Bombenattentat auf die Nationalversammlung verboten), ist heute Chefideologe der „Nouvelle Droite" und einflußreichster Modernisierungshelfer der französischen Rechten. Nach dem Vorbild der „Konservativen Revolution" (die mit den Deutschnationalen abgerechnet hatte), brach Benoist, zumindest rhetorisch, mit der gallischen Alt-Rechten, die ihren „Vaterkomplex" nicht überwunden habe und sich noch immer „auf den König, den Präsidenten, auf den General, auf das Jesuskind" verlasse. In ihrer „intellektuellen Denkfaulheit" sehe sie nicht, „daß Schwerpunkte und Formen der Macht sich geändert haben".[2]

„Macht" ist dezentral und abstrakt geworden, sie sichert sich vor allem über Einstellungen und Mentalitäten, über Denk- und Empfindungsmuster, die vom „kulturellen Komplex" vermittelt werden. Deshalb kann Benoist sagen: die alte Rechte habe den Italiener Antonio Gramsci nicht gelesen, der die Eroberung politischer Macht abhängig sah von der Erringung der kulturellen. Ohne kulturelle Hegemonie kein politischer Sieg, „ohne präzise Theorie", so wiederholte Benoist, „kein wirksames Handeln".[3] „Die ideologische Mehrheit (ist) wichtiger als die parlamentarische", wobei „die erste immer auf die zweite hindeutet, während die zweite ohne die erste immer dem Zusammensturz geweiht ist".[4] Denn die kulturelle Macht wirkt „auf die impliziten Werte" ein, um „die herum sich der für die Dauer der politischen Macht unverzichtbare Konsens kristallisiert".[5]

„Erst den Geist, dann die Macht erobern." *GRECE, die „Klosterschule" der „Nouvelle Droite"*

Weil man aus der „Konservativen Revolution" (die ja auch nie Partei sein wollte) gelernt hatte, sollte die Weltanschauung der „Nouvelle Droite" als (wissenschaftlich abgesicherte) *Philoso-*

phie auf die Bühne der akademischen und publizistischen Debatten treten. Für diesen „Kulturkampf" gründete Benoist Ende 1968 in Nizza die Denkschule *GRECE* („Groupement de récherche et d'études pour la civilisation européenne"); mit dabei auch Dominique Venner, Mitautor bei *Europe Action* und Propagandist einer kryptofaschistischen Ordensgemeinschaft von Berufskriegern.[6]

Doch wer das bürgerliche Lager und die kulturelle Hegemonie erobern will, muß *diese* Vergangenheit kaschieren. *GRECE* gab eine interne Dienstanweisung aus, die ihr – auch für die bundesdeutsche „Neue Rechte" – strategisches Kalkül verrät: Salonfähigkeit durch Selbstverbergung. „Auf keinen Fall", heißt es da, „dürfen die rein politischen Ziele enthüllt werden (...) Sie werden erst enthüllt, wenn (der Bewerber) als Mitglied anerkannt ist. Und auch in diesem Stadium dürfen wir unser Ziel vor allem nur als intellektuelle und geistige Revolution präsentieren und die politische Strategie nur mit äußerster Vorsicht ansprechen (...), um der Suggestion den Vorrang zu geben".[7]

Um auch außerhalb ihrer „Klostergemeinschaft" der „Suggestion den Vorrang zu geben", gründete *GRECE* die wissenschaftlich auftretende (übrigens von Konrad Lorenz außerordentlich geschätzte) Zeitschrift *Nouvelle École,* die als Tarn- und Lockprojekt geplant war. „Man muß bei den Schlußfolgerungen, die man in *Nouvelle École* zieht, ausgesprochen vorsichtig sein. Wir müssen gleichermaßen vorsichtig sein bei dem verwendeten Vokabular. Insbesondere ist es notwendig, eine veraltete Phraseologie aufzugeben und neue Gewohnheiten zu schaffen".[8] Breiten Raum nahmen in der *Nouvelle École* Abhandlungen über Eugenik und Verhaltensforschung ein, wobei auch der französische Rassist Gobineau unverhüllt zu Ehren kam. Man wollte den Beweis antreten, daß die „Ungleichheit" der Individuen und Kulturen biologisch-genetisch fundiert sei – eine „Wahrheit", vor der sich jede Metaphysik, jede demokratische Idee blamieren solle. Denn schon einmal, so lautet der ideologische Hauptsatz der neopaganen „Nouvelle Droite", habe eine tödliche Metaphysik der Gleichheit –

der Monotheismus nämlich – eine heterogene Kultur zerstört: und zwar die antike. „Im Grunde“, schreibt Michael Billig, „befürwortet *Nouvelle École* eine Rückkehr zum Heiden-Glauben des vorchristlichen Europa, befreit vom Einfluß semitischer Traditionen“.[9]

Trotz solcher Offenbarungen gelang der *Nouvelle École* ein erstaunlicher Seriösitätsgewinn; wohl auch, weil die Funktionäre von *GRECE* offene Kontakte zu neonazistischen Gruppen vermieden (was sie nicht daran hinderte, Vorträge mit bekennenden Faschisten wie Maurice Bardèche zu veranstalten).[10] In akademischen Debatten aber zeigte man, um „Gelände zu gewinnen“, keine Scheu gegenüber „Themen, die die Fingerabdrücke der Linken“[11] trugen und bemühte sich um eine komplizierte Vernetzung der Organisation. Unauffällig verband sich *GRECE* mit dem um hohe Staatsbeamte und Politiker bemühten „Club de l'Horloge“, einem Transmissionsriemen zwischen rechtsbürgerlichem und rechtsradikalem Lager. Publizität erlangte das rechte Flechtwerk aber erst 1979, als es, durch Artikel in *Le Monde* und im *Nouvel Observateur,* zur „La Nouvelle Droite“ stilisiert worden war. Die bis dato marginale Gruppe um Benoist war plötzlich, nachdem sie monatelang Schlagzeilen gemacht hatte, „im Bewußtsein der Öffentlichkeit fest etabliert“.[12]

Doch diese Publizitätswelle war nicht der einzige Erfolg der neurechten Taktik, sich von braunen Kadern zu lösen und im politisch-philosophischen Diskurs Themen zu besetzen. Benoist und *GRECE* gelang es, dank Mithilfe des Gesinnungsfreundes Louis Pauwels, im *Figaro*-Magazin Fuß zu fassen. Das Magazin des ehemaligen Kollaborateurs Hersant diente der „Neuen Rechten“ als phantastische Bühne; vor zwei bis drei Millionen Lesern gelang es den Intellektuellen des *GRECE*-Kartells, sich wechselseitig zu protegieren.

Inzwischen sind diese Glanzzeiten vorbei. Viele Autoren haben die bürgerliche Tribüne verlassen und sind beim Vollstrecker ihrer Ideen untergekommen – bei Jean-Marie Le Pen. Nach ihrem Abstieg aus der „Metapolitik“ in den demagogischen Tageskampf spielt die „Nouvelle Droite“ in den zeitungsöffentlichen Debatte nur noch eine geringe Rolle. Dafür erlebt sie nun einen „zweiten Frühling im Zeichen der Nationalen Front".[13]

Die „Nouvelle Droite" und das deutsche Erbe

Vielleicht war die mit postmodernem Make-up aufgeschminkte „Nouvelle Droite" in Frankreich nur ein Presseereignis, das wie alle medialen Effekte nach heftigem Flackern im schwarzen Loch des Vergessens verschwindet. Wichtiger, gerade in diesem Zusammenhang, ist der Imponier-Effekt, der auf die neurechte Szene der Bundesrepublik abstrahlte. Die „Nouvelle Droite" aktualisierte ohne den geringsten Skrupel das deutsche Erbe der „Konservativen Revolution", machte es unter Verwendung postmoderner catchwords („Ende der Geschichte" etc.) für den Tagesgebrauch handlich und bot es dem „Ursprungsland" zum Re-Import an. Über diesen französischen Umweg verwandelte sich die radikale Rechte der Bundesrepublik in die „Neue Rechte" – gleichsam als dritte Modernisierung der „Konservativen Revolution". So sind „Nouvelle Droite" und ihre abhängige Größe, die Neue BRD-Rechte, ideologische Imitate der Weimarer Rechten. Vom Konzept des Ethnopluralismus abgesehen, gibt es keinen Gedanken, der sich nicht schon im Repertoire der konservativ-revolutionären Gegenaufklärung fände.

Wie sein geistiger „Nestor" Moeller van den Bruck macht auch Alain de Benoist mobil gegen die „Grundirrtümer" der „westlichen" Zivilisation, gegen Liberalismus und Egalitarismus, Menschenrechte und „Judeo-Christentum", und noch sein Epochengefühl gleicht dem der Jungkonservativen der zwanziger Jahre, d. h. auch die „Nouvelle Droite" fühlt sich als Arkangesellschaft an der Zeitenwende zum anti-egalitären Zeitalter. Dann wird die Welt vom „weißen (amerikanischen) und roten Kommunismus" zur „Vielgestaltigkeit" befreit und in der „Synthese" des organischen Staates aufgehoben sein. „Die christliche Demokratie, der kalte Krieg etc. waren allesamt Rest- und Rückstandsphänomene (...) Der Mensch der

Zukunft wird der Herr der Gegensätze sein. Er wird über das längste Gedächtnis und die stärkste Einbildungskraft verfügen. Er wird eine Romantik aus Stahl praktizieren".[14] Den „Bauplatz zu bereinigen", sagt der Neuheide Benoist mit einem Wort Ernst Jüngers, ist Aufgabe der (Kultur-) Revolution. Eine Antwort auf die Frage nach dem moralischen Recht des Umsturzes gibt sie, wie die (rechts-anarchistischen) Väter der „Konservativen Revolution", nicht. Sie hat sich aller christlich-humanen, aller „moralischen" Kriterien entledigt. Allein der Wille zur Macht, allein leere Dezision und heroischer Nihilismus bilden den Legitimationsgrund für die Sanierung des politischen Terrains, auf dem dann der rechte Revolutionär „Institutionen" errichten wird, die einzig durch die Normativität des Faktischen ihr Recht in sich tragen und, wie Jünger sagt, „als solche" akzeptiert werden müssen. Wahrheit gibt es nur als Macht. Was dauerhaft keine Macht besitzt, ist unwahr und muß vergehen. „Wahr ist das, was sich in die Lage versetzt, zu existieren und fortzudauern. Das, was verdienen würde zu sein, *wird* sein. Das, was verdiente zu sein, *ist* schon".[15] Und: „Ich glaube vor allem, daß man, gerade *weil* die reine Wahrheit unentscheidbar ist, mehr denn je ‚heroisch' schaffen, aufbauen und gestalten muß".[16] Zuvor bringt die Konterrevolution zu Fall, was ohnehin schon stürzt, und das wäre allererst der im feigen Machtverzicht dahinsiechende, von seiner „Substanz entleerte" liberale Staat. Fast wortgleich mit Carl Schmitt stellt Benoist ihm den Totenschein aus: Der „Staat entpolitisiert sich. Der Staat wird zum reinen Verwalter. Und eben hierdurch bringt er sich in die Lage, in der er von den Mächten, die sich außerhalb von ihm oder gegen ihn konstituieren, umgestürzt werden kann. Der Staat regiert sein eigenes Prinzip, das ein Prinzip der Autorität und der Souveränität ist, um sich im wesentlichen nur noch mit ökonomischen und sozialen Problemen zu beschäftigen. Aber die Menschen leben nicht allein für ihre Kaufkraft (. . .) Ich meine, daß die Menschen nach einer sie übergreifenden *Bestimmung* streben, nach einer Autorität, die ein *Vorhaben* rechtfertigt. Denn nur ein Vorhaben kann ihrem Leben Sinn geben".[17]

Dieses Vorhaben, das die transzendentale Obdachlosigkeit des modernen Subjekts schlagartig beendet, ist bei Benoist synonym mit der Idee vom „organischen Staat". In ihm wird die Macht rehabilitiert, er beschließt die illusionäre Ära der Menschenrechte und der „judeo-christlichen Gleichmacherei". Er kennt ausschließlich natürliche Hierarchien, „gemeinschaftliche Identität" (die westdeutsche Rechte sagt: „volkliche" Identität) und Eliten.

In ihm endet die Epoche der Französischen Revolution, in ihm beginnt wieder Geschichte als Kampf um die Macht oder auch: als Geschichte der Rassenkämpfe. Dieser „Staat ist keine Versorgungsanstalt, sondern eine Autorität. Eine Autorität, die Ziele festlegt und sich die Mittel besorgt, um sie durchzusetzen – und zwar rücksichtslos".[18] Der Staat erscheint bei Benoist gleichsam als zweite Natur, der die Gesetze des Daseinskampfes institutionalisiert hat. Sein Staat ist die Bastion des Anti-Egalitarismus. Schon von daher erklärt sich seine sympathisierende Nähe zu den Theorien von Lorenz, Eysenck und Jensen, sowie zu den latent rassistischen Zeitschriften wie *Mankind Quarterly* („Ehrenberater": Hans Jürgen Eysenck) und *Neue Anthropologie* (Mitglied des Beirats: Arthur Jensen). Im Falle der *Neuen Anthropologie* fungiert Benoist sogar als wissenschaftlicher Berater, wobei man wissen muß, daß diese Zeitschrift von dem Redakteur Jürgen Rieger geleitet wird, der zur Nachkriegsgeneration der alten Rechten gehört, enge Verbindungen zur *NPD* pflegte und der mit dem Kampfruf berüchtigt wurde: „Appellieren wir an die, die Müdigkeit verabscheuen. Wecken wir die Kräfte unserer Rasse, die unter der genormten Zivilisationsfassade verborgen schlummern. ‚Die Weißen Riesen kommen' (...): Erweisen wir uns dieses Namens als würdig".[19]

Auch in seiner Agitation gegen „Rassenmischung" steht Rieger in der Tradition nationalsozialistischer Rassetheorien, wobei er ausdrücklich den fanatischen NS-„Rassekundler" Hans K. F. Günther in den Zeugenstand ruft. Riegers zweiter ideologischer Schutzpatron wird auch von Alain de Benoist ohne Einschränkung bewundert: Konrad Lorenz, von dem die

„Nouvelle Droite" auch jene pronazistischen Aufsätze kritiklos zitiert, in denen Lorenz 1943 vor der Tolerierung moralisch Minderwertiger („schwere Gefahr für die Volksgemeinschaft") gewarnt hatte.[20]

Man sieht, für „Menschenrechte" oder einen „Gesellschaftsvertrag" gibt es in diesem rassetheoretisch abgestützten Konzept keinen Platz, weil sich der sinn- und wahrheitsverbürgende Staat mit der Achtung eines Individualrechts unter die Schwelle seiner Würde begibt. Im Herrschaftsraum des absoluten Souveräns endet jedes Recht auf Differenz; die „Volksdemokratie" darf sich „nicht auf vermeintliche unveräußerliche Rechte des Individuums gründen, sondern auf (...) die Zugehörigkeit zu einem Volke (...) Die Freiheit rührt von der Volkszugehörigkeit her; die Freiheit des Volkes steuert alle anderen Freiheiten".[21] Dafür kann sie Opfer verlangen, getreu Sombarts Losung „Helden gegen Händler". Denn anders als in der „kaufmännischen Gesellschaft" wird das subjektlose Individuum im organischen Staat für seine Volksgemeinschaft „sterben" wollen.[22]

Benoist' totaler Staat gleicht einem *mixtum compositum* aus den Gegenutopien seiner Zitier-Autoritäten Moeller van den Bruck, Carl Schmitt und Othmar Spann. Selbstverständlich garantiert ein Führer die Dauerhaftigkeit jener „Synthese", die an die Stelle der „heillos zersplitterten", vom Liberalismus „zersetzten" und daher schicksallosen Gesellschaft treten wird.[23] „Wir halten fest, daß eine Gesellschaft und ein Volk ausgestaltet sind (...), wenn sie sich um einen individuellen oder symbolischen Vermittler versammeln können, der die Kräfte zu sammeln und den Schicksalswillen zu kanalisieren vermag".[24] Flankiert wird der „Vermittler", sprich: Führer, von einer neuen Aristokratie, die „ihr Gesetz aus sich selbst (schöpft). Sie *schafft* Ordnung, weil sie Ordnung *ist.* Ja, *Macht* geht vor Recht (...) Die Aristokratie, die sich selbst als politische Klasse eingesetzt hat (muß) fähig sein, *den Wörtern ihren Sinn zu geben.*"[25]

Mit wünschenswerter Klarheit erläutert Yvan Blot, Weggefährte von Benoist, das Staatsgeheimnis vom Vierten Reich.

„Das Völkische und die Dressur sind die beiden Grundlagen einer höheren Menschheit." Sie „braucht Sklaven, damit eine neue Aristokratie hervorgehen kann. Wir müssen große kollektive Unternehmen, große Experimente der Disziplin und Selektion vorbereiten".[26]

Diese identitäre Führer-„Demokratie" kann sich Benoist durchaus als europäische Hegemonialmacht vorstellen, die mit anti-römischem, anti-christlichem Affekt ihre Westbindung zerschlagen und ihre indogermanischen Wurzeln freigelegt hat. Als Auferstehung des Karolingerreiches könnte das europäische Imperium Gestalt annehmen, und zwar mit der Achse Paris-Aachen-Berlin.[27]

Diese aus Aristokratien „gebündelte" Supermacht Europa übernimmt zunächst die Partisanenrolle im Weltkrieg der Imperien: wissenschaftlich, technologisch, ökonomisch und vor allem militärisch. Schließlich, so spekuliert Benoist, beendet das neue, souveräne, sein „Schicksal" selbst bestimmende Zentralreich das Kondominat der Blöcke, die Europa vom Osten her militärisch und ideologisch, vom Westen her wirtschaftlich und kulturell kolonialisiert hatten. Unter dem – historisch überholten – Aspekt von „atlantischer Entfremdung" und „sowjetischer Bedrohung" soll die stereotype Rede von der „Kulturrevolution von rechts" im „Volk der Mitte" einen epochalen Sinn bekommen: das restaurierte Karolingerreich setzt nämlich einen Schlußstrich unter jenes lange, „wesensfremde" Zeitalter, in dem Europa als Kolonie des „Abendlandes" kulturell seiner selbst entfremdet war. Auch wenn ansonsten Oswald Spengler ihr Kronzeuge ist: Das „Abendland" mag für die „Neue Rechte" diesseits und jenseits des Rheins ruhig untergehen, sofern damit der Geist der Aufklärung, der Freiheit, die Ideen von Naturrecht und menschlicher Würde, Emanzipation und Liberalismus mit verschwinden. Frei vom Liberalismus des „Abendlandes", läßt die Wiederkehr Europas dann den Osten wie den Westen als das erscheinen, was sie sind: als schlechte Kopien des europäischen, fast verschwundenen Originals. Die Wiederkehr dieses Originals wird identisch sein mit der Resurrektion des indogermanischen „Wesens".

4. „Die Nation ist der Ausgangs- und Endpunkt allen politischen Denkens." Nation und Nationalismus auf dem „rechten" Flügel der „Neuen Rechten"

Die „Nouvelle Droite" hat der „authentischen", gegen den *CDU*-„Gärtnerkonservativismus" (Mohler) mobil machenden Rechten der Bundesrepublik vorexerziert, wie man das eigene Erbe der „Konservativen Revolution" breitenwirksam umprägen kann, ohne sich *prima vista* als Reaktionär verdächtig zu machen. Nach seiner Modernisierung nimmt der neue Rechte keinen direkten Bezug mehr auf Faschismus oder Nationalsozialismus, hält aber am Modell des totalen, ständisch gegliederten, neo-aristokratischen „Volksganzen" fest. Gesellschaftliche Integration steht dann radikal im Zeichen des „Nationalen" und des „Volkhaften", womit seine alte Freund-Feind-Markierung, die Gegnerschaft zu Parteienpluralismus und demokratischem Konsens, vollständig erhalten bleibt. Der Liberalismus ist und bleibt der definitorische Hauptgegner.

Genau diese „Demarkationslinie" grenzt den neuen Rechten vom Neo-Konservativen ab, der die alte Feindschaft zum Liberalismus aufgegeben und inzwischen sogar sein Apologet geworden ist. Er verteidigt das „kapitalistische Industriesystem wie ein Liberaler",[1] Nation und Volk sind ihm nicht mehr die heiligsten Kategorien gesellschaftlicher „Synthese." Schon Arnold Gehlens Proklamation des Post-Histoire war für die bundesdeutsche Rechte ein Skandal, hatte er doch die Fiktion vom „organischen Staat" zugunsten einer Verteidigung des Industriesystems aufgegeben. Daß in unserer „Nach-Geschichte" die Verhältnisse unter der Herrschaft der Sachzwänge auf immer „kristallisiert" sind – diese Diagnose empfand die „authentische", auf Rückkehr in die Geschichte drängende Rechte, bei aller Liebe zu Gehlen, als unzumutbar. Denn damit opferte Gehlen das Primat des Politischen auf dem Altar der System-Effizienz und der „schicksalslosen" Technik; nicht das „Nationale", sondern die Sachgesetzlichkeiten des Wirtschaftssystems sollten nun die „Bindekräfte" bereit stellen, die

die zentrifugalen Kräfte des Gemeinwesens noch ein letztes Mal an die Kette legen.

Es liegt auf der Hand, daß dieser neo-konservative Kotau vor dem Kapitalismus und dem technokratischen Wohlfahrtsstaat in den Augen der „wahren“ Rechten einem ideologischem Sündenfall gleichkam. Und so überzogen sie, gleichsam Statthalter der alten Lehre, über Jahre hinweg die Abtrünnigen der nationalen Fraktion mit einer ressentimentgeladenen Dauerkritik. Sie stellten mit militanter Rhetorik klar, daß der Ehrentitel des „wahren Konservativen“ auch weiterhin an das Primat der Nation gebunden sei. „Der technische Staat“, schreibt der neurechte Nachwuchsintellektuelle Karlheinz Weißmann, „mußte dem konservativen Denken inkommensurabel bleiben“, und das ‚zwang‘ ihn, die „explosive Kraft des nationalen Arguments“ in die politische Diskussion einzuführen. Es sei dringend gewesen, habe doch die Tendenzwende, die nur eine im ‚liberalen Establishment‘ gewesen sei (Mohler), vor der Aufgabe der Re-Nationalisierung kläglich versagt.

Folgt man der neurechten Geschichtsschreibung, so begann der Erfolg der Re-Nationalisierung 1978 mit dem Erscheinen von Hellmut Diwalds Buch „Die Geschichte der Deutschen“, das ein „lawinenartiges Anwachsen“ rechter Literatur auslöste – gegen den liberalistischen Geist der „Nationvergessenheit der CDU“.[2] Wie die „Nouvelle Droite“ drang das rechte Lager in die Reihen der neo-konservativen Ideologieplaner ein und beeinflußte ihren „Diskurs“ bis hinab in die Leitartikel der *FAZ.* Nach dieser Lesart verdanken sich sowohl der Historikerstreit wie auch die Kontroverse um die Modernisierung der *CDU* der neurechten Strategie: ihrem „Gramscisme de Droite“, also Politikveränderung durch Beeinflussung des intellektuellen und politischen Milieus.

Der „nationale Imperativ“: Bernard Willms, Günter Maschke, Hans-Dietrich Sander

Unter den bekennenden Autoren der „Neuen Rechten“ ist der Bochumer Politologe und Hobbes-Forscher Bernard Willms derjenige, der das Programm einer Vergesellschaftung durch nationale Identität am klarsten formuliert hat. Willms steht dem rechten Anarchismus der „Konservativen Revolution“ fern und hält lieber einem schneidenden deutschnationalen Patriotismus die Treue. Dieser besitzt keinerlei Bezug mehr zu seinen freiheitlichen Gehalten und ist darüber hinaus offen für einen Anschluß sowohl an einen neuen völkischen Mythos wie auch an die Sozio-Biologie eines Konrad Lorenz: „Die Nation (ist) zum Ausgangs- und Endpunkt allen politischen Denkens zu machen – und nicht etwa ‚die Gesellschaft‘, gar eine ausgedachte ‚Weltgesellschaft‘ oder ‚die Menschheit‘ oder ‚der Frieden‘“.[3] Eine „politische Suche nach Sinn ergibt sich dabei für den einzelnen nur in Bezug auf sein Volk, sein Vaterland, seinen Staat, seine Nation.[4] Oder: „Wer ‚den Frieden‘ mehr liebt als seine Nation und ihre Freiheit, ist nur ein blökendes Schaf. Wer (. . .) ‚die Demokratie‘ mehr liebt als die Idee der Nation, verurteilt sich selbst zum Raketenfutter in der Hand der geballten Nationalismen der Supermächte“.[5]

Auf den ersten Blick lautet die bekannte Formel also wieder: Nationalistischer Machtrealismus statt abstrakt-universelle Werte wie „Demokratie“ oder „Menschenrechte“, wobei der Nationalismus vorgestellt wird als Allheilmittel für gesellschaftliche wie für psycho-soziale Krisenlagen („Unruhe, Unsicherheit und Verdrossenheit“).[6] Genauer besehen, greift das Konzept der Re-Nationalisierung aber tiefer. Hinter der Rhetorik von „Wiedervereinigung“ und „starkem Staat“ verbirgt sich, nicht ganz so laut, das Ziel einer Mentalitätsänderung, die „die Deutschen“ vom „fremden amerikanischen Geist“[7] befreit. Denn „Deutschland“ habe den Krieg zweifach verloren: Zunächst militärisch, dann geistig, weil die „Umerziehung“ – die Fortsetzung des Krieges mit anderen Mitteln – die Niederlage endgültig gemacht habe. Die „Sieger von

1945" verordneten den Deutschen ein neues „Geschichtsbewußtsein", unterwarfen sie den „Ideen der Emigration",[8] erzwangen die Westanbindung (inklusive angelsächsischem Demokratie-Verständnis), diktierten „Inferiorität als Staatsräson" und kappten die Wurzeln zum „wahrhaft deutschen Geist". „Die Adaption der westlichen Demokratie", sagt Günter Maschke, schwächte die Deutschen „bis ins Mark".[9] Ihre Erniedrigung verschlimmerten sie durch den Fehler, nach 1945 „eine Kriegsschulddebatte zu führen", womit sich die Deutschen auf den von den „Siegermächten beherrschten Kampfplatz"[10] begeben hätten.

Der angelsächsische Geist, besonders sein Normativismus, ein Danaer-Geschenk, entwickelte unter „deutschen Bedingungen von Anfang an staatszerstörerische Potentiale".[11] Wie „jedes Geschenk eines Siegers, so diente auch (die Demokratie) der Schwächung des Besiegten (...) Und deshalb ist die Verfassung das Gefängnis, dem es zu entrinnen gilt".[12] Kurz: Die Nation erleidet „physische und geistige Knechtschaft" (Sander),[13] der sie nur entrinnen kann, wenn die geistige Emanzipation von der Ideologie der Sieger der politischen Selbstbefreiung vorausgeht.

Das Schlimme sei nur, daß die von den Siegern kolonialisierte Generation der Flakhelfer („Kohl bis Enzensberger") die Demontage und „Selbstpreisgabe" (Sander) der „Besiegten" im Innern fortsetzten, einig darin, daß „Deutschland nie wieder eine Macht bedeutenderen Zuschnitts"[14] sein dürfe. „Den Alliierten und dann den sie übertrumpfenden deutschen Umerziehern (gelang) eines der beeindruckendsten ideologischen Manöver der modernen Geschichte (...) Von nun an konnte jeder Ruf nach der ordnenden Hand des Staates (...), nach einer funktionierenden Polizei, nach einer das Gemeinwohl notfalls autoritär durchsetzenden Verwaltung, als gefährlich, totalitär, faschistisch usf. denunziert werden".[15] „Die BRD kann die Ausländerfrage nicht lösen – wegen Hitler! (...) Sie kann ihre Armee nicht zu einer kriegsfähigen Truppen formen – wegen Hitler! Sie kann keine wirklich effizienten Notstandsgesetze verabschieden – wegen Hitler".[16]

Noch einmal: Das „Westliche“, Rationalismus und Fortschrittsdenken, Aufklärung (!) und Humanismus, sind der innersten Substanz des „deutschen Volkes“ fremd: Der Zweite Weltkrieg war Teil eines „hundertjährigen Krieges der westlichen Welt gegen Deutschland“.[17] Die „Deutschen“, so argumentierten ja auch schon „Konservative Revolution“ und Nationalsozialismus, seien die Verfolgten der Weltgeschichte und damit das von seiner „Eigentlichkeit“ entfremdete Volk. Entsprechend sind, wie Maschke mit Moeller van den Bruck sagt, Grundgesetz, Demokratie und Parteienpluralismus nur Surrogatformen für das am Substanzentzug leidende Volk, Nationalismus-Ersatz für das gedemütigte Gemeinwesen.

Erst aus dieser Perspektive wird klar, daß sich die neurechte Propaganda für Re-Nationalisierung nicht erschöpft in liturgischer Beschwörung deutscher Einheit und deutscher Stärke. Dem Schmittschen Machtstaat, der den staatstheoretischen Horizont aller Überlegungen von Maschke, Willms und Sander bildet, korrespondiert die Vorstellung, Macht könne sich nur erhalten, wenn der nationale Imperativ mentalitätsprägend durchgesetzt wird. Alles andere bedeute nationale „Krüppelexistenz“, in der man eine nationale Sinngebung wie „Deutschland muß leben, und wenn wir sterben müssen“[18] nicht mehr ertragen könne. Also muß das „Nationale“, genau wie bei Carl Schmitt, über das „Innen“ des Alltagsbewußtseins unbefragt herrschen und vom Angehörigen der Volksgemeinschaft gleichsam in stiller und ewiger Anbetung verehrt werden. Andernfalls stürzt der Staat, der irdische Gott, vom Thron seiner absoluten Souveränität. Die Macht des Leviathans wird zum Schein, oder wie Carl Schmitt sagt: zum Simulacrum.

Selbstverständlich errichtet der „nationalkonservative“ Block der „Neuen Rechten“ seinen nationalen Imperativ auf dem Grab moralischer Kriterien. Der Zweite Weltkrieg und die Schuld der Deutschen steht dem neuen Nationalismus nicht im Wege. Deutschland, schreibt Bernard Willms, komme keine „Schuld“ am Zweiten Weltkrieg zu, weil die Geschichte „nicht in Kategorien moralischer Herkunft fortschreitet“.[19] Im übrigen sei „unser gescheiterter rassistischer Imperialismus, wie alle anderen Imperialismen auch, von der eigenen Nation und deren Vorzüglichkeit“[20] ausgegangen. In diesem Modell Deutschland, das Willms, Maschke und Sander entwerfen, ist dann in der Tat „für Antifaschisten kein Platz“. Der „Weg zur Selbstfindung der Deutschen führt über die Trümmer der KZ-Denkstätten“.[21]

5. Linker Nationalismus von rechts? Henning Eichberg und die „nationale Revolution“

Mit ihrer rituellen Fürbitte „germaniam esse restituendam“ zählen Bernard Willms, Günter Maschke und Hans-Dietrich Sander zum traditionalistischen Flügel der „Neuen Rechten“. Doch weil ihre zweideutige Haltung zum NS-Regime die Abgrenzung zur *alten* Rechten unscharf macht, bleiben dem nationalistischen Triumvirat Geländegewinne im linksliberalen Milieu versagt.

Die „Nationalkonservativen“ müssen sich mit Achtungserfolgen im bürgerlich-konservativen Lager, zum Beispiel in der „Stahlhelm-Fraktion“ der *CDU*, begnügen. Publizistisch sind sie überwiegend auf das rechtsradikale Ghetto angewiesen. Außerhalb dieser Reservate ist es allein der einst angesehene Münchner Verlag *Matthes und Seitz*, der Maschke und Sander Reputation verschafft.

Schon aus diesem Grund fühlt sich für Feldzüge im linken Lager eine andere Fraktion der „Neuen Rechten“ zuständig – die sich selbst so bezeichnenden „Nationalrevolutionäre“. Auf den ersten Blick stehen sie dem Willms-Flügel diametral gegenüber, weil sie den linken Anti-Imperialismus nachahmen und das hohe Lied der Differenz singen. Dieses Lob der Verschiedenheit und „Buntheit“ verlieh den Analysen der „Nationalrevolutionäre“ Suggestionskraft, zum Beispiel ihre Auseinandersetzung mit der kapitalistischen One-World, der „Gleichschaltung“ der Welt durch die Whisky- und Wodka-Kultur.

Henning Eichberg, Eingeweihten besser bekannt unter dem Pseudonym Hartwig Singer, beherrscht die (schon von der „Konservativen Revolution" einstudierte) wechselseitige Überblendung rechter und linker Theoreme am raffiniertesten, und vermutlich ist er deshalb „*der* Autor der Neuen Rechten, der am tiefsten in das Publikationsnetz der Linken eingedrungen ist". Der heute in Kopenhagen „Kultursoziologie" lehrende Eichberg, ehemals *CDU*-Mitglied, hatte in den sechziger Jahren eine „eindeutig rechtsradikale Vergangenheit";[1] der ihm ideologisch nahe stehende *(Herder-)* Autor Günter Bartsch nobilitiert ihn zum „Rudi Dutschke von rechts".[2] „Als Schüler nahm er 1956 Kontakt zum Hamburger Zweig der Partei Otto Strassers auf", weil ihn deren „Deutschland-Plan, die ständestaatliche Konzeption und ihre Forderung nach einem Arbeitsdienst"[3] faszinierten. Nach Kontakten mit der französischen Rechten löste sich Eichberg von Strasser – er wurde „nationalrevolutionär" und „leitete eine Wende" in der deutschen Rechts-Szene ein. Eichberg ermunterte sie, „gleich der Nouvelle Droite auf die Tradition des revolutionären Linksfaschismus und der europäischen Waffen-SS zurückzugreifen" und die Devise auszugeben, Nationalismus sei „fortschrittlich".[4] Daß dabei das Vokabular renoviert werden mußte, liegt auf der Hand: was früher „nationale Einheit" war, hieß nun „nationale Identität."

Für Eichberg macht diese semantische Differenz einen Unterschied ums Ganze. Wenn jedes Volk nämlich Anspruch auf nationale Identität besitzt, das Recht auf „Selbstbestimmung" und das „Recht auf Unterschied",[5] dann wird „Nationalismus" das „Gegenprinzip" zum multinationalen Imperialismus. Dadurch werde er „potentiell revolutionär".[6] In der Tat könnte sich ja Eichbergs Behauptung, der Befreiungsnationalismus werde eines Tages das sowjetische Imperium in die Auflösung treiben, durchaus als visionär erweisen („das Verschwinden der Nationalstaaten Litauen, Estland, Ukraine" sei nicht „endgültig".)[7] Auch im Rest der Welt macht sich Eichberg zum Anwalt von regionalistischen Befreiungsbewegungen, die die „Legitimität der Superstrukturen aufheben und die Selbstbestimmung herunterholen zu den Völkern".[8] „Die Mächte von Jalta, die Machteliten der USA und der Sowjetunion haben zwei Varianten der ‚pseudodemokratischen Doktrin' instrumentalisiert, um alle Kulturen der Welt – und darunter insbesondere auch Europa – nach ihrem eigenen Modell umzuformen: der american way of live hier – die russifizierte Kultur dort."

Eichbergs nationalrevolutionäre Befreiungs-Philosophie sieht zwar linkem Anti-Imperialismus verblüffend ähnlich, kommt aber aus gänzlich anderem Begründungszusammenhang. Sein „Ethnopluralismus" entpuppt sich nämlich als Spielart des Anti-Universalismus, den die „Neue Rechte" auf ihre Fahnen geschrieben hat. Eine Kultur, ein Volk, sagt Eichberg, besitzt eine partikulare „Wahrheit"; es ist ein eigensinniges Universum, das alle Geltungsansprüche westlicher Vernunft-Ideale wie Freiheit, Gerechtigkeit, Menschenrechte als Anmaßung zurückweist. Ethnopluralismus, bekennt Eichberg, wendet sich gegen ein „Denken, das schnell mit dem ‚Allgemeinmenschlichen' zur Hand (und) das nur gar zu schnell bereit ist, alles Abweichende als ‚unmenschlich' zu denunzieren".[9]

Ethno-Pluralismus als Sozialdarwinismus

Eichberg besitzt das Talent, sich der postmodernen Vernunftkritik anzupassen, die ja ebenfalls das „Abweichende", die „Pluralität", vor den Ungeheuern bewahren will, die der Traum einer universalisierten Rationalität gebiert. Allerdings, hinter der ethnopluralen Maske kommt der Brutalismus neurechter Politikvorstellungen zum Vorschein. Denn Ethnopluralität heißt auch sozialdarwinistische „Selbstregulierung" der Kulturen im inneren und äußeren Überlebenskampf. „Kulturelle Entwicklung (kann als) Fortsetzung der biologischen angesehen werden".[10] Anders: Entwicklungshilfe und „Gastarbeiter-Politik" stören kulturelle Entwicklungs- und Ausleseprozesse. So wird unter der Hand das vollmundige Konzept von „Ethnopluralismus" und „kultureller Identität" gleichbedeutend mit völkischer Selbstauslese im natürlichen Überlebenskampf der (Natur-) Geschichte. Der als Anti-Rassist attraktiv gewordene Nationalrevolutionär gibt sein Einverständnis mit der Barbarei zu erkennen, wenn er die „Philanthropie" geißelt, jenes „Pathos (...) des universalen Sich-verantwortlich-Fühlens angesichts von Hungerkatastrophen und Völkermorden (auch wenn die ‚Hilfsaktionen' selbst neue Hungerkatastrophen – z. B. durch unkalkuliertes Bevölkerungswachstum – und neue Völkermorde hervorbringen").[11]

Anti-Humanismus tarnt sich hier als Menschenfreundlichkeit, internationale Apartheid als Pluralismus. Eichbergs Parteigänger Pierre Krebs vom Thule-Seminar spitzt das Konzept so zu: Der auf „Gleichheit gerichtete Humanitarismus" sei wegen seiner „Panmixie (Rassenmischung) der Träger des größten Völkermordes, der jemals unternommen wurde"[12] – „wir dagegen sprechen vom menschlichen Pluralismus".[13] „In diesem Sinne ruft unsere Neue Schule zum Kulturkrieg auf, das heißt zum totalen Angriff der lebenden Kräfte unserer Ideen gegen alle totalitären Erscheinungen (...), denn das Jahr 2000 (...) wird zweifelsohne auch Wegscheide zweier Weltanschauungen sein: Universalismus oder Ethnopluralismus".[14]

Selbstredend dient der großherzige Kulturrelativismus, der jedem Volk seine Besonderheit lassen will, damit es gewappnet ist für den Überlebenskampf der Ethnien, dem Selbstschutz der europäischen Kultur. Denn Eichberg hält es durchaus mit einer normativen Hierarchie der Rassen, wobei die europäische als Geburtsstätte „abendländischer Rationalität" alle anderen Kulturen überragt. Sie hat es nicht nötig, sich durch afrikanische oder asiatische „Irrationalismen" das selbsterworbene Privileg gefährden zu lassen.[15]

So wird der unschuldig vorgetragene Kulturalismus zum „differentialistischen Rassismus", der „auf den ersten Blick nicht mehr die Überlegenheit bestimmter Gruppen oder Völker über andere postuliert, sondern sich darauf ‚beschränkt', die Schädlichkeit jeder Grenzverwischung zu behaupten".[16]

Die Fremden in die Fremde. Kulturelle Identität als Ordnungskonzept

Wenn die Hauptkampflinie zwischen „Entfremdung" und „nationaler Identität" verläuft, muß selbstverständlich alles getan werden, Identität auch *nach innen* durchzusetzen. Der Abgrenzung der Kulturen muß eine Ausgrenzung innerhalb der Kulturen entsprechen. Das eben noch sakrosankte „Fremde", die Differenz und das „Andere", wird innerhalb einer „identischen" Kultur plötzlich zum teuflischen Element der Zersetzung. Die Dritte Welt muß vor Europa geschützt werden, erst recht aber Europa vor der Dritten Welt. Deutschland muß den Eigensinn der Türkei respektieren, erst recht aber müssen die Deutschen von den Türken verschont werden. Deutschland den Deutschen, die Türkei den Türken. Nur in der Fremde ist das Fremde das Gute. Innerhalb einer ‚volklichen' Einheit endet die Fürsorge für das Nicht-Identische. In der mit sich identischen Gemeinschaft gibt es kein Recht auf Differenz. Emanzipation versteht Eichberg allein als Befreiung der Volksgemeinschaft vom imperialistischen Belagerungszustand der beiden Weltmächte; Emanzipation ist niemals eine des Einzelnen, dessen Recht sich auch bei ihm beschränkt auf die demütige, identifikatorische Pflege der Volkskultur.

Das heißt natürlich auch: „‚Deutschland den Deutschen', in dessen Rahmen die deutschen Stämme, Mundarten und Liedtraditionen die ihnen zustehende Rolle als Kultur des Volkes wiedererlangen können"[17] – unabhängig vom „ideellen Anschluß" an die USA, an den „Sieger".[18] Im Klartext heißt es: Nicht multikulturelle Gesellschaft, sondern: „Kulturrevolution – für ein deutsches Deutschland", für ein „Kulturkonzept (im) Rahmen der deutschen Stämme".[19] Wieder, wie bereits in der „Konservativen Revolution", verkörpert das biologisch-stammesgeschichtlich gedachte „Volk" das alleinige Subjekt der Geschichte, aber nur, wenn es als reine Substanz von allem Heterogenen freigehalten wird. Um es mit Carl Schmitt zu sagen: „Jede wirkliche Demokratie beruht darauf, daß nicht nur gleiches gleich, sondern, mit unvermeidlicher Konsequenz, das Nichtgleiche nicht gleich behandelt wird. Zur Demokratie gehört also notwendig erstens Homogenität und zweitens – nötigenfalls – die Ausscheidung oder Vernichtung des Heterogenen (...) Die politische Kraft einer Demokratie zeigt sich darin, daß sie das Fremde und Ungleiche, das die Homogenität Bedrohende zu beseitigen oder fernzuhalten weiß".[20]

Nun wird, unter der nationalrevolutionären Tarnung, auch der alte Frontverlauf wieder sichtbar, den die „Konservative Revolution" zwischen „völkischer Einheit" und „liberalistischer Zersplitterung" konstruiert hatte und der heute zwischen den konträren Programmen von „nationaler Identität" einerseits, „Verfassungspatriotismus" andererseits verläuft. Ausgerechnet in der linksliberalen Zeitschrift *Niemandsland* hat Eichberg diese Demarkation noch einmal nachgezogen. Gegen die „kommunikative Identität", gegen den „Verfassungspatriotismus" von Sternberger und Habermas bringt er seine volkliche Identität in Stellung, also die aus der (germanischen) Überlieferung gespeiste volkliche „Einheit" aus Riten, Sprache, Überlieferung etc.[21] Das Nationale kommandiert dann das Politische, bis beides ununterscheidbar wird. Und nebenbei: Hundertschaften von Gesinnungspolizei müßten über die Reinheit der identitären Kultur wachen und Sorge tragen, daß die Staatsreligion, also der ethnische Monotheismus, weder durch publizistische Einrede noch durch das Nicht-Identische volksfremder Elemente behelligt wird.

6. „Der Weg zur Selbstfindung der Deutschen führt über die Trümmer der KZ-Denkstätten." Vergangenheitsbewältigung durch Entkriminalisierung der deutschen Geschichte

Die deutsche Vergangenheit ist das größte Hindernis für die Zukunft des neurechten Nationalismus, die größte Hypothek für den „nationalen Imperativ". Mit ihrer zeitlichen Entfernung bekommen die Jahre der Nazi-Diktatur eine unheimliche Gegenwart, „es ist, als wenn sich jene zwölf Jahre unter dem Druck immer erneuter Aktualisierungen ausdehnten, statt aus immer entfernteren Retrospektiven zu schrumpfen".[1] Das macht die moralische Neutralisierung der NS-Vergangenheit für die „Neue Rechte" schwierig, zumal sie erfahren muß, daß die erinnernde Solidarität der Nachgeborenen mit den Opfern nicht mittels Ideologieplanung in den Griff zu bekommen ist.

Dennoch: Ohne „Normalisierung" der Geschichte, ohne „Entsorgung" der Vergangenheit, ohne Austreibung der Scham über die deutschen Verbrechen bleibt der Wunschtraum von einem ungetrübten, vitalen, aus „volklichen" Wurzeln lebenden Nationalbewußtsein unvollständig. Die alte, tendenziell faschistische Rechte hatte damit weniger Probleme, weil sie schlicht die Fakten leugnete; die „Neue Rechte" ist vorsichtiger und argumentiert *zunächst* einmal funktionalistisch: Eine auf Dauer gestellte Erinnerung an deutsche Massenverbrechen zerstöre „gesunden" Patriotismus und eine „volkliche" Identität, die nun mal auf zustimmungsfähige Vergangenheit angewiesen sei.

Daß rituell erstarrte „Vergangenheitsbewältigung" die Unfähigkeit zu trauern offenbart, ist eine Kritik von links. Armin Mohler, in der neurechten Szene der führende „Entsorgungs-Theoretiker", der schon früh eine Generalamnestie für NS-Mörder forderte, übernimmt und kopiert diese Kritik, um mit ihr die Erinnerung an deutsche Schuld insgesamt zu denunzieren. „Vergangenheitsbewältigung", sagt er, diene nicht mehr der „moralischen Läuterung, sondern ist zu einem eigengesetzlichen Regelmechanismus geworden", dessen sich bevorzugt die „Feinde dieses Staates"[2] bedienten. Im Bundestag sei an „die Stelle der Anrufung Gottes (...) die ebenso rituelle Bekundung von Reue und Scham über den ‚Holocaust' getreten".[3] Nicht einmal der Hinweis, es handele sich um eine von jüdischen Kreisen gesteuerte „Kampagne", fehlt bei Mohler: Bei der „Holocaust-Kampagne" sei zu bedenken, daß die „jüdischen Minderheiten weltweit mit dem Rücken an der Wand stehen (...) In dieser Situation ist (der Film) ‚Holocaust' ein zunächst gar nicht auf die in der Bundesrepublik versammelten Deutschen berechneter Akt der Selbsterhaltung".[4]

Mohler ist sich bewußt, daß solch zynische Ressentiments sein Programm von „Re-Nationalisierung" und „aufrechtem Gang" nicht einmal im Ansatz plausibel machen können. Ohne Vergangenheitsbewältigung bleibt immer noch die Vergangenheit, die störend genug ist. Sie muß nun, zweiter Schritt, entkriminalisiert werden, wenn „Deutschland" wieder ein gutes Gewissen bekommen soll. Und so lautet die erste Exkulpation: „Nun mögen die Deutschen den Zweiten Weltkrieg begonnen haben – die ersten Massenschlachtungen wehrloser Zivilisten dieses Krieges, während seiner ersten 24 Stunden, wurden an deutscher Bevölkerung (Bromberg) vollzogen. Die Filmindustrie des Dritten Reiches hat sofort ihre Chance gesehen und einen Spielfilm daraus gemacht; er war nicht schlechter als ‚Holocaust'".[5] Schuld wird relativiert durch den Hinweis, auch andere Völker seien schuldig geworden. Auschwitz sei nicht singulär, vorausgegangen seien, „um im Rahmen der Neuzeit zu bleiben", zwei Genozide: der „halb gelungene in Irland und der ganz gelungene auf den indonesischen Edelholz-Inseln".[6] Auch die Vertreibungsverbrechen hätten auf weiten Strecken den Charakter eines ‚summarischen Völkermordes' gehabt. Hans-Dietrich Sander, ehemaliger Redakteur der *WELT*, assistiert: „Zwischen den Verbrechen an den Deutschen 44/45, deren Qualität und Quantität unanfechtbar sind, und den Vergehen der Deutschen 1933/45, gegen die immer Zweifel laut wurden, liegen Welten. Sie werden uns das gute Gewissen zurückgeben".[7]

Wer dann immer noch Zweifel hat, wer dann noch am bewußtsseinsbildenden Druck der Beschämung durch deutsche Verbrechen leidet, dem gibt Sander das erhebende Gefühl, ein Deutscher zu sein, mit der Versicherung zurück, die Vernichtung der Juden sei für ihre Täter grausam, für die Opfer aber grausame Normalität gewesen. „Die Liquidierung der Juden im Zweiten Weltkrieg war weder einmalig noch unvergleichlich. Sie waren für die Deutschen ein Zwischenspiel von ungewohnter Grausamkeit, für die Juden ein grausiger Akt der Normalität ihrer Geschichte." Wenn „die Juden in New York", so Sander, bei dieser Stelle, „wie Yehudi Menuhin sagen würde“, aufheulten, dann sollten sie sich lieber fragen, ob sie sich „jahrzehntelang ebenso über die Progrome (!) aufgeregt haben, denen in Polen nach Auschwitz und nach der Befreiung (...) um eine Million polnischer Juden zum Opfer fielen“.[8] Daß es „hohe Opferzahlen“ gab, bestreitet Sander an *dieser* Stelle nicht, die Verantwortung dafür lag aber weniger an den Deutschen als an der „Moderne“, die im 20. Jahrhundert gleichsam als autonomes Subjekt hinter dem Rücken Hitlers agierte und stellvertretend schuldig für ihn wurde. In Sanders Klartext heißt dies: „Die hohe Opferzahl war ein Signum des 20. Jahrhunderts, das ein Ausrottungsjahrhundert war. Sein Instrumentarium ließ selbst reguläre Kriege entarten. In Zeiten fieberhafter Vermehrung fallen offensichtlich Hemmungen für Massenausrottungen“.[9] Antisemitismus im „Dritten Reich“ war „in der Totalität der Aufgaben und Herausforderungen dieses Gemeinwesens“ eine periphere, hermetische „Randfrage“.[10] Wo es ihn gab, haben die Juden, so Sander, die antisemitische Hybris selber provoziert. Sie waren seit ihrer „belegbaren Geschichte“ unfähig, sich zu einem „Gemeinwesen dauerhaft zu binden“ und blieben ein „Volk ohne Raum und Souveränität“;[11] selber wurzellos, „erhoben sie sich über den Mangel und Makel, indem sie die Verwurzelung anderen Völkern verächtlich machten“ und erlagen der Versuchung, „mit wachsendem Einfluß das Protektionsvolk zu dominieren“. Die Machtlosen kamen zur Macht, die Juden bildeten eine „potestas indirecta, nach Hobbes die einzige politische Unmoralität, weil eine solche Macht herrschen will, ohne Verantwortung zu übernehmen.“[12]

Revision im rechten Winkel. Die Radikalisierung der „Neuen Rechten“ bei der Entsorgung der Vergangenheit

Im Kontext publizistischer Strategien der „Neuen Rechten“ betrachtet, verstößt Sanders unverhüllt antisemitische „Vergangenheitsbewältigung“ gegen die frühere Verabredung, jeden Bezug auf Faschismus und Nationalsozialismus zu meiden. Auch Armin Mohlers Anstrengungen, „den Deutschen“

das gute Gewissen zurückzugeben, beschränkten sich anfangs auf die Methode einer Schuld-Entlastung durch historischen Vergleich (Schuldminderung durch Schuldnachweis bei anderen Völkern). Inzwischen meldet er Zweifel an der Massenvernichtung selber an, jedenfalls was die Höhe der Opfer angeht. 1979 verbarg er diesen Revisionismus noch diffus hinter der Berufung auf „angelsächsische und französische Autoren": „Erstens wird (in dieser Literatur) die Zahl von sechs Millionen umgebrachten Juden radikal angezweifelt; die als Korrektur angebotenen Zahlen sind sechsstellig. Zweitens geht es um die sogenannten Vergasungskammern (...) Robert Faurisson (...) hat nun eine umfangreiche Dokumentation zusammengestellt, mit der er beweisen will, daß es auch in Auschwitz und anderen KZ's auf polnischem Boden keine Vergasungskammern gegeben hat".[13] Ohnehin sei es unmöglich, bei der „hemmungslos manipulierten"[14] Zahl der Opfer die „Ermordeten zu unterscheiden von denjenigen, die Seuchen, Hungersnöten und Luftangriffen der Alliierten zum Opfer fielen (Plagen also, welche die Bevölkerung außerhalb der Lager gegen Ende des Krieges in gleichem Maße trafen)".

Neuerdings bemüht Armin Mohler sogar „Forschungen", die noch vor wenigen Jahren an der braunen Peripherie versickert wären. Dazu gehört der „Leuchter-Report" (vgl. Kap. I, 7), der die Massenvernichtung in Auschwitz, Birkenau und Majdanek als „technisch undurchführbar" in Abrede stellt (der Ingenieur Fred Leuchter ist selber ein Spezialist des Todes: er konstruiert Hinrichtungszellen für US-Gefängnisse). Mohler würdigt Leuchters „naturwissenschaftlich-technische Beobachtungen und Analysen" als „minutiös" und stichhaltig. Demnach könnten die an den „genannten Orten als Vergasungsräume vorgestellten Gebäude niemals als solche gedient haben", was die „Vermutung nahe (legt), daß hier nachträglich und auf recht dilettantische Weise Vergasungsanlagen simuliert wurden".[15] Denn der „einzige Raum, in dem nennenswerte Zyan-Reste festgestellt werden konnten, war Gebäude Nr. 32, die ehemalige Entlausungskammer Nr. 1 in Birkenau". In den „angeblichen Vergasungsräumen" könnten die Zyan-

Spuren „höchstens von einer einmaligen Desinfektion stammen".[16]

Mohler folgert: Sollte es also auch in Polen nicht zu Massentötungen in Gaskammern gekommen sein, so wäre dies das Ende der These von der „‚Singularität der deutschen Verbrechen', die sich ja vor allem aus den Horror-Versionen von den Gaskammern nährt". Der ‚Rest' an unbezweifelbaren Massenmorden durch die Deutschen unterscheide sich dann nicht mehr von den Untaten anderer Länder – und „die Gas-Autos scheinen nicht über vereinzelte Versuche hinaus entwickelt worden zu sein".[17] Damit wäre die „Neue Rechte" am Ziel, denn in dieser Optik nimmt sich der Nationalsozialismus aus wie ein geläufiges Intermezzo im nunmal blutigen Drama der Weltgeschichte, die in wechselnden Besetzungen ihr Repertoire ausspielt, mal ihr „gutes", mal ihr „böses". Im Schutz von Mohlers welthistorischer Dramentheorie kann Bernard Willms die Behauptung wagen, Hitlers Erfolgszwang sei zum „furchtbaren Muster quantitativ demonstrierter Vernichtungsstatistiken nach dem Vorbild (!) jener militärischen Strafexpeditionen mit Ausrottungsauftrag (geworden), die die Geschichte der Völker begleiten."[18]

Noch einmal: Wird, so Mohler, der „Leuchter-Report" verifiziert, sind die Deutschen von dem ihnen aufgezwungenen „Kainsmal" befreit. „Aufgezwungen" meint: von den Alliierten, um die Deutschen in ewiger Demut unters Büßerjoch zu zwingen. Revisionismus wäre demnach Korrektur des oktroyierten Geschichtsbildes, um zu den „wahren" Tatsachen vorzudringen, die seit der gelungenen ‚Reeducation' den „Deutschen durch einen moralisierenden Rauchvorhang" (!) verdeckt werden. „Das offiziell gültige Bild des Dritten Reiches bildete sich nach dem Zusammenbruch des Reiches nicht Schritt für Schritt, entsprechend den allmählich sich ansammelnden Informationen heraus – es stand von der Stunde Null an fertig ausgebildet da. Die Desinformationseinheiten, die gleich hinter den Fronttruppen im KZ Buchenwald eintrafen, verschwendeten dort keine Zeit an eine gründliche Untersuchung des Lagers – sie hatten ja die Demonstrationsobjekte, an denen sie Geschichte und Essenz des Lagers vorführten, in ihren Jeeps von zuhause mitgebracht".[19] Der amerikanische, sprich: westliche Geist unterwirft 1945 seinen jahrhundertealten Widersacher, die anti-römische, anti-rationalistische, anti-egalitäre germanische Kultur, die, mit dem berühmten Wort Dostojewskis, schon immer Protest war gegen die Prinzipien des ‚äußersten Westens der europäischen Welt'.

Der „Westen" besiegt die „Mitte" Europas durch Introjektion eines „neurotisierenden" Schuldbewußtseins, wobei, so Mohlers zynische Volte, gerade *die* Ideologien, die für „Auschwitz verantwortlich gemacht werden können, ein Teil der gesamteuropäisch-nordamerikanischen Überlieferung sind".[20] Anders: der unleugbare Rest deutscher Verbrechen war un-deutsch, und nur deshalb möglich, weil westliche Ideologien den teutonischen Geist schon weit im Vorfeld kolonialisiert hatten.

Ein erster „Triumph" der „Neuen Rechten": Der Historikerstreit

Man könnte Mohlers Mengenlehre, mit der er die Zahlen der Opfer minimiert, rechts liegen lassen, wenn sein publizistischer Tageskampf für den Revisionismus nicht im Historikerstreit Früchte getragen, wenn er nicht die Argumente präpariert hätte, mit denen Ernst Nolte am 6. Juni 1986 in der *FAZ* den Historikerstreit eröffnete. Sicher, anders als sein „Freund" Mohler bezweifelt Ernst Nolte nicht die Höhe der Opferzahlen, aber er verfolgt doch dasselbe Ziel: Rückgewinnung eines „gesunden" Nationalbewußtseins, eines „aufrechten Gangs" durch die Entkriminalisierung der Vergangenheit. Der Historikerstreit war für die „Neue Rechte" insofern ein Erfolg,[21] als ihr bis dato „un-erhörter" Revisionismus das rechtsradikale Ghetto verlassen und Anwälte im bürgerlichen Lager finden konnte. Nicht nur die Zeitschriften *Criticón* oder *MUT* bildeten, wie gern behauptet wird, eine „Scharnierfunktion" zwischen konservativ und rechtsradikal, auch waren es Historiker wie Ernst Nolte oder Politiker wie Alfred Dregger, die Verbindungswege schlugen, auf denen die alt- wie neurechte Entmoralisierung deutscher Schuld passieren konnte. Der Historiker Hans Mommsen übertreibt kaum, wenn er feststellt, das „weitherzige Entgegenkommen der Bundesregierung gegenüber Positionen der äußersten Rechten“ sowie die „Offensive neokonservativer Publizisten (. . .), die sich die Regenerierung eines ,normalen‘ Nationalbewußtseins zum Ziel setzt“, dies habe die „Trennungslinie zwischen neonazistischen und neokonservativen Positionen (. . .) weitgehend ausgelöscht. Die gesellschaftliche Tabuisierung nationalistischer Positionen zusammen mit deren antisemitischen und rassischen Untertönen ist damit endgültig zusammengebrochen“.[22]

7. „Soziobiologie“: Das ideologische Fundament der „Neuen Rechten“

Wenn von den Schülern der „Konservativen Revolution“ Kritik an den ideologischen Lehrern laut wird, bezieht sie sich allein auf den spekulativen Charakter ihres Weltbildes. Die völkischen Rebellen von rechts sind ihren heutigen Nachfolgern zu „essayistisch“, zu unwissenschaftlich. Nicht ihre soziobiologischen Parolen vom rassischen Überlebenskampf provozieren den Widerspruch der „Neuen Rechten“, sondern nur das Manko, daß diese Denkmuster nicht wissenschaftlich fundiert waren. Der Antisemitismus erscheint in dieser Sicht als eine „unwissenschaftliche Entartung“, womit, so Henning Eichberg, eine „ernsthafte Beschäftigung mit Rassenfragen diskreditiert worden sei“.[1] Am Rande: Das ist auch die Sicht von *Europe Action*, jener Zeitschrift der gleichnamigen, rechtsradikalen Organisation, der auch der französische Chef-Theoretiker der „Nouvelle Droite“, Alain de Benoist, entstammt. In *Europe Action* hatte es geheißen, der Nationalsozialismus sei „wegen seiner eigenen Fehler zerschlagen worden, ,unter anderem wegen seines romantischen, nicht wissenschaftlichen Rassismus‘“.[2]

Diese „ernsthafte Beschäftigung“ holt die „Neue Rechte“ nach, indem sie den Weimarer Irrationalismus mit dem rationalistischen Glauben an die Verhaltensforschung von Konrad Lorenz, seinem Schüler Irenäus Eibl-Eibesfeldt, von Arthur Jensen und Hans Jürgen Eysenck überwinden will. Verhaltensforschung und Vererbungslehre sollen ihr das normative Fundament liefern, auf dem sich über den szientistischen Umweg behaupten läßt, was die Revolution von rechts ja schon immer repetiert hat: daß das Starke das Wahre, daß „Menschheits-Geschichte", recht betrachtet, ein Derivat der „Naturgeschichte" sei. Hatte damals die Rechte offen mit ihren Lehrmeistern sympathisiert, zum Beispiel mit dem nationalsozialistischen Rassetheoretiker Hans K. F. Günther („Rassen-Günther"), so hält sich die „Neue Rechte" bedeckt. Allerdings, diese Zurückhaltung wird ihr von der zeitgenössischen Verhaltensforschung und von Vererbungstheoretikern leicht gemacht. Eysenck, Jensen et al. haben für viele ideologische Herzensangelegenheiten der „Neuen Rechten" großes Verständnis: auch Irenäus Eibl-Eibesfeldt intoniert den düsteren Abgesang auf das deutsche Volk, das im „Wettkampf der Wiegen" vom demographischen Exitus ereilt werde (die „Neue Rechte" spricht, weniger fein, vom „biologischen Volkstod").

Auch sonst gibt es erstaunlich wenig Kontaktscheu zwischen seriöser Wissenschaft und „Neuer Rechte". Eysenck, Jensen und Lorenz benutzten unbefangen das Forum, das ihnen rechtsradikale Zeitschriften eröffneten, und erfüllten damit das Hauptziel der renovierten Rechten: nämlich „publizistische Relaisstationen aufzubauen, die zugleich das Scharnier zwischen respektabler Wissenschaft und organisiertem Rechtsradikalismus bilden".[3] Die Feststellung, hier seien Vererbungstheoretiker und „Neue Rechte" eine für beide Seiten „fruchtbare Zweckgemeinschaft"[4] eingegangen, ist jedenfalls nicht von der Hand zu weisen, gerade angesichts von Michael Billigs Untersuchung über die Verquickung von Vererbungspsychologie und der „rassistischen Internationale".[5]

Neben den „Seriösitäts-Effekten" kommt es der „Neuen Rechten" auf die wissenschaftliche Bestätigung an, daß ihr Modell von der Auslese der Individuen und Völker genetischen Gesetzmäßigkeiten entspricht, genauer: daß ihr Gesellschaftsmodell (Leistungsgemeinschaft plus Machtelite minus Sozialstaat) sozusagen das bio-politische Abbild natürlicher Ordnung darstellt. In der Hierarchie des Ständestaates, der getreuen Widerspiegelung genetischer Potentiale, hat die Natur ihr Urteil gesprochen: es gibt weder Gleichheit noch Gleich*wertigkeit*. Das Soziale ist das Natürliche, und zwar aus unrevidierbar biologischen Gründen. In diesem „realistischen" Menschenbild wird die „anthropologische Ungleichheit aller Menschen zur unumstößlichen Naturtatsache (...) Intelligenz und andere Begabungen sind wesentlich erblich bedingt", schreibt der Kernphysiker Rudolf Künast in einer Veröffentlichung des Thule-Seminars.[6] Weil sich das „Zweckmäßige eben durchsetzt",[7] weil – gleichgültig ob Individuum oder Volk – der „Tüchtige wirklich oben" ist („wer unten bleibt, steht auch leistungsmäßig unten"),[8] muß die „natürliche Unterschiedlichkeit innerhalb einer Rasse oder Art" um jeden Preis erhalten werden.[9] Oder anders: Gleichheit ist nach Ansicht der „Neuen Rechten" ‚entwicklungshemmend' für die Selbstbehauptung eines Volkes, weil damit ‚Selektion und Territorialtrieb' eingeschränkt würden und die Kollektiv-Gesundheit gefährdet wäre.[10] Eine „Aufhebung der Unterschiede zwischen den Völkern würde die Entwicklungsmöglichkeiten vermindern"[11] – eine „Gleichschaltung sprachlicher und biologischer Verschiedenheiten der Völker (‚multikulturelle Gesellschaften') bedeutet Völkermord".[12] Zustimmend zitiert Künast den Heidelberger Kulturwissenschaftler Richard Benz: „Die Masse, das Amorphe, Gestaltlose schlechthin muß vorher überwunden werden; und dies geschieht nur durch (...) Auslese, die wieder Auslese schafft durch organische Gliederung und Gruppierung".[13]

Soziobiologie contra „Französische Revolution"

Ihr geschlossenes naturalistisches Weltbild, das sich stereotyp auf Konrad Lorenz und seine Schüler beruft, verschafft der „Neuen Rechten" die „wissenschaftliche" Illusion, die „judeochristliche" Gleichheitslehre empirisch widerlegt zu haben – und damit auch ihre Halbschwester, die Französische Revolution, die glaubte, mit abstrakten Universalien wie „Freiheit, Gleichheit, Brüderlichkeit“ die genetische Ungleichheit der Menschen aus der Welt schaffen zu können. „Es gibt von Natur aus keinen ethischen Kosmopolitismus; die vorrangig friedfertige, altruistische Moral der Kleingruppe blieb (und bleibt) auf ‚Sippe‘ und ‚Stamm‘ begrenzt“.[14] Im kalten Licht der Soziobiologie werden Menschenrechte und Sozialstaat nicht nur überflüssig, sondern schädlich für den Volkskörper, der von sich aus zur hierarchischen Gliederung strebt. „Dem Menschen“, sagt Eibl-Eibesfeldt, „ist neben seinem Rangstreben wahrscheinlich auch die Bereitschaft zur Unterordnung angeboren“[15] – womit auch die Frage nach dem biologisch erwünschten Recht der Führung geklärt wäre. H. J. Eysenck hat dafür das Feld bestellt mit der Forderung, Führungspositionen und öffentliche Ämter sollten nach „Tests“ vergeben werden und nicht mehr nach „Wahl“, weil es sonst nicht gelänge, die „Höchstbegabten zu Führerstellen emporzutragen“.[16] Im Jargon der „Neuen Rechten“ klingen die Vorschläge des seriösen Wissenschaftlers zur Errichtung einer Meritokratie dann so: „Rangordnung und Eliten sind keine abzubauenden geschichtlichen Überbleibsel, sondern biologische (...) Wirklichkeiten.“ Ihre Macht wird durch keine demokratische Kontrolle lizenziert. „Über die jeweilige Art der Hierarchie und das Maß der Abstufung ist von Fall zu Fall zu befinden“.[17]

Nicht von „Fall zu Fall“, sondern radikal wird in der soziobiologischen Ständegesellschaft das Ärgernis der liberalistischen Werteverwirrung und moralischen Desorientierung gelöst. Neben Funktions-Eliten treten „Wert-Eliten“, die, legitimiert durch ihre genetische Disposition, als „Wächter der Ordnung und Hüter der Freiheit“[18] die Einhaltung der soziobiologischen Grundordnung kontrollieren. Ihre Richtlinienkompetenz bietet außerdem den hedonistischen Verführungen der Marktwirtschaft rigide Einhalt, hat doch die „moderne Konsumgesellschaft in vielem versagt. Hätte ein Tiergartendirektor in seinem Bereich mit ähnlichen Ergebnissen aufzuwarten, würde man ihn sofort entlassen“.[19]

Der Wert-Elite obliegt aber nicht nur die Aufsicht über die

„moralische“, sondern auch über die genetische Gesundheit des Volkskörpers. Indem die Hüter des Volklichen die Ausmerzung der Dekadenz überwachen, fördern sie zugleich die Selbstauslese der Besten ohne sozialstaatliche Milderung des Daseinskampfes. Lebt dann jeder in seinem „natürlichen Rang“, hat jeder nach dem Maß seiner genetischen Potentiale sein Leben eingerichtet, gesundet er an Leib und Seele. Ein „Gesundheitspaß“ protokolliert das Wohl und Wehe der Gene zum Zwecke rassischer Erbpflege. So erhält „jeder Deutsche die Übersicht über seine eigene biologische Biographie“ und ermöglicht „zugleich dem Staat eine Kontrolle der Erbkrankheiten“.[20]

Man sieht, über die von den neuen Rechten politisierte Verhaltensforschung kehrt der irrationale Volks-Mythos der „Konservativen Revolution“ in schein-rationaler Gestalt zurück. Das „Volkliche“ (die „homogene“ Gemeinschaft) ersetzt den universalistischen Moralismus der Aufklärung und der Französischen Revolution; und ist erst einmal aus „Kants utopischem Rationalismus des ewigen Friedens eine *militaristische Binnenmoral* geworden, dann ist das Einfallstor für einen nach außen und gegen den ‚inneren Feind‘ vernichtungswütigen (...) *machtstaatpolitischen Sozialdarwinismus* längst weit geöffnet“.[21] Der Sozialphilosoph Hauke Brunkhorst übertreibt nicht. Über den Stellenwert dieses Konzepts gibt es keinen Zweifel. Der Biohumanismus, schreibt der den „Neuen Rechten“ nahestehende Günter Bartsch, „befreit die gefesselten sozialen Triebe in Richtung stammesgeschichtlicher Sozietäten und motiviert sie moralisch zum Zweck menschlicher Arterhaltung. (Er) bindet die auseinanderstrebenden Grundkräfte Europas (...) Mit dem Bio-Humanismus tritt der Leitgedanke für das nachindustrielle Zeitalter auf“.[22]

Es gibt kein Thema, keine Diagnose, kein Zukunftsbild der „Neuen Rechten", ohne daß ein apokalyptischer Reiter die Botschaft vom verheerenden Sieg des „Universellen" über das Besondere überbrächte. Seine (nicht unbegründete) Furcht vor dem „Tod der kulturellen Differenzen" in der globalen Nivellierung ist der ewige Refrain neurechter Publizistik, den sie auch in der Europa-Debatte angestimmt hat. Die argumentative Komposition stammt auch diesmal aus der erstaunlich regenerierbaren „Konservativen Revolution". So haben Carl Schmitt und Martin Heidegger der „Neuen Rechten" die Position in der Europa-Depatte vor-geschrieben. Sie werden unvermittelt zu ideologischen Zeitgenossen im europäischen Kampf gegen die „raumfremden Mächte" des „liberaldemokratischen, völkerassimilierenden Westens" und des „bolschewistisch-weltrevolutionären Ostens".[1]

Sollten diese Mächte des „Universellen" siegen, prophezeite Schmitt einen „Absturz in das Nichts einer raum- und bodenlosen Allgemeinheit".[2] Besonders gefährdet sei das „Deutsche Reich in der Mitte Europas"; nach beiden Seiten hat es die „Heiligkeit einer nicht-universalistischen, volkhaften, völkerachtenden Lebensordnung zu verteidigen", stehen doch die „Assimilierungs- und Schmelztiegel-Ideale der Imperien westlicher Demokratie" im „schärfsten Gegensatz zu einem volkhaft aufgefaßten, alles volkliche Leben achtenden Reichsbegriff".[3]

Dieser Vorstellung vom Zwei-Fronten-Krieg Europas, besonders aber Deutschlands gegen den Rest der Welt, muß die „Neue Rechte" kein Wort mehr hinzufügen. Mit der Aufwertung Europas als „Dritte Macht" gegen die Hegemonieansprüche „raumfremder Mächte" hat sie zudem Berührungsflächen geschaffen, die sie attraktiv machen für temporäre Bündnisse, etwa mit der undogmatischen Linken. Im Detail sieht die übliche Lagebeschreibung so aus: Europa, noch vom Bruderkrieg geschwächt, so Peter Binding vom *Thule-Seminar* (der deutschen Filiale von *GRECE*), sei aus dem „Rampenlicht der Weltpolitik in das Seniorenheim der Weltgeschichte" abgetreten, wo der „Lorbeer für die einstige Glanzrolle (...) zerbröckelt, zerfleddert. Jahrhundertelang hatte Europa sich als Zentrum des Weltgeschehens fühlen können, als die Führungsmacht der Erde, die ihre Missionare und Kolonisatoren, Kaufleute und Ingenieure in alle Kontinente schickte (...), deren Kultur und Zivilisation man nachahmte von der germanisch-europäischen Langhose des Mannes bis zur Wagnermusik".[4] Die Emanzipation der Dritten Welt, der Aufstieg Japans und Chinas, vor allem aber die Mächte von Jalta haben in neurechter Lesart Europa zur besiegten Gestalt gemacht. Mit den Siegern von 1945 triumphierten die „alten Mächte des Liberalismus und des Sozialismus". Dieser Triumph der „Heiligen Allianz der Amerikaner und Russen" habe keine Probleme gelöst, sondern nur verschärft. „Sie hat die Erde in wenigen Jahrzehnten in einen Augiasstall verwandelt".[5] Inzwischen ist sogar die europäische ‚Rasse' in Gefahr, durch „Geburtenrückgang bei Bevölkerungsexplosion anderer Länder zu überaltern, gleichwohl durch Hereinfluten fremdländischer Gastarbeiter und nicht endender fremdrassischer, unintegrierbarer Flüchtlingsströme überschwemmt und kulturell vor allem durch amerikanische und durch kommunistische Einflüsse desorientiert zu werden".[6] Dramatischer noch inszeniert Pierre Krebs, „Erster Vorsitzender des Thule Seminars", die europäische Apokalypse. Er spricht (wie Henning Eichberg) als Anwalt „volklicher Identität", meint aber rassische Reinheit der „Europiden", wenn er den neo-kolonialistischen Zangengriff von USA/UdSSR attackiert, der die „Vereinheitlichung der Rassen"[7] herbeiführe.

Ohne Zweifel setzt sich die Weltanschauung der „Neuen Rechten" schroff von allen westorientierten „Atlantikern" ab, denen sie Verrat am europäischen, besonders am „deutschen" Geist vorwerfen. „Die USA sind der völkervernichtende Mechanismus",[8] Beschleuniger einer „heillosen Weltgesellschaft",[9] in der die Völker Europas „rentabilisiert werden".[10]

Mit dem Verlust europäischer Macht, so lautet das alte Weh

und Ach der „Neuen Rechten“ weiter, sinkt der leuchtende Stern des Abendlandes. Denn Verfall von Macht wiederholt sich als kulturelle Dekadenz, als „transzendentale Obdachlosigkeit“ des seiner Identität beraubten und daher „unbehausten Europäers“. Identität bedeutet Bindung; ihr Verlust schlägt sich nieder in „terroristischen Aggressionen und Radikalismus“, im schwarzen Negativismus der einstmals schönen Künste. „Picasso und Schönberg“ spiegeln die allgemeine Zersetzung als Häßlichkeit, die ihren vermittelten Grund im europäisch-abendländischen Selbstverlust hat.[11]

So aktualisiert die „Neue Rechte“, ausgerechnet in ihren Europa-Ideen, Sedlmayrs (auf die Kunst bezogenes) Wort vom „Verlust der Mitte“ in drei Varianten: Verlust der „existentiellen“ Mitte des Einzelnen („Nihilismus“, „Extremismus“, „Wurzellosigkeit“); globaler Machtverlust Europas als ‚Mitte der Welt‘; Verlust der deutschen Mittellage im Herzen Europas einschließlich seiner Mittlerrolle und nicht zuletzt, was immer es heißen mag: Verlust der geistigen Mitte, des „metaphysisch guten Gewissens“[12] der Deutschen.

Der großdeutsche Auftrag im befreiten Europa

Nur rhetorisch fragt die „Neue Rechte“ im Zusammenhang ihrer Europa-Idee, ob man nicht Spenglers Prognose vom Untergang des Abendlandes recht geben müsse. Aber wie schon die „Konservative Revolution“, um den Teufel an die Wand zu malen, nur mit Spenglers Dekadenztheorem hantierte, seinen Fatalismus aber ablehnte, so verfährt auch die „Neue Rechte“ heute: funktionaler Pessimismus in der Diagnose, militanter Optimismus in der Therapie. Europa, heißt es, muß sich emanzipieren vom Einfluß der Blöcke, das Zentrum der Welt muß wiedergeboren werden als „Dritte Macht“. „Europa soll den Europäern gehören, Europa will über sich selbst verfügen. Europa – das freie Europa – ist eine Realität. Und wenn es will, kann es auch Weltmacht sein“.[13] Freilich, die Emanzipation Europas von den „Hegemonialmächten“ rangiert nicht nur im neurechten, vielmehr auch im linken, anti-imperalistischen Wunschkatalog an oberer Stelle. Doch hinter der auf Konsensfähigkeit angelegten Schau-Seite ihres Europa-Konzepts existiert im rechtsradikalen Lager eine Hinterbühne, auf der die üblichen Ideologeme ungeschminkt in Szene gesetzt werden.

Hier wird auch die Frage beantwortet, wer künftig die „wehrfähige Weltmacht" Europa führen wird. Im Gleichschritt mit Alain de Benoist empfiehlt zum Beispiel Gerd-Klaus Kaltenbrunner die Rekonstruktion der Achse Deutschland – Frankreich, den „beiden seit dem neunten Jahrhundert getrennten Nachfolgestaaten des einstigen Reiches Kaisers Karl des Großen". Dieses Bündnis „ist die einzige vitale Zelle einer künftigen Weltmacht Europa".[14] Andere in der „Neuen Rechten" trauen die Führungsrolle auch dem wiederauferstandenen Deutschen Reich allein zu. Die (atemberaubende) Pointe liegt auf der Hand, jedenfalls beim Thule-Seminaristen Peter Binding: Will Europa seine Identität wiedererlangen, muß es sich seiner germanischen Wurzeln bewußt werden, die in die einzelnen Nationalgeschichten verzweigt sind. Man könnte auch sagen: Für die „Neue Rechte" ist das „Germanische" das historische Universal (Mittel- und Nord-) Europas, gleichsam das *tertium comparationis* aller europäischen Kulturen. Die künftige „Nation Europa" braucht die Anbindung an „unsere eigenen ethnischen Ursprünge", an die „Strukturen der vorchristlichen, germanischen Geisteswelt",[15] dem, so darf man folgern, klassischen Widerstandsnest gegen judeo-christliche Gleichheits- und Erlösungslehren. Schon aus diesem Grund muß Deutschland das Büßerhemd des Besiegten von 1945 ablegen und sich daran erinnern, daß es seit je das von christlicher (= egalitärer) Arroganz geschmähte Land war. „Wir haben den Abscheu der Sendboten Roms vor der heidnischen Verworfenheit und ihren Zorn über die ‚Halsstarrigkeit des unbelehrbaren Volkes' (...) übernommen (und) haben uns mit diesen Karikaturen ihres Menschenbildes und ihrer Menschlichkeit zufrieden gegeben. Daß es das Dritte Reich war, das allzu stürmisch nachzuholen versuchte, was tausend Jahre Schmähung (...) den ungetauften Teufeln des unerleuchteten Mittel- und Nordeuropas verweigert haben, hat unsere armen Großeltern mit noch stärkerem Makel behaftet".[16]

Jetzt ist es, eingedenk der These vom Zangengriff von Liberalismus und Sozialismus (die ja für „Neue Rechte" Kinder des judeo-christlichen Un-Geistes sind), nur noch ein Schritt, Deutschland das Zepter für die europäische Wiedergeburt in die Hand zu geben. Deutschland verfügt über den alleinigen Zugang zum ‚volklichen', germanischen Urgrund der europäischen Tradition, die genuin anti-christlich war und von daher jenes Gegengift bereit hält, das den Nivellierungstod der Weltzivilisation durch Liberalismus und Sozialismus abwenden kann. Am wiederbelebten deutschen Wesen soll die Welt genesen. „Die chaosträchtige Moderne kann nur von deutschem Boden aus aufgehoben werden, über den die Statthalter der Sieger bis zum Schwachsinn murmeln, es dürfe von ihm nie wieder ein Krieg ausgehen".[17]

Natürlich macht eine Re-Germanisierung des Geistes den Abschied von der demokratischen, von den Siegern „oktroyierten" Gründungsidee der Bundesrepublik zwingend. Abschied vom Westen heißt die Devise; „Deutschland muß mit Amerika brechen", „Deutschland muß zurück in die Geschichte", Deutschland muß als Vorreiter für die europäische Wiedergeburt die „lebendigen Kräfte unserer Völker wecken" und sich „von einer auf Konsum, Einheitlichkeit und Sicherheit gegründeten Gesellschaft lösen zugunsten einer organischen Gesellschaftsform, die von Natur aus wagnisvoll ist".[18]

Eine geteilte Nation in einem geteilten Europa würde von dieser Mission überfordert. „Denn ein(em) Europa", so schreiben Bernard Willms und Paul Kleinewefers, „das sich in seiner Zukunftsperspektive nur auf Westeuropa richten kann, fehlt notwendigerweise die geschichtliche Substanz, der reale Boden, von dem her solche Perspektiven in die Wirklichkeit umgesetzt werden können".[19] Europapolitik „im Sinne einseitiger Westbindung"[20] ist historisch ohne Wurzeln – und die reichen weit über ein wiedervereinigtes Deutschland hinaus in den mitteleuropäischen Raum. Dort finden sich „die beiden deutschen Staaten Österreich und die Tschechoslowakei", die in die künftige Großraumordnung miteinzubeziehen seien. Kaiserstädte wie Aachen, Prag, Wien und Berlin „könnten wieder eine ihrer Geschichte (...) angemessene Funktion übernehmen".[21] Willms Heiliges Römisches Reich Deutscher Nation firmiert als „zentraleuropäische Föderation" – sie folgt der „Tradition vom Reich als der die Nationen übergreifenden politischen Form, die Europa bereits entwickelt hat (und die) als gemeinsamer Bestand aktiviert werden kann".[22] Wenn das wiedervereinigte Deutschland diese Reichs-Perspektive ins Werk setzen könnte, so Willms, dann „könnten wir Europa den Dienst erweisen, den es nur von uns erwarten kann".[23]

9. Utopie von rechts. Die Aufhebung der Demokratie im neofeudalen Staat: Gerd-Klaus Kaltenbrunner

Wenn es in der Szene der „Neuen Rechten" einen Autor gibt, der die Schlagworte der „Konservativen Revolution" am eloquentesten vervielfältigt und popularisiert hat, dann ist es der in Österreich geborene, im Schwarzwald als Eremit der Gegenmoderne lebende Publizist Gerd-Klaus Kaltenbrunner. Er hat früh die Strategie der „Nouvelle Droite" übernommen, den diffusen, nur räsonnierenden Konservatismus theoriefähig zu machen, um ihn nicht nur gegen linksliberale Denkschulen, sondern ebenso gegen den verführerischen Sirenengesang des „nationvergessenen" Neo-Konservatismus widerstandsfähig zu machen. Außerdem ist Kaltenbrunner der einzige, der die Modernisierung der „authentischen" Rechten durch eine vergleichsweise detaillierte Gegenutopie attraktiv zu machen versucht, erst recht, seitdem er vom seriösen *Herder*-Verlag ins rechtsradikale Publikationsfeld wechselte. Dort schätzt man ihn als ideologische Supernova, dem mit Jüngerschem Revolutionsgeist die Synthese aus soziobiologischer Elitetheorie *und* autoritärem Staat gelingt, also das Bündnis aus Konrad Lorenz *und* Carl Schmitt. In der nationalrevolutionären Zeitschrift *Junges Forum* rühmt zum Beispiel Wolfgang Strauss den ehemaligen Herausgeber der *Herder*-Reihe „Initiative" als Prototyp des neuen Konservativen: „Er, der wahre Alternative in einer von Pseudoalternativen verseuchten Umbruchszeit, verkörpert den Jüngerschen ‚Waldgänger', den geistigen Tupamaro, den sittlichen Freischärler im Dickicht der Metropolen einer sterbenden Zivilisation. Der aus der Kälte einer entseelten Gesellschaft kommt und das Morgenrot des Humanen im tragischen Heroismus verkündet, diesem Typ des Konservativen gehört das anbrechende neue Jahrtausend (...) Die Avantgarde um Kaltenbrunner und Freunde hat den Rücken im Wind (...), denn was sich im philosophischen Untergrund des ‚roten Ostens' des Abendlandes heute artikuliert (...), signalisiert (...) den Aufbruch zu sicheren Küsten einer nachliberalistischen, nachmarxistischen Epoche, geboren in unzerstörbaren Katakomben eines völkisch-metaphysisch-mythischen Konservatismus. (...) In die Welt der Alten Systeme tritt dieser Konservatismus als gerecht strafende, rettende Revolution der Menschenwürde".[1]

So ist es, aus den unzerstörbaren Katakomben der Überlieferung erheben sich auch bei Kaltenbrunner die Häupter der „Konservativen Revolution". Dabei kommt die Theorie, deren Originalität er einklagt, aus zweiter Hand; der „sittliche Freischärler im Dickicht der Metropolen" ist ein Talent der Wiederaufbereitung, dessen Zeitdiagnose Spengler bemüht, ohne seinen Fatalismus zu teilen. „Alles maßgebende Denken über den Staat", sagt Kaltenbrunner, „ruht auf dem dunklen Grund einer Theorie der Dekadenz".[2] Sie entstellt unser Zeitalter zur Kenntlichkeit und macht seine Signatur lesbar: „pseudodemokratischer Kretinismus", „geistespolitische Verwahrlosung",[3] Leiden an der „Durchhumanisierung einer im Argen liegenden Welt".[4] Würde und Überzeugungskraft des Staates werden verunstaltet durch protestierende Aussteiger („statt leistungswilligen Aufsteigern")[5] und ‚Friedensschwärmern', die in „abstraktsentimentalem Pazifismus"[6] die Kasernen blockieren. Linke Moral und „parasitäre Verleumder der abendländischen Kultur"[7] zersetzen die Macht. „Vieles, was sich heute so unsäglich verblasen als Moral, als Humanität, als Sozial- und

Gerechtigkeitspathos aufspreizt, gründet doch wohl nur in einem Verfall jeglichen Sinnes für die Macht (...) Sein *ist* Macht, Macht eine *ontologische* Kategorie".[8] Weil der natürliche Wille zur Macht ignoriert, geleugnet oder humanistisch verbrämt werde, sei die Unfähigkeit zum Politischen, die Unfähigkeit, in „Kategorien weltpolitischer Feindschaft zu denken", zur „typischen Krankheit der westlichen Wohlstandsdemokratien"[9] geworden.

Anstatt zu „dienen", wüchsen Begehrlichkeit und Anspruchsdenken gegenüber dem Staat. In „einer Welt, in der Opfer, Martyrium, ewiges Heil überwiegend absurde Wörter (...) geworden sind, (müssen) die Ansprüche an den Staat immer drängender und (...) unvernünftiger werden".[10] Mit dem Unwillen zur Macht gehe eine „beispiellose Abwertung aller riskanten, heroischen, kämpferischen Tugenden" einher, was eine „allgemeine Zunahme an Feigheit, Wehleidigkeit und (bildlich gesprochen) ‚Verweiblichung'"[11] zur Folge habe. Da sei es kein Widerspruch, daß spiegelbildlich zur Wehleidigkeit und ‚Wehruntüchtigkeit', zum Verfall der Macht und des Heroischen, das „Faustrecht" zurückkehre. Entfällt der autoritäre Außendruck des souveränen, zivilisierenden Staates, tobt die Anarchie als Ausdruck des unkultivierten, archaischen Naturanteils im Menschen.

Die elementarste Gegendrohung stellt für Kaltenbrunner die Todesstrafe dar – denn kein „Staatsgebäude (kann) als Herrschaftsgebilde bestehen, wenn nicht eines seiner Machtmittel die Drohung mit dem möglichen Tode wäre".[12] Chaos und Anarchie, das übernimmt Kaltenbrunner originalgetreu von Carl Schmitt, sind Gesetze des Weltlaufs; das Weltgericht, das in ihrem Namen spricht, kann aber durch Installationen reiner, unbefragter Macht temporär ausgesetzt, gebändigt, vertagt werden. Auch für Kaltenbrunner besitzt die wahre (also eben nicht: neokonservative) Rechte einen katechontischen Auftrag: Dehnung der Apokalypse, Dehnung der katastrophisch beschleunigten Moderne, Aussetzung des Standgerichts, um in der Zwischenzeit „Verhältnisse zu schaffen, unter denen Bewahrung überhaupt erst möglich und sinnvoll ist".[13]

Das ist natürlich die liturgische Hauptformel der „Konservativen Revolution", ihr *ceterum censeo* bei Jünger, Moeller van den Bruck e tutti quanti. Wie seine Kronzeugen spricht auch Kaltenbrunner vom Konservatismus der „Achsenzeit", wo der Konservative sich nicht mehr „nach rückwärts wendet und keine geschichtlich überwundenen Verhältnisse restaurieren"[14] will. Aufgeklärt, weiß er darum, „daß es darauf ankommt, Dinge zu vollbringen, die wert sind, bewahrt zu werden".[15] Dazu muß er den Mut haben, „modern zu sein". Statt „auf de Maistre, Adam Müller, Stahl, Lagarde und Moeller van den Bruck berufe dich lieber auf Arnold Gehlen, Carl Schmitt, Adolf Portmann, Konrad Lorenz, Bertrand Jouvenel, Leszek Kolakowski und Mircea Eliade".[16] Wer, so empfiehlt Kaltenbrunner als Modernisierungs-Strategie weiter, wer in die Reihen der neuen Rechten aufrücken wolle, wer als Konservativer „ernst genommen werden will", der werde sich „ohne Panik zu manchen radikalen Eingriffen in den Status quo entschließen müssen – nicht um der Bewahrung oder Restauration partikularer Privilegien, sondern um der Schaffung der Voraussetzungen für intakte Institutionen (. . .) willen".[17]

Man sieht, noch im Detail ist Kaltenbrunner Epigone der „Konservativen Revolution", ohne willens zu sein, deren antikapitalistische Affekte zu teilen. Mut zeigt Kaltenbrunner, wenn seine ökologisch motivierte Kritik anonym, der Adressat ungenannt bleiben kann. Je pauschaler seine Urteile, desto kompromißloser fallen sie aus. Seine Abrechnung mit den Verheerungen der technischen Weltzerstörung wird von einem glaubwürdigen, ehrenwerten romantischen Impuls gespeist. Die Kritik an der ökonomischen Basis dagegen fällt bläßlich, verzagt und halbherzig aus, weil sonst das sympathetische Verhältnis von Marktwirtschaft und Konservatismus aufs Spiel gesetzt würde.

Keine Diagnose ohne Therapie: Elite und Ständestaat als Königsweg der Weltbewahrung

Anders als seine Mitstreiter legt Gerd-Klaus Kaltenbrunner Wert darauf, daß konservative Diagnostik dringend therapeutischer Weiterungen bedarf, die theoretisch befestigt sein müssen. „Theorie ist (...) nicht nur ohnmächtige Interpretation der bestehenden Welt, sondern bereits der erste Schritt zu ihrer schöpferischen Veränderung".[18] Dafür beruft sich Kaltenbrunner bevorzugt auf Othmar Spanns „organischen Ständestaat", der bei ihm als „demokratisch legitimierte Elitenherrschaft" wiederaufersteht.[19]

An Präzisierung mangelt es nicht: Dieses „ideale Gemeinwesen kennt folgende von unten nach oben aufsteigende Gliederung: Handarbeiter, höhere Arbeiter (...), Wirtschaftsführer, Organisatoren staatlicher und staatsähnlicher Gebilde, Stand der schöpferischen Geister und Weisen. Es besteht eine Rangordnung der Stände, der zufolge jeder vom jeweils höheren geistig geführt wird, und die Spitze der Pyramide krönt eine intellektuelle Elite".[20]

Diese Stufenfolge, so darf man Kaltenbrunner verstehen, ist ein getreues Spiegelbild genetischer Dispositionen; Erbanlagen bilden sich in Rangfolgen ab, sobald der Sozialstaat der gerechten Natur nicht mehr ins Handwerk pfuscht. Anders: die ideale Stände-Gesellschaft, die sich an den Theorien von Othmar Spann, Konrad Lorenz und Hans Jürgen Eysenck orientiert, kann als prominentesten Zeugen die Natur anrufen, sind doch die „Unterschiede zwischen den Menschen nicht nur sozial, sondern in hohem Maße genetisch bedingt".[21]

Man sieht, Kaltenbrunner führt Sozio-Biologismus und Schmittsche Machttheorie unter dem Wappenzeichen der Ständegesellschaft zusammen, und zwar im Glauben, die Herrschaft der „natürlich" legitimierten Macht beende das Siechtum des führungslosen, im Krieg der Partikularinteressen zerrütteten Gemeinwesens. Eine „Über-Elite", die den „Willen und die Macht hat, jenen allgemeinen Interessen, die bei keinem der sonstigen Verbände aufgehoben sind, zum Durchbruch zu verhelfen", garantiert eine neue Einheit. „Diese Elite müßte in einem ausgezeichneten Sinn eine Staats-Elite sein, ausgerüstet mit den Mitteln, auch noch die mächtigsten partikularen Kräfte der Industriegesellschaft dem Gebot des Allgemeinwohls zu unterwerfen".[22]

Da für alle alten und neuen konservativen Revolutionäre das Gemeinwohl nicht durch demokratischen Konsens definierbar ist („Geschwätz der diskutierenden Klasse"), kann es nur durch eine Diktatur bestimmt werden, die sich deshalb demokratisch nennen darf, weil sie im Namen des Volkswohls spricht. Die Elite weiß, was dem Volke wohl tut. Umweltkatastrophen, Energiekrise, Bevölkerungspolitik (!), sagt Kaltenbrunner, lassen keinen anderen Ausweg zu, als den, eine „souveräne Instanz über dem Pluralismus der sonstigen Eliten"[23] zu installieren. Dieser Souverän muß über die Macht verfügen, auch dem inneren Feind Paroli zu bieten. „Was helfen (...) Atombomben, wenn eine Protestbewegung erfolgreich zum Steuerstreik auffordert, wenn Postbeamte (...) und Müllabfuhrarbeiter den Dienst verweigern?"[24]

Gegen den Aufstand des Individuellen und des Partikularen hilft allein eine „Renaissance des Staates" – jener „‚haltenden Macht', die notwendig ist, wenn wir den Fortbestand unserer Zivilisation sichern wollen".[25] Und dieser Staat, der Existenz sichert, darf von der Einzelexistenz das Äußerste verlangen: im Ernstfall „für sein Land Opfer zu bringen und (...) auch für es zu sterben".[26]

Wem die Konturen der neurechten Staatsutopie, in der alle Axiome der parlamentarischen Demokratie kassiert sind, immer noch zu unscharf sind, für den hält Gerd-Klaus Kaltenbrunner eine retrospektive, überscharfe Fiktion bereit, die sich am Modell „Sparta" aufrichtet (und selbstredend nicht an der attischen Demokratie). Nicht zufällig veröffentlichte das Jubiläumsheft von *Criticón* (Nr. 100) Kaltenbrunners futuristisch-reaktionären Gesellschaftsentwurf. Damit wurde er indirekt autorisiert als Gegenutopie des kulturkonservativen Flügels der „Neuen Rechten": so könnte der Staat aussehen, wenn der neue Konservatismus als, wie Wolfgang Strauss in der

Hymne auf Kaltenbrunner schrieb, als „gerecht strafende, rettende Revolution" die Aufklärung besiegt hat. Der Vorwurf an die Adresse der „Neuen Rechten", sie wisse nicht, was sie wolle, ist mit Kaltenbrunners Modell „Sparta" hinfällig geworden. Seine Formulierungen sprechen für sich. „Was sind schöngeistige Demokratielehren im Ernstfall wert, – in dem Augenblick, in dem es nicht darum geht, ob man sich mehr oder weniger demokratischen Komfort gestatten will, sondern um die existentielle Herausforderung: entschlossener Kampf oder Untergang? Welches Gewicht werden auf der Waagschale die liberaldemokratischen Sophismen haben an dem Tage, an dem die Armeen des Feindes die Grenzen des Landes überschritten haben, begrüßt von der Fünften Kolonne im Innern, die sich, die fremde Fahne frenetisch entrollend, auf die nun einsetzende Kollaboration einzustellen beginnt?"

Diesem feindunfähigen, „pseudodemokratischen Kretinismus" unserer Tage erteilt Spartas Kriegskommunismus mit seinen „elitär-eugenischen Zügen" eine schneidige Absage. „Es hilft nichts, die Härte Spartas nachträglich zu mildern. Die lakedaimonische Kultur war wenig literarisch, dafür aber ausgesprochen athletisch. (. . .) Ab dem vollendeten siebenten Jahr gehörten die Kinder dem Staat, ihre Erziehung unterlag staatlicher Lenkung (. . .) Musik und Dichtung galten als Instrumente staatlicher Pädagogik; ästhetische Autonomie kam ihnen nicht zu (. . .) Patriotismus bis zum totalen Selbstopfer, Unterordnung privater Interessen unter das Heil des Staates war die höchste Tugend. Gehorsam, Abhärtung, Genügsamkeit und Disziplin gehörten zu den selbstverständlichen Lebensregeln. Zucht prägte und durchformte alles. Kinderzucht und Manneszucht, Lehrzucht und Tischzucht, Zucht und Tucht der Körper und Seelen von der Zeugung bis zum Tod gehörten zu den Elementen spartanischer Staatskunst (. . .) Die von Lykurg belehrten Lakedaimonier dachten menschenzüchterisch-eugenisch, die Grundgesetzschmarotzer sind hingegen primär individualistisch-hedonistisch gesinnt."

Heute, schreibt Kaltenbrunner weiter, gebe es einen „antispartanischen Affekt. Aus ihm nährt sich jener Kampf gegen alles, was auch nur von ferne an Askese, Heroismus und Zucht erinnert. Zu Sparta sich bekennen, Sparta als Paradigma strenger, aber auch potenter Staatlichkeit zu bewundern, das ist heute so schockierend, wie es etwa vor fünfhundert Jahren die Leugnung der Dreifaltigkeit Gottes (...) gewesen wäre." Dabei erinnert „Sparta an die heute gern verschwiegenen Voraussetzungen europäischer Kultur". Der „Raum, in dem sie erblühte, wurde nicht von Kriegsdienstverweigerern und Deserteuren gesichert, sondern von gegen einen überwältigenden Feind entschlossen kämpfenden Soldaten".[27]

10. Die Zukunft der „Neuen Rechten": Was heißt jetzt noch „nationaler Imperativ"?

Die atemberaubende Revolution im Osten, der rasche Sturz des Ancien Régime in der DDR und der Fall der Mauer haben bei der „Neuen Rechten" eine Art Erfüllungs-Depression ausgelöst. Plötzlich und unerwartet ging verloren, woran sich das nationale Ressentiment jahrzehntelang wortreich entzünden konnte. Da der Hinweis auf die „offene Wunde Deutschlands" bislang ein Programm ersetzte, konnte man aus Gründen publizistischer Selbstbehauptung eigentlich nicht wollen, was man politisch wünschte. Die ideologische Nationalhymne scheint abgespielt, auch wenn großdeutsche Expansionisten wie Sander, Willms und Diwald nun darauf setzen, über ein wiedervereinigtes Deutschland hinaus die „niedergetretene Reichsidee herauszukratzen" aus der „deutschen Erde, die der Provinzialismus ausdörrte".[1]

Daß die historische Sensation im Osten vom zweiten politischen Erzfeind ermöglicht wurde und sich vor allem mit dem Namen Gorbatschows verbindet, dies verschlug den Ideologieplanern von rechts zunächst die Sprache. Das gesamte rechtsradikale Projekt zur Wiedererlangung der deutschen Einheit war eine einzige Fehlkonstruktion, weil gerade das militante Plädoyer für die Fortsetzung des kalten Krieges die Erosionen im sowjetischen Imperium verhindert hätte. Auch die begründete Spekulation, die deutsche Frage sei abhängig von einer – durch Entspannungspolitik geförderten – Demokratisierung der Sowjetgesellschaft, hatte die „Neue Rechte" mit Hohn und Spott belegt. Die Sowjetunion, das „verfehlte Imperium", sei nicht „revisionsfähig", weil mit der Erschütterung der Zentralmacht auch der „Satellitengürtel" gefährdet würde. Da die DDR aus dem Imperium nicht herauslösbar sei, ohne daß die Paktstaaten wie Dominosteine um- und von Moskau abfielen, konnte es für die „Neue Rechte" zum „Wandel durch Annäherung" nur die Alternative von Re-Militarisierung und Re-Nationalisierung geben. So verlangte Hans-Dietrich Sander 1980, die Sowjetunion müsse wieder zum Feind erklärt werden. „Die zwingende Bestimmung der Sowjetunion als Feind erfüllt neben dem politischen Zweck nicht zuletzt auch einen sittlichen. Eine kampfbereite Differenz kann die schon fast eingeebnete Identität der Deutschen wieder hervortreiben und befestigen."[2] Zur Beruhigung fügte Sander hinzu, die Feinderklärung sei noch keine Kriegserklärung, schließe aber „einen Krieg nicht aus". Deutschland „kann unter Umständen ohne Krieg wiederhergestellt werden, aber ganz bestimmt nicht ohne ausdauernde Kriegsbereitschaft und Kriegsfähigkeit".[3]

Allerdings, die „Konservative Revolution" ist nicht identisch mit dem „nationalen Imperativ", identisch auch nicht mit einer rechtsradikalen Partei, die von der „Neuen Rechten" zwar ideologisch gesponsert (Mohler, Diwald) wurde, von deren Überleben sie aber in keiner Weise abhängig ist. Wenn der Gründer und Herausgeber der Zeitschrift *Criticón,* Caspar von Schrenck-Notzing, die achtziger Jahre als Jahrzehnt des „nationalen Imperativs"[4] bezeichnet hat, wird die „Neue Rechte" nun darauf dringen, daß die neunziger Jahre das Jahrzehnt der Realisierung des nationalen Mythos werden. Denn dieser war nicht erst seit der „Konservativen Revolution" die irrationale Maske eines *gesellschaftlichen* Programms. Wer vom Nationalen sprach, meinte immer auch das Soziale. „Die soziale und die nationale Frage erscheinen als die gleiche, nur unter verschiedenen Gesichtspunkten aufgefaßte Frage."[5] Nationale Identität ist die absolute Norm des Politischen; sie besitzt Vorrang vor der Identität durch demokratische Willensbildung und politische Kultur, die „Frage der Freiheit" wird der „Volksidentität untergeordnet".[6] Diese neurechte Transformation des nationalen Mythos in Gesellschaftspolitik hat seine Präzisierung nicht erst im Parteiprogramm der *Republikaner* gefunden. Für Bernard Willms war das Nationale schon immer der „erlösende Schritt für die Politik", die im Pluralismus der Werte kopflos geworden sei. „Wieviel mobilisierender könnte es für das politische Verhalten der Bürger sein, wenn Fragen wie die nach der Atomkraft, der militärischen Sicherheit, der Ausländerintegration oder des Asylrechts im Interesse der Nation beurteilt und entschieden würden."[7] Angesichts von EG-Binnenmarkt (Schönhuber: „Todesdrohung für unser Volk")[8] und ökonomischem Konkurrenzdruck wird der Appell an das Nationale zum wirtschaftlichen Überlebensmythos im Rangordnungs- und Ausleseprozeß der Völker: „Der Kampf um die Selbstbehauptung des deutschen Volkes (ist) wie eh und je auszutragen" nicht nur an der „äußeren und an der inneren", vielmehr auch an der „technischen Front".[9]

Gerade unter wachsendem Modernisierungsdruck sucht die enterbte „Neue Rechte" ihre Chancen darin, Nationalismus als Sozialtechnologie stark zu machen. Für Modernisierungs- und Wiedervereinigungsverlierer, die vom *enrichez vous* überrollt wurden, ist ein renovierter nationaler Imperativ im Angebot: Rückkehr zum souveränen Machtstaat nach innen und außen, wobei „Volk und Nation" als geschlossene Gemeinschaft gegen die anonyme, werteplurale, „kalte" Gesellschaft einerseits, gegen „Volksfremde" andererseits in Front gebracht werden. So ist die programmatische, von der „Konservativen Revolution" genährte Substanz der „Neuen Rechten" durch die „Wiedervereinigung" nicht obsolet geworden, sondern wird durch sie erst freigesetzt. Daß sich in der DDR ein jahrzehntelang tabuisierter Nationalismus wieder Bahn bricht, schafft zusätzliche Berührungsflächen für die Kulturrevolution von rechts. Die erpreßte, verordnete sozialistische Identität hat ein Vakuum hinterlassen, das sich trefflich mit DM-Nationalismus und volklicher Identität wird füllen lassen. Diese neue Konfliktlinie zwischen „national" und „multikulturell" muß man ernst nehmen – im „deutschen Einigungsprozeß mit den zu erwartenden sozialen Disparitäten, die das ‚Zusammenwachsen' (Willy Brandt) aufwirft und verstärkt, liegen Risiken, daß soziale Spannungen nationalistisch ‚codiert' werden". Dann greift man zum „Strohhalm nationaler Identität" als gleichsam natürliches Merkmal der Distinktion: „die weiße Hautfarbe, der germanische Habitus und der Paßeintrag ‚Deutscher'".[10]

Die Auflösung der sozialen Milieus und künstlich stabilisierter Lebenswelten, Furcht vor Arbeitslosigkeit und gesellschaftlicher Deklassierung, der verzehrende Konkurrenzkampf um individuelle Chancenzuteilung, die Entfremdung vom politischen System, sodann die nachlassende Erklärungskraft parteipolitischer Realitätsdeutungen[11] – all dies dürfte ein fruchtbarer Boden sein für die neo-feudalistischen Gesellschaftsideale der „Neuen Rechten". Sollte die Schamgrenze gegenüber ihren Positionen weiter fallen, kann man sich mit schwarzer Phantasie ausmalen, daß auch nationalsozialistisches Erbe rehabilitiert wird. Welches das wäre, hat wiederum Hans-Dietrich Sander mit einer Präzision formuliert, die all jene blamiert, die sich damit beruhigen wollten, die „Neue Rechte" sei eindeutig post-faschistisch: „Das Scheitern des Dritten Reiches entbindet uns nicht von der Aufgabe, mit Blick auf die Zukunft, von den destruktiven die produktiven Elemente und Faktoren zu scheiden, unter denen zuvörderst die wesentlichen Bestandteile und Wirkkräfte der Wirtschafts- und Sozialpolitik, der Raumordnung, der Naturpflege, der Volksgesundheit, des Jugendschutzes und der Wehrerziehung hervorzuheben wären."[12] Des Deutschen unübersichtliche Welt wird wieder stramm stehen und Größe und Tragik des Lebens sichtbar machen. Der Staat wird nach dem Verheilen der deutschen Neurose wieder auftreten wie eine zweite Natur, „organisch" und zur Gänze unabhängig vom Geschwätz, vom ‚Aufklävicht' der diskutierenden Klasse, der Medien, der politischen Kultur. Die neue, entlastete Souveränität thront auf der entkriminalisierten „Geschichte der Deutschen“ und wird sich nicht mehr an den Zivilisationsbruch, an Auschwitz erinnern lassen wollen. So wäre das Problem gelöst, das nach einem frühen Bekenntnis Armin Mohlers den Existenzgrund der „Neuen Rechten“ ausmacht: „Im Grunde gibt es für uns nur ein einziges Problem: wie wir der Dekadenz ein Ende machen, die unsere Welt ergriffen hat.“[13]

Anmerkungen

I. Rechtsradikale Parteien und Organisationen in der Bundesrepublik

1. Die Parteien der ‚Frontgeneration' als Vorläufer der NPD

1 Zit. n. Hans-Jürgen Ruhl: Neubeginn und Restauration. München 1982, S. 114
2 Uwe Backes/Eckhard Jesse: Politischer Extremismus in der Bundesrepublik Deutschland. Bd. II (Analyse), Köln 1989, S. 54 f.
3 Urteil des Bundesverfassungsgerichts v. 23. 10. 1952. Zit. n. ebda. Bd. III (Dokumentation), Köln 1989, S. 244
4 Adolf von Thadden: Die verfemte Rechte. Preußisch Oldendorf 1984, S. 64

2. Nationaldemokratische Partei Deutschlands (NPD)

1 Hans Maier/Hermann Bott: Die NPD – Struktur und Ideologie einer ‚nationalen Rechtspartei'. München ^{2}1968, S. 8
2 Adolf von Thadden: Der Weg der DRP. Reden 1954–1963. Hannover 1963, S. 168
3 Zit. n. Wolfgang Götz: Stichworte zur NPD. Mainz 1969, S. 33
4 Reinhard Kühnl/Rainer Rilling/Christine Sager: Die NPD. Struktur, Ideologie und Funktion einer neofaschistischen Partei. Frankfurt ^{2}1969, S. 324
5 Horst Krüger: Gerichtstag. In: Hans Herder (Hg.): Hessisches Lesebuch. Frankfurt/M. 1981, S. 449
6 Maier/Bott: Die NPD, a. a. O., S. 41
7 Günter Deckert: Ausländerstop. Handbuch gegen Überfremdung. Kiel 1981, S. 31
8 ebda. S. 23
9 Zit. n. Kurt Hirsch/Hans Sarkowicz: Schönhuber. Der Politiker und seine Kreise. Frankfurt/M. 1989, S. 49
10 Die Tageszeitung v. 17. 2. 1990

3. Deutsche Volksunion (DVU)

1 Zit. n. Peter Dudek/Hans-Gerd Jaschke: Die Deutsche National-Zeitung. München 1981, S. 18
2 Deutsche National-Zeitung und Soldaten-Zeitung Nr. 10 (1964), zit. n. Dudek/Jaschke, a. a. O., S. 30
3 Zit. n. Heinz Brüdigam: Der Schoß ist fruchtbar noch ... Frankfurt/M. ^{2}1965, S. 89
4 Deutsche National-Zeitung und Soldaten-Zeitung Nr. 24 (1965)
5 Deutscher Anzeiger v. 23. 3. 1990
6 Vgl. Reinhard Kühnl/Rainer Rilling/Christine Sager: Die NPD. Struktur, Ideologie und Funktion einer neofaschistischen Partei. Frankfurt/M. ^{2}1969, S. 60
7 Der Spiegel v. 25. 1. 1971, S. 70
8 Deutscher Anzeiger v. 1. 2. 1971, zit. n. Kurt Faller/Heinz Siebold (Hg.): Neofaschismus. Frankfurt/M. 1986, S. 31
9 Deutscher Anzeiger v. 28. 11. 1986
10 Deutscher Anzeiger v. 13. 3. 1987
11 Deutscher Anzeiger v. 18. 9. 1987

4. Die Republikaner

1 Frankfurter Allgemeine Zeitung v. 8. 5. 1985
2 Claus Leggewie: Die Republikaner. Phantombild der neuen Rechten. Berlin 1989, S. 123 f.
3 Der Spiegel 22/1989, S. 50
4 Alle Zitate aus: Programm der Republikaner 1987. München 1987
5 Claus Leggewie: REPs – die fünfte Partei. In: Anno 1989. Gütersloh/München 1990, S. 91
6 Richard Stöss: Die ‚Republikaner'. Köln 1990, S. 92
7 Die Tageszeitung v. 26. 5. 1990

5. Das rechtsradikale Netzwerk

1 Peter Dudek/Hans-Gerd Jaschke: Entstehung und Entwicklung des Rechtsextremismus in der Bundesrepublik. Bd. 1, Opladen 1984, S. 26
2 Frank Thiess: Die Innere Emigration. In: J. F. G. Grosser: Die große Kontroverse. Hamburg/Genf/Paris 1963, S. 24
3 Theodor W. Adorno: Auferstehung der Kultur in Deutschland. In: Frankfurter Hefte 5/1950, S. 471
4 Hans Grimm: Warum – Woher – Aber wohin? Lippoldsberg 1954, S. 199
5 Reinhard Pozorny: Kultur als Ersatznationalismus. In: Deutsche Monatshefte 5/1984, S. 43 u. S. 4
6 Herbert Böhme: Reden und Aufsätze. München-Lochham 1967, S. 27
7 Dudek/Jaschke, a. a. O., S. 42

8 Als Faltblatt verbreitete Selbstdarstellung „Wahrheit und Freiheit“ der GFP von 1989

9 Deutsche National-Zeitung und Soldaten-Zeitung v. 4. 6. 1965

10 Hermann Graml: Alte und neue Apologeten Hitlers. In: Wolfgang Benz (Hg.): Rechtsextremismus in der Bundesrepublik. Frankfurt/M. ^{3}1989, S. 71

11 Gert Sudholt: Einleitung. In: GFP (Hg.): Kongress-Protokoll 1988. Das Selbstbestimmungsrecht und die Deutschen. Berg 1989, S. 7

12 Dudek/Jaschke, a. a. O., S. 291 f.

13 Margret Feit: Die „Neue Rechte“ in der Bundesrepublik. Frankfurt/New York 1987, S. 43

14 Hartwig Singer (d. i. Henning Eichberg): „Nationalismus ist Fortschritt“. In: Nation Europa 1/1967, S. 49

15 Werner Olles: Die Wiederkehr der Familie. In: Nation Europa 11, 12/1989, S. 75

16 Arthur Ehrhardt: Eurer Kinder Land sollt ihr lieben. Diese Liebe sei euer Adel! Zit. in: Nation Europa 1/1966, S. 3

17 Gert Sudholt: Ein Wort an unsere Leser. In: Nation Europa/Deutsche Monatshefte 1/1990, 2. Umschlagseite

18 Hans Krump: Zum 100. Mal erschienen: Die Zeitschrift Criticón. Prinzip Wirklichkeit. In: Die Welt v. 2. 6. 1987

19 Claus Leggewie: Der Geist steht rechts. Berlin 1987, S. 209

20 Zit. n.: Volksfront gegen Reaktion, Faschismus und Krieg (Hg.): Vorsicht Republikaner. Berlin ^{4}1989, S. 37

21 Werbebrief von Hans-Dietrich Sander. Zit. n.: blick nach rechts v. 26. 2. 1990

22 Ingrid Weckert: Feuerzeichen. Tübingen 1981, S. 265

23 Martin Dietzsch: Zwischen Konkurrenz und Kooperation. Organisation und Presse der Rechten in der Bundesrepublik. In: Siegfried Jäger (Hg.): Rechtsdruck. Die Presse der Neuen Rechten. Berlin/Bonn 1988, S. 49–51

6. Rechtsradikale Jugendorganisationen

1 Wilhelm Heitmeyer: Jugend und Rechtsextremismus. In: Gerhard Paul (Hg.): Hitlers Schatten verblaßt. Die Normalisierung des Rechtsextremismus. Bonn 1989, S. 101

2 Arno Klönne: Jugend rechtsaußen. Dortmund 1960, S. 2

3 Peter Dudek: Jugendliche Rechtsextremisten. Köln 1985, S. 68

4 JN-blickpunkt. Mitteilungen des JN-Bundesvorstands für die Freunde der nationalen Jugend. Stade o. J. (1988/89)

5 Zitate aus dem „Fahrtenplan ’90“ des BHJ: „Unsere Grundsätze“

6 Dudek, a. a. O., S. 127

7 Wikinger Nr. 1/1978, zit. n. Alwin Meyer/Karl-Klaus Rabe: Unsere Stunde die wird kommen. Bornheim-Merten 1979, S. 199 u. 197

8 Gunter A. Pilz/Klaus Sengebusch: Hooligans und Skinheads. Die neuen Rechtsaußen der Nation? In: Paul: Hitlers Schatten verblaßt, a. a. O., S. 85
9 Heitmeyer: Jugend und Rechtsextremismus, a. a. O., S. 115 f.
10 Wilhelm Heitmeyer: Rechtsextremistische Orientierungen bei Jugendlichen. Weinheim/München [3]1989, S. 220

7. Neonazistische Gruppierungen und Parteien

1 Eugen Kogon: Der SS-Staat. Frankfurt/M. 1946, S. V f.
2 Peter Dudek/Hans-Gerd Jaschke: Entstehung und Entwicklung des Rechtsextremismus in der Bundesrepublik. Bd. 1, Opladen 1984, S. 267
3 „Grundsatzreferat" von Erwin Schönborn auf dem „Nationaleuropäischen Kongreß" am 9. 5. 1976 in Frankfurt. Abgedruckt in: Schriftenreihe des Kampfbundes Deutscher Soldaten Nr. 1. Frankfurt 1976, S. 12 f.
4 Karl-Heinz Hoffmann: 1. Manifest der Bewegung zur Verwirklichung der Rational Pragmatischen Sozial Hierarchie. Zit. n. Die Union und der Neonazismus. PDI-Sonderheft 13. München 1980, S. 57
5 National-Zeitung v. 8. 2. 1980
6 Bayerischer Landtag, 8. Wahlperiode, Drucksache 8/5905 v. 12. 7. 1977. Zit. n. Die Union und der Neonazismus, a. a. O., S. 44
7 Innere Sicherheit Nr. 61 v. 17. 2. 1982, S. 7
8 Zit. n. Die Volkssozialistische Bewegung Deutschlands – Sammelbekken militanter Rechtsradikaler. PDI-Sonderheft 17. München 1981, S. 56
9 Zit. n. ebda. S. 67
10 Zit. n. Peter Dudek: Jugendliche Rechtsextremisten. Köln 1985, S. 188
11 Zit. n. ebda. S. 173
12 ebda.
13 Deutsche Monatshefte 4/1984, S. 18
14 Deutscher Standpunkt 3/1990
15 Die Neue Front 1/1989
16 Georges Wellers: Die Zahl der Opfer der ‚Endlösung' und der Korherr-Bericht. In: Aus Politik und Zeitgeschehen. Beilage zur Wochenzeitung ‚Das Parlament'. B30/78 v. 29. 7. 1978, S. 23 u. 24
17 Udo Walendy: Ein Prozeß, der Geschichte macht (Historische Tatsachen Nr. 36). Vlotho 1988, S. 9
18 Hermann Graml: Alte und neue Apologeten Hitlers. In: Wolfgang Benz (Hg.): Rechtsextremismus in der Bundesrepublik. Frankfurt/M. [3]1989, S. 81
19 The Leuchter Report. The first Forensic Examination of Auschwitz. London 1989, S. 19. Dt. Übersetzung bei Walendy, a. a. O., S. 39: „Nach Durchsicht des gesamten Materials und nach Inspektion aller

Standorte in Auschwitz, Birkenau und Majdanek findet der Autor die Beweise überwältigend. Es gab keine Exekutions-Gaskammern an irgendeinem dieser Orte. Es ist die beste Ingenieursmeinung dieses Verfassers, daß die angeblichen Gaskammern in den inspizierten Plätzen weder damals als Exekutions-Gaskammern verwendet worden sein konnten, noch daß sie heute für eine solche Funktion ernsthaft in Betracht gezogen werden können".

20 5-seitige fotokopierte Stellungnahme des Instituts für Zeitgeschichte v. November 1989, S. 2

21 Zit. n. Deutschland in Geschichte und Gegenwart 3/1989, S. 3

22 CODE 5/1990, S. 55

23 Junge Freiheit 2/1990

II. Die Entwicklung in der DDR

1 Zit. n. Ilse Spittmann/Gisela Helwig (Hg.): DDR-Lesebuch. Köln 1989, S. 36

2 Dietrich Staritz: Die National-Demokratische Partei Deutschlands 1948–1953. Berlin 1968, S. 39

3 Staritz nennt diese Zahl (a. a. O., S. 88) und verweist auf einen Artikel des Neuen Deutschland v. 21. 4. 1948

4 Nach einem Bericht des Berliner Rundfunks v. 16. 6. 1979 (Abschrift der Sendung im Archiv des Gesamtdeutschen Instituts in Bonn)

5 Staritz, a. a. O., S. 42

6 Zit. n. Harald Krieg: LDP und NDP in der ‚DDR' 1949–1958. Köln/Opladen 1965, S. 39

7 National-Zeitung v. 14. 5. 1959

8 ebda.

9 Ausschuß für Deutsche Einheit (Hg.): Globke und die Ausrottung der Juden. Berlin (Ost) o. J. (1960), S. 113

10 Bulletin der Bundesregierung Nr. 89 v. 12. 5. 1960, S. 875

11 Fotokopiertes Manuskript des Dokumentationszentrums des Bundes jüdischer Verfolgter des Naziregimes „Nationalsozialistische Elemente in Presse und Propaganda der Deutschen Demokratischen Republik". Wien 1968, S. 4

12 Neues Deutschland v. 9. 2. 1969

13 Sächsische Zeitung v. 13. 11. 1956

14 Neues Deutschland v. 28. 6. 1988

15 Junge Welt v. 16. 9. 1988

16 Sächsische Neueste Nachrichten v. 15. 11. 1956

17 Skinheads und Popper in der Uckermark. Sendung von Radio DDR 1 v. 10. 12. 1985 (Abschrift im Archiv des Gesamtdeutschen Instituts in Bonn)

18 Junge Welt v. 13. 12. 1987

19 Helmut Vogt: Unweit von Sachsenhausen. In: Die Weltbühne 83/1988, S. 646 u. 647
20 Thomas Ammer: Prozesse gegen Skinheads in der DDR. In: Deutschland Archiv 8/1988, S. 804
21 Zit. n. Die Tageszeitung v. 27. 9. 1989
22 Die Tageszeitung v. 12. 8. 1989
23 Zit. n. Frankfurter Rundschau v. 29. 12. 1989
24 Zit. n. Frankfurter Rundschau am Abend v. 31. 5. 1990

III. Das Weltbild der „Neuen Rechten"

1 Armin Mohler, Vorwort zu Alain de Benoist: Kulturrevolution von rechts. Krefeld 1985, S. 11 f.
2 Benoist, Kulturrevolution, a. a. O., S. 37
3 Benoist zitiert zustimmend seinen Parteigänger Dominique Venner. In: Benoist: Aus rechter Sicht. Eine kritische Anthologie zeitgenössischer Ideen. Zwei Bände, Tübingen 1984, Bd. 2, S. 426

1. „Erst Barbarei, dann neue Sittlichkeit." Die „Konservative Revolution" in der Weimarer Republik

1 Kurt Lenk: Deutscher Konservatismus. Frankfurt/M. 1989, S. 106
2 Martin Greiffenhagen: Das Dilemma des Konservatismus in Deutschland. Frankfurt/M. 1986, S. 241
3 Armin Mohler: Die Konservative Revolution in Deutschland 1918–1932. Dritte Auflage, Darmstadt 1989, S. 34
4 Ernst Jünger, zit. nach Mohler, Konservative Revolution, a. a. O., S. 90
5 Mohler: Konservative Revolution, a. a. O., S. 116
6 Fritz Stern: Kulturpessimismus als politische Gefahr. Eine Analyse nationaler Ideologie in Deutschland. Bern und Stuttgart 1963, S. 349
7 Hans Zehrer, zit. nach Greiffenhagen, a. a. O., 298
8 Oswald Spengler: Jahre der Entscheidung. Erster Teil. Deutschland und die weltgeschichtliche Entwicklung. München 1933, Einleitung unpaginiert
9 Arthur Moeller van den Bruck: Konservativ. Berlin 1922, S. 22
10 Herbert Marcuse: Der Kampf gegen den Liberalismus in der totalitären Staatsauffassung. In: Zeitschrift für Sozialforschung 2/1934, S. 164
11 Arthur Moeller van den Bruck: Das dritte Reich. Berlin 1923, S. 187
12 ebda. S. 97
13 ebda. S. 100
14 ebda. S. 1
15 ebda. S. 262

16 ebda. S. 186
17 ebda. S. 261
18 Kurt Lenk: Konservatismus, a. a. O., S. 114
19 Hans Freyer: Revolution von rechts. Jena 1931, S. 48
20 ebda. S. 48
21 ebda. S. 9
22 ebda. S. 23
23 ebda. S. 34
24 ebda. S. 5
25 ebda. S. 8
26 ebda. S. 39
27 ebda. S. 50
28 Kurt Lenk: Konservatismus, a. a. O., S. 149
29 Edgar J. Jung (Hg.): Deutsche über Deutschland. Die Stimme des unbekannten Politikers. Mit einem zusammenfassenden Nachwort: „Deutschland und die konservative Revolution." München 1932, S. 380; vgl. auch E. J. J.: Sinndeutung der deutschen Revolution. Oldenburg 1933
30 ebda. S. 382
31 Hans Freyer: Revolution von rechts, a. a. O., S. 53
32 Karl Löwith: Mein Leben in Deutschland vor und nach 1933. Stuttgart 1986, S. 33
33 Othmar Spann: Der wahre Staat. Leipzig 1921, S. 183
34 ebda. S. 207
35 ebda. S. 208
36 ebda. S. 182
37 ebda. S. 288
38 ebda. S. 213
39 ebda. S. 110
40 Vgl. Gerd-Klaus Kaltenbrunner: Elite – Erziehung für den Ernstfall. Asendorf 1984, S. 20
41 Thomas Mann: Von deutscher Republik. In: Essays, Bd. 2, hg. von Hermann Kurzke, Frankfurt/M. 1986, S. 66
42 Ernst Jünger: Der Arbeiter. Herrschaft und Gestalt. Stuttgart 1982, S. 139
43 ebda. S. 137
44 ebda. S. 110
45 ebda. S. 247
46 ebda. S. 130
47 ebda. S. 138
48 ebda. S. 247
49 ebda. S. 248
50 ebda. S. 292
51 ebda. S. 294
52 ebda. S. 307

53 Oswald Spengler: Jahre der Entscheidung, a. a. O., S. 92 f.
54 Armin Mohler: Konservative Revolution, a. a. O., S. 82
55 ebda. S. 83
56 ebda. S. 87
57 ebda. S. 93
58 Karl Löwith: Mein Leben in Deutschland, a. a. O., S. 5
59 Edgar J. Jung, zit. nach Kurt Sontheimer: Antidemokratisches Denken in der Weimarer Republik. Die politischen Ideen des deutschen Nationalismus zwischen 1918 und 1933. München 1962, S. 363
60 Edgar J. Jung: Deutsche über Deutschland, a. a. O., S. 382 f.
61 Kurt Sontheimer: Antidemokratisches Denken, a. a. O., S. 365
62 ebda. S. 369
63 ebda. S. 365
64 Oswald Spengler: Jahre der Entscheidung, a. a. O., S. 135

2. Das Patronat des Carl Schmitt. Der Kronjurist Hitlers und die „Neue Rechte"

1 Karl Jaspers, zit. nach Bernd Rüthers: Carl Schmitt im Dritten Reich. Wissenschaft als Zeitgeist-Verstärkung? München 1989, S. 28
2 Günter Maschke: Der Tod des Carl Schmitt. Wien 1987. Vgl. auch Maschkes vor seiner rechtsradikalen Kehre entstandenen Aufsatz: Im Irrgarten Carl Schmitts. In: Karl Corino (Hg.): Intellektuelle im Bann des Nationalsozialismus. Hamburg 1980, S. 204–241
3 Jacob Taubes: Ad Carl Schmitt. Gegenstrebige Fügung. Berlin 1989; Norbert Bolz: Auszug aus der entzauberten Welt. Philosophischer Extremismus zwischen den Weltkriegen. München 1989
4 Bernd Rüthers: Carl Schmitt, a. a. O., S. 34
5 ebda. S. 50
6 Vgl. Rüthers' Zusammenfassung, a. a. O., S. 76
7 ebda. S. 81
8 Jacob Taubes: Ad Carl Schmitt, a. a. O., 22
9 Carl Schmitt: Der Leviathan in der Staatslehre des Thomas Hobbes. Köln 1982, S. 69
10 ebda. S. 71 f.
11 ebda. S. 69
12 ebda. S. 113
13 ebda. S. 34
14 ebda. S. 108
15 ebda. S. 99
16 ebda. S. 108
17 ebda. S. 110
18 Carl Schmitt: Die geistesgeschichtliche Lage des heutigen Parlamentarismus. Berlin 1985, S. 11
19 ebda. S. 10

20 ebda. S. 12
21 Schmitt paraphrasiert zustimmend Donoso Cortes. In: C. S.: Politische Theologie, Berlin 1985, S. 81
22 Carl Schmitt: Leviathan, a. a. O., S. 118
23 ebda. S. 94–96
24 Vgl. Norbert Bolz, Auszug aus der entzauberten Welt, a. a. O., S. 57
25 Helmut Kellershohn: Der völkische Nationalismus der Republikaner. Duisburg 1989, S. 12
26 Carl Schmitt: Lage des Parlamentarismus, a. a. O., S. 89
27 Jürgen Habermas: Die Schrecken der Autonomie. Zu zwei früheren Publikationen des deutschen Staatsrechtlers Carl Schmitt. In: Babylon 1/1986, S. 117

3. „Le couple franco-allemand". Die Wiederkehr der „Konservativen Revolution" im Denken der französischen „Nouvelle Droite"

1 Günter Wolfgang Dill: Bemerkungen zum zeitgenössischen Rechtsextremismus in Frankreich. In: Iring Fetscher/Helga Grebing (Hg.): Rechtsradikalismus. Frankfurt/M. 1967, S. 248
2 Alain de Benoist: Kulturrevolution von rechts. Krefeld 1985, S. 21 ff.
3 ebda. S. 20
4 Alain de Benoist: Aus rechter Sicht. Eine kritische Anthologie zeitgenössischer Ideen. Tübingen 1984, Bd. 2, S. 388 f.
5 Alain de Benoist: Kulturrevolution, a. a. O., S. 20
6 Vgl. Alain Rollat. „Nouvelle Droite" – die „Neue Rechte" in Frankreich. In: Martina Kirfel/Walter Oswalt (Hg.): Die Rückkehr der Führer. Wien, Zürich 1989, S. 120 f.
7 Zit. nach Michael Haller: Europa erwache! Frankreichs Neue Rechte und die Internationale des soziobiologischen Rassismus. In: Paul Lersch (Hg.): Die verkannte Gefahr. Reinbek 1981, S. 93
8 Aus einer internen Anweisung vom Februar 1969, zit. nach Michael Billig: Die rassistische Internationale. Zur Renaissance der Rassenlehre in der modernen Psychologie. Frankfurt/M. 1980, S. 137
9 Michael Billig: Die rassistische Internationale, a. a. O., S. 153
10 ebda. S. 160
11 Lothar Baier: Französische Zustände. Frankfurt/M. 1985, S. 77
12 Marieluise Christadler: Die „Nouvelle Droite" in Frankreich. In: Iring Fetscher (Hg.): Neokonservative und „Neue Rechte". München 1983, S. 163
13 Jürg Altwegg: Ideen sind Mächte. Eindringen, Ausschließen. Der zehnte Sommer der Neuen Rechten. In: Frankfurter Allgemeine Zeitung vom 9. 9. 1989
14 Alain de Benoist: Kulturrevolution, a. a. O., S. 25–37
15 ebda. S. 31
16 ebda. S. 38

17 ebda. S. 38
18 Benoist, zit. nach Christadler: Die „Nouvelle Droite", a. a. O., S. 189
19 Vgl. Michael Billig: Die rassistische Internationale, a. a. O. S. 121
20 Vgl. auch die Dokumentation über Konrad Lorenz: Martina Kirfel/ Walter Oswalt (Hg.): Die Rückkehr der Führer. Wien, Zürich 1989, S. 225–226
21 Alain de Benoist: Demokratie: Das Problem. Tübingen 1986, S. 115
22 Alain de Benoist: Die entscheidenden Jahre. Zur Erkennung des Hauptfeindes. Tübingen 1982, S. 53
23 ebda. S. 57
24 ebda. S. 49
25 Alain de Benoist: Kulturrevolution von rechts, a. a. O., S. 89
26 Zit. nach Jürg Altwegg: Ideen sind Mächte, a. a. O.
27 Vgl. Marieluise Christadler: Die „Nouvelle Droite", a. a. O., S. 215

4. „Die Nation ist der Ausgangs- und Endpunkt allen politischen Denkens." Nation und Nationalismus auf dem „rechten" Flügel der „Neuen Rechten"

1 Martin Greiffenhagen: Das Dilemma des Konservatismus in Deutschland. Frankfurt/M. 1986, S. 379
2 Karlheinz Weißmann: Neo-Konservatismus in der Bundesrepublik? In: Criticón 102/1987, S. 176–179
3 Bernard Willms: Nation heute. Die Idee des Bismarckschen Reiches und dessen Aktualität. Hamburg 1984, S. 12
4 ebda. S. 18
5 Bernard Willms: Das deutsche Wesen in der Welt von morgen – Überlegungen zur Aufgabe der Nation. Coburg 1983, S. 12
6 Hier in einer Formulierung von Hans-Joachim Arndt, dem politischen alter ego von Bernard Willms. H.-J. A.: Die Besiegten von 1945, Berlin 1978, S. 42
7 Hans-Dietrich Sander: Der nationale Imperativ. Ideengänge und Werkstücke zur Wiederherstellung Deutschlands. Krefeld 1980, S. 96
8 ebda. S. 113
9 Günter Maschke: Die Verschwörung der Flakhelfer. In: H. J. Arndt et al.: Inferiorität als Staatsräson. Krefeld 1985, S. 112
10 ebda. S. 95
11 ebda. S. 115
12 ebda. S. 95 ff.
13 Hans-Dietrich Sander: Der nationale Imperativ, a. a. O., S. 95
14 Günter Maschke: Verschwörung, a. a. O., S. 113
15 ebda. S. 102
16 ebda. S. 110
17 Hans-Dietrich Sander: Der nationale Imperativ, a. a. O., S. 105
18 Bernard Willms: Idealismus und Nation. Zur Rekonstruktion des politischen Selbstbewußtseins der Deutschen. Paderborn 1986, S. 217

19 Bernard Willms: Identität und Widerstand. Reden aus dem deutschen Elend. Tübingen 1986, S. 149
20 Bernard Willms: Nation heute, a. a. O., S. 16
21 Peter Mendrina: Die Rechten und die deutsche Nation, zit. nach Arno Klönne: „Die deutsche Geschichte geht weiter". In: Das Argument 161/1987, S. 35

5. Linker Nationalismus von rechts? Henning Eichberg und die „nationale Revolution"

1 Peter Glotz: Die deutsche Rechte. Eine Streitschrift. Stuttgart 1989, S. 136 f.
2 Günter Bartsch: Revolution von rechts? Ideologie und Organisation der Neuen Rechten. Freiburg 1975, S. 19
3 ebda. S. 20
4 ebda. S. 20 f.
5 Henning Eichberg: Nationale Identität. Entfremdung und nationale Frage in der Industriegesellschaft. München 1978, S. 11
6 Henning Eichberg: Abkoppelung. Nachdenken über die neue deutsche Frage. Koblenz 1987, S. 111 f.
7 ebda. S. 122
8 ebda. S. 127
9 Henning Eichberg: Nationale Identität, a. a. O., S. 8
10 ebda. S. 34
11 ebda. S. 70
12 Pierre Krebs: Die europäische Wiedergeburt. Aufruf zur Selbstbesinnung. Tübingen 1982, S. 25
13 ebda. S. 28
14 ebda. S. 17
15 Vgl. den Hinweis bei Günter Bartsch: Revolution von rechts? a. a. O., S. 42
16 Etienne Balibar: Gibt es einen neuen Rassismus? In: Das Argument 175/1989, S. 373
17 Henning Eichberg: Nationale Identität, a. a. O., S. 105
18 Henning Eichberg: Abkoppelung, a. a. O., S. 190
19 Henning Eichberg: Nationale Identität, a. a. O., S. 105
20 Carl Schmitt: Die geistesgeschichtliche Lage des heutigen Parlamentarismus. Berlin 1985, S. 13 f.
21 Henning Eichberg: „Eingegrabene Spuren" Oder: die deutsche Identität gegen den westlichen Strich gebürstet. In: Niemandsland 8, 9/1990, S. 84

6. „Der Weg zur Selbstfindung der Deutschen führt über die Trümmer der KZ-Denkstätten." Vergangenheitsbewältigung durch Entkriminalisierung der deutschen Geschichte

1 Jürgen Habermas: Eine Art Schadensabwicklung. Frankfurt/M. 1987, S. 11
2 Armin Mohler: Vergangenheitsbewältigung. Dritte Auflage, Krefeld 1981, S. 11
3 Armin Mohler: Im Dickicht der Vergangenheitsbewältigung. In: Bernard Willms (Hg.): Handbuch zur Deutschen Nation. Drei Bände, Tübingen 1986–88, Bd. 2, S. 75
4 Armin Mohler: Vergangenheitsbewältigung, a. a. O., S. 14
5 ebda. S. 17
6 ebda. S. 17
7 Hans-Dietrich Sander, zit. nach Arno Klönne: „Die deutsche Geschichte geht weiter. In: Das Argument 161/1987, S. 39
8 Hans-Dietrich Sander: Die Auflösung aller Dinge. Zur geschichtlichen Lage des Judentums in den Metamorphosen der Moderne. München 1988, S. 173 f.
9 ebda. S. 173
10 ebda. S. 174
11 ebda. S. 170
12 ebda. S. 171 f.
13 Armin Mohler: Vergangenheitsbewältigung, a. a. O., S. 100 f.
14 Armin Mohler: Der Nasenring. Im Dickicht der Vergangenheitsbewältigung. Essen 1989, S. 238
15 ebda. S. 226
16 ebda. S. 227
17 ebda. S. 227
18 Bernard Willms: Die deutsche Nation. Köln-Lövenich 1982, S. 190
19 Armin Mohler: Der Nasenring, a. a. O., S. 236
20 Armin Mohler: Was die Deutschen fürchten. Berlin 1966, S. 113
21 Vgl. das Interview mit Armin Mohler. In: Claus Leggewie: Der Geist steht rechts. Berlin 1987, S. 187 ff.
22 Hans Mommsen: Das dritte Reich: Bürde oder Herausforderung? In: Niemandsland 1/1987, S. 18

7. „Soziobiologie": das ideologische Fundament der „Neuen Rechten"

1 Henning Eichberg, zit. nach Margret Feit: Die „Neue Rechte" in der Bundesrepublik. Frankfurt/M. 1987, S. 103 f.
2 Zit. nach Michael Billig: Die rassistische Internationale. Zur Renaissance der Rassenlehre in der modernen Psychologie. Frankfurt/M. 1980, S. 141
3 Lothar Baier: Vorwort zu Michael Billig: Die rassistische Internationale, a. a. O., S. 15

4 ebda. S. 15
5 Vgl. Anmerkung (2)
6 Rudolf Künast: Empirische Wissenschaften zur Gleichheitslehre. In: Pierre Krebs (Hg.): Das unvergängliche Erbe. Tübingen 1981, S. 294
7 ebda. S. 295
8 ebda. S. 299
9 ebda. S. 295
10 Vgl. Hans Mohr: Evolution und Ethik. In: Bernard Willms (Hg.): Handbuch zur Deutschen Nation, a. a. O., Bd. 3, S. 113
11 Rudolf Künast: Empirische Wissenschaften, a. a. O., S. 298
12 ebda. S. 303
13 Zit. nach Rudolf Künast: Empirische Wissenschaften, a. a. O., S. 282
14 Hans Mohr: Evolution und Ethik, a. a. O., S. 115
15 Zit. nach Rudolf Künast: Empirische Wissenschaften, a. a. O., S. 306
16 Vgl. Michael Billig: Die rassistische Internationale, a. a. O., S. 91
17 Rudolf Künast: Empirische Wissenschaft, a. a. O., S. 313
18 ebda. S. 311
19 Otto Koenig: Bewußtsein und Verhalten. In: B. Willms, Handbuch zur Deutschen Nation, a. a. O., Bd. 3, S. 63
20 Vgl. Günter Bartsch: Revolution von rechts? Ideologie und Organisation der Neuen Rechten. Freiburg 1975, S. 51
21 Hauke Brunkhorst: Der Intellektuelle im Land der Mandarine. Frankfurt/M. 1987, S. 89
22 Günter Bartsch: Revolution von rechts?, a. a. O., S. 36 f.

8. Europa: Die dritte Supermacht im „Daseinskampf der Völker“

1 Carl Schmitt: Völkerrechtliche Großraumordnung mit Interventionsverbot für raumfremde Mächte. Zit. nach Richard Faber: Abendland. Ein „politischer Kampfbegriff“. Hildesheim 1979, S. 206
2 Carl Schmitt: Der Nomos der Erde im Völkerrecht des Jus Publicum Europaeum. Berlin 1959, S. 211
3 Carl Schmitt: Völkerrechtliche Großraumordnung, a. a. O., S. 206
4 Peter Binding: Wiedergewinnung der Identität. Europa zwischen Abdankung und neuer Selbstfindung. In: Pierre Krebs (Hg.): Das unvergängliche Erbe. Alternativen zum Prinzip der Gleichheit. Tübingen 1981, S. 53
5 Hans-Dietrich Sander: Die Auflösung aller Dinge. Zur geschichtlichen Lage des Judentums in den Metamorphosen der Moderne. München 1988, S. 163
6 Peter Binding: Wiedergewinnung der Identität, a. a. O., S. 36
7 Pierre Krebs: Die europäische Wiedergeburt. Aufruf zur Selbstbesinnung, a. a. O., S. 29
8 ebda. S. 34
9 ebda. S. 33

10 ebda. S. 41
11 Peter Binding: Wiedergewinnung der Identität, a. a. O., S. 37
12 ebda. S. 47
13 Gerd-Klaus Kaltenbrunner: Wehe den Machtlosen. Eine dringende Klärung. Freiburg 1982, S. 20
14 ebda. S. 18
15 Peter Binding: Wiedergewinnung der Identität, a. a. O., S. 49
16 ebda. S. 48
17 Hans-Dietrich Sander: Die Auflösung aller Dinge, a. a. O., S. 167
18 Pierre Krebs: Die europäische Wiedergeburt, a. a. O., S. 45 f.
19 Bernard Willms/ Paul Kleinewefers: Erneuerung aus der Mitte. Herford 1988, S. 22
20 ebda. S. 23
21 Bernard Willms: Deutsches Nationalbewußtsein und Mitteleuropa. In: Criticón 102/1987, S. 165
22 ebda. S. 165
23 ebda. S. 165

9. Utopie von rechts. Die Aufhebung der Demokratie im neofeudalen Staat: Gerd-Klaus Kaltenbrunner

1 Wolfgang Strauss: Waldgang à la Kaltenbrunner. In: Junges Forum 5, 6/1982, S. 16–18
2 Gerd-Klaus Kaltenbrunner: Der überforderte schwache Staat. Freiburg 1975, S. 14
3 Gerd-Klaus Kaltenbrunner: Elite – Erziehung für den Ernstfall. Asendorf 1984, S. 7
4 ebda. S. 12
5 ebda. S. 16
6 Gerd-Klaus Kaltenbrunner: Wege der Weltbewahrung. Sieben konservative Gedankengänge. Asendorf 1985, S. 11
7 ebda. S. 34
8 Gerd-Klaus Kaltenbrunner: Wehe den Machtlosen, a. a. O., S. 10
9 Gerd-Klaus Kaltenbrunner: Wege der Weltbewahrung, a. a. O., S. 172
10 ebda. S. 150
11 ebda. S. 172
12 Gerd-Klaus Kaltenbrunner: Über die Gewalt. Freiburg 1986, S. 11
13 Gerd-Klaus Kaltenbrunner: Die Herausforderung der Konservativen. Freiburg 1974, S. 13
14 ebda. S. 13
15 Gerd-Klaus Kaltenbrunner: Der schwierige Konservatismus. Definitionen, Theorien, Porträts. Herford 1975, S. 51
16 Gerd-Klaus Kaltenbrunner: Wege der Weltbewahrung, a. a. O., S. 254
17 Gerd-Klaus Kaltenbrunner: Der schwierige Konservatismus, a. a. O., S. 115

18 Gerd-Klaus Kaltenbrunner: Wege der Weltbewahrung, a. a. O., S. 138
19 Gerd-Klaus Kaltenbrunner: Elite, a. a. O., S. 40
20 ebda. S. 20
21 Gerd-Klaus Kaltenbrunner: Der schwierige Konservatismus, a. a. O., S. 105
22 Gerd-Klaus Kaltenbrunner: Elite, a. a. O., S. 50
23 ebda. S. 51
24 ebda. S. 51
25 Gerd-Klaus Kaltenbrunner: Wege der Weltbewahrung, a. a. O., S. 69
26 ebda. S. 161
27 Gerd-Klaus Kaltenbrunner: Sparta. Huldigung an das altgriechische Preußen. In: Criticón 100/1987, S. 73–76

10. Die Zukunft der „Neuen Rechten": Was heißt jetzt noch „nationaler Imperativ"?

1 vgl. Teil I, Kapitel 5, Anmerkung 21
2 Hans-Dietrich Sander: Der nationale Imperativ. Ideengänge und Werkstücke zur Wiederherstellung Deutschlands. Krefeld 1980, S. 151
3 ebda. S. 152
4 zit. nach Holger Czitrich: Konservatismus und nationale Identität in der Bundesrepublik Deutschland. Frankfurt/M. 1989, S. 24
5 Alain de Benoist, zit. nach Margret Feit: Die „Neue Rechte" in der Bundesrepublik, a. a. O., S. 117
6 Hauke Brunkhorst: Vom Vorrang der Freiheit und von der Nation. Frankfurter Rundschau vom 27. 2. 1990
7 Bernard Willms: Volk, Staat, Nation und Gesellschaft. In: B. W. (Hg.): Handbuch zur Deutschen Nation, a. a. O., Bd. 2, S. 33
8 vgl. Gerhard Paul: Die „Republikaner". Profile einer neuen Partei. In: Gewerkschaftliche Monatshefte 9/1990, S. 542
9 Bernard Willms: Volk, Staat, Nation und Gesellschaft, a. a. O., S. 34
10 Claus Leggewie: Achtziger verweht. Ein Versuch, Staat und Gesellschaft der 80er Jahre zu verstehen. In: Unser Jahrhundert in Wort, Bild und Ton. Die 80er Jahre. Gütersloh 1990
11 vgl. Gerhard Paul: Die „Republikaner", a. a. O., S. 547
12 Hans-Dietrich Sander: Die Auflösung aller Dinge. Zur geschichtlichen Lage des Judentums in den Metamorphosen der Moderne, a. a. O., S. 167
13 zit. nach Kurt Lenk: Deutscher Konservatismus, a. a. O., S. 255

Abkürzungsverzeichnis

AAR	Aktion Ausländerrückführung – Volksbewegung gegen Überfremdung und Umweltzerstörung
AKON	Aktion Oder/Neiße
ANR	Aktion Neue Rechte
ANS	Aktionsfront Nationaler Sozialisten
ANS/NA	Aktionsfront Nationaler Sozialisten/Nationale Aktivisten
AVJ	Arbeitsgemeinschaft Vaterländerischer Jugendverbände
AVV	Arbeitskreis Volkstreuer Verbände
BBI	Bürger- und Bauerninitiative
BDJ	Bund Deutscher Jugend
BDM	Bund Deutscher Mädel
BDS	Bund Deutscher Solidaristen
BHE	Block der Heimatvertriebenen und Entrechteten
BHJ	Bund Heimattreuer Jugend
BNS	Bund Nationaler Studenten
CDU	Christlich Demokratische Union
CSU	Christlich Soziale Union
DA	Deutsche Alternative
DAP	Deutsche Aufbau-Partei
DBI	Deutsche Bürgerinitiative
DG	Deutsche Gemeinschaft
DKEG	Deutsches Kulturwerk Europäischen Geistes
DKG	Deutsche Kulturgemeinschaft
DKP	Deutsche Konservative Partei
DKP-DRP	Deutsche Konservative Partei – Deutsche Rechtspartei
DNVP	Deutsch-Nationale Volkspartei
DNZ	Deutsche National-Zeitung
DRP	Deutsche Reichspartei
DSZ	Deutsche Soldaten-Zeitung
DVU	Deutsche Volksunion
DVU-Liste D	Deutsche Volksunion-Liste D
FAP	Freiheitliche Deutsche Arbeiterpartei
FAZ	Frankfurter Allgemeine Zeitung
FDP	Freie Demokratische Partei
GRECE	Groupement de recherche et d'études pour la civilisation européenne
GFP	Gesellschaft für Freie Publizistik

HIAG	Hilfsgemeinschaft auf Gegenseitigkeit der ehemaligen Angehörigen der Waffen-SS
HJ	Hitlerjugend
HNG	Hilfsorganisation für nationale und politische Gefangene
IWE	Informationsbüro West
JN	Junge Nationaldemokraten
KNJ	Kameradschaftsring Nationaler Jugendverbände
LDP	Liberal-Demokratische Partei
NDP	National-Demokratische Partei
NDPD	National-Demokratische Partei Deutschlands
NHB	Nationaldemokratischer Hochschulbund
NPD	Nationaldemokratische Partei Deutschlands
NRAO	Nationalrevolutionäre Aufbauorganisation
NSDAP	Nationalsozialistische Deutsche Arbeiterpartei
NSDAP/AO	Nationalsozialistische Deutsche Arbeiterpartei/Auslandsorganisation
OAS	Organisation de l'Armée Secrète
PdA	Partei der Arbeit
PDS	Partei des Demokratischen Sozialismus
SA	Sturmabteilung der NSDAP
SBZ	Sowjetische Besatzungszone
SdV/NRAO	Sache des Volkes/Nationalrevolutionäre Aufbauorganisation
SED	Sozialistische Einheitspartei Deutschlands
SMAD	Sowjetische Militäradministration
SPD	Sozialdemokratische Partei Deutschlands
SRP	Sozialistische Reichspartei
SS	Schutzstaffel der NSDAP
SVP	Solidaristische Volksbewegung
TD	Technischer Dienst (des BDJ)
VSBD/PdA	Volkssozialistische Bewegung Deutschlands/Partei der Arbeit
WJ	Wiking-Jugend
WSG	Wehrsportgruppe

Literaturauswahl

Anti-faschistische Russel-Reihe. „NSDAP"-Propagandisten unter der Lupe. Dokumentation antisemitischer, antidemokratischer und offener NS-Provokationen der Schönborn-Roeder-Christophersen-Bande und ihre Deckung seitens staatlicher Organe. Hamburg 1978

Antoni, Ernst: „Landser"-Hefte. Wegbereiter für den Rechtsradikalismus. Eine Dokumentation. München 1979

Arndt, Hans-Joachim: Die Besiegten von 1945. Berlin 1978

–: Der Verbleib des Deutschland-Bewußtseins in der Bundesrepublik. In: Arndt et al.: Inferiorität als Staatsräson. Krefeld 1985, S. 61–91

Backes, Uwe/Jesse, Eckhardt: Extremismus & Demokratie. Bonn 1989

–: Politischer Extremismus in der Bundesrepublik Deutschland. 3 Bde. Köln 1989

–: Totalitarismus-Extremismus-Terrorismus. Ein Literaturführer und Wegweiser im Lichte deutscher Erfahrung. Opladen ²1985

Baier, Lothar: Französische Zustände. Berichte und Essays. Frankfurt/M. 1985

Bamberg, Hans-Dieter: Gefährdung unserer Demokratie von rechts. Die Feinde in Gesellschaft und Staat. Hannover 1980

Bartsch, Günter: Revolution von rechts? Ideologie und Organisation der Neuen Rechten. Freiburg 1975

Benoist, Alain de: Aus rechter Sicht. Eine kritische Anthologie zeitgenössischer Ideen. 2 Bde. Tübingen 1984

–: Demokratie: Das Problem. Tübingen 1986

–: Die entscheidenden Jahre. Zur Erkennung des Hauptfeindes. Tübingen 1982

–: Kulturrevolution von rechts. Gramsci und die Nouvelle Droite. Krefeld 1985

–: Was ist die Neue Rechte? In: Junges Forum, Nr. 1–2/1984, S. 5–14

Benz, Wolfgang: Rechtsextremismus in der Bundesrepublik. Voraussetzungen, Zusammenhänge, Wirkungen. Frankfurt/M. ³1989

Bericht über neonazistische Aktivitäten 1977. München 1978

dass.: 1978. München 1979

dass.: 1979. München 1980

Beyme, Klaus v. (Hg.): Right-Wing Extremism in Western Europe. London 1988

Biemann, Georg/Krischka, Joachim (Hg.): Nazis, Skins und alte Kameraden. Dortmund 1986

Billig, Michael: Die Rassistische Internationale. Zur Renaissance der Rassenlehre in der modernen Psychologie. Frankfurt/M. 1981

Bolz, Norbert: Auszug aus der entzauberten Welt. Philosophischer Extremismus zwischen den Weltkriegen. München 1989

Bosch, Michael (Hg.): Antisemitismus, Nationalsozialismus und Neonazismus. Düsseldorf 1979

Boßmann, Dieter: „Was ich über Adolf Hitler gehört habe . . .". Folgen eines Tabus: Auszüge aus Schüler-Aufsätzen von heute. Frankfurt/M. 1977

Broder, Henryk M.: Deutschland erwacht. Die neuen Nazis. Aktionen und Provokationen. Bornheim-Merten [3]1978

Brüdigam, Heinz: Der Schoß ist fruchtbar noch. Neonazistische, militaristische, nationalistische Literatur und Publizistik in der Bundesrepublik. Frankfurt/M. [2]1965

Brunkhorst, Hauke: Der Intellektuelle im Land der Mandarine. Frankfurt/M. 1987

Bundesministerium für innerdeutsche Beziehungen: DDR Handbuch. 2 Bde. Köln [3]1985

Bundesministerium des Innern, Referat „Öffentlichkeitsarbeit gegen Terrorismus": Gewalt von rechts. Beiträge aus Wissenschaft und Publizistik. Bonn 1982

Bundeszentrale für politische Bildung (Hg.): Extremistische Medien in der Bundesrepublik. Pädagogische und juristische Auseinandersetzungen am Beispiel des Rechtsextremismus. Bonn 1984

Chaussy, Ulrich: Oktoberfest. Ein Attentat. Darmstadt – Neuwied 1985

Corino, Karl (Hg.): Intellektuelle im Bann des Nationalsozialismus. Hamburg 1980

Czitrich, Holger: Konservativismus und nationale Identität in der Bundesrepublik Deutschland. Frankfurt/M. 1989

Dudek, Peter (Hg.): Hakenkreuz und Judenwitz. Antifaschistische Jugendarbeit in der Schule. Bensheim 1980

–: Jugendliche Rechtsextremisten. Zwischen Hakenkreuz und Odalsrune 1945 bis heute. Köln 1985

–/ Jaschke, Hans-Gerd: Die Deutsche National-Zeitung. Inhalte – Geschichte – Aktionen. München 1981

dies.: Revolte von rechts. Anatomie einer neuen Jugendpresse. Frankfurt/M. – New York 1981

–: Entstehung und Entwicklung des Rechtsextremismus in der Bundesrepublik. Zur Tradition einer besonderen politischen Kultur. 2 Bde. Opladen 1984

Ebert, Wolfgang/Schultz, Reinhard: Das Urteil von Mannheim: NPD nicht verfassungsfeindlich? Eine Dokumentation. München 1978

Eichberg, Henning: Abkoppelung. Nachdenken über die neue deutsche Frage. Koblenz 1987

–: ‚Eingegrabene Studien' Oder: Die deutsche Identität gegen den westli-

chen Strich gebürstet. In: Niemandsland. Zeitschrift zwischen den Kulturen. Heft 8, 9/1990, S. 78–85
–: Nationale Identität. Entfremdung und nationale Frage in der Industriegesellschaft, München, Wien 1978
Europäisches Parlament: Untersuchungsausschuß „Wiederaufleben des Faschismus und Rassismus in Europa“: Bericht über die Ergebnisse der Arbeiten. o. O. 1985
Eysenck, Hans J.: Die Ungleichheit der Menschen. Gütersloh 1978
Faber, Richard: Abendland. Ein „politischer Kampfbegriff“. Hildesheim 1979
–: Roma aeterna. Zur Kritik der „Konservativen Revolution“. Würzburg 1981
Faller, Kurt/Siebold, Heinz: Neofaschismus. Dulden? Verbieten? Ignorieren? Bekämpfen? Frankfurt/M. 1986
Feit, Margret: Die „Neue Rechte“ in der Bundesrepublik. Organisation – Ideologie – Strategie. Frankfurt/M. 1987
Fetscher, Iring (Hg.): Rechtsradikalismus, Frankfurt/M. 1967
– (Hg.): Neokonservative und „Neue Rechte“. Der Angriff gegen Sozialstaat und liberale Demokratie in den Vereinigten Staaten, Westeuropa und der Bundesrepublik. München 1983
Filmer, Werner/Schwan, Heribert: Was von Hitler blieb? 50 Jahre nach der Machtergreifung. Frankfurt/M. 1983
Freyer, Hans: Revolution von rechts. Jena 1931
Fürstenau, Justus: Entnazifizierung. Ein Kapitel deutscher Nachkriegspolitik. Neuwied – Berlin 1969
Funke, Hajo: „Republikaner“. Rassismus, Judenfeindschaft, nationaler Größenwahn. Zu den Potentialen der Rechtsextremen am Beispiel der „Republikaner“. Berlin ²1989
Funke, Manfred (Hg.): Extremismus im demokratischen Rechtsstaat. Ausgew. Texte und Materialien zur aktuellen Diskussion. Bonn 1978
Gaus, Günter (Hg.): Zur Wahl gestellt. CDU/CSU SPD FDP NPD DKP SDS. Interviews und Analysen. Reinbek 1969
Gessenharter, Wolfgang/Fröhling, Helmut/Krupp, Burkhart: Rechtsextremismus als normativ-praktisches Forschungsproblem. Eine empirische Analyse der Einstellungen von studierenden Offizieren der Hochschule der Bundeswehr Hamburg sowie von militärischen und zivilen Vergleichsgruppen. Weinheim – Basel 1978
Ginzel, Günther-Bernd: Hitlers (Ur)enkel. Neonazis: Ihre Ideologien und Aktionen. Düsseldorf ³1981
Glotz, Peter: Die deutsche Rechte. Eine Streitschrift. Stuttgart 1989
Götz, Wolfgang: Stichworte zur NPD. Mainz 1969
–/ Bossle, Lothar: Parolen und Realitäten. Die NPD in Fragen und Antworten. Selbstzeugnisse – Zitate – Urteile. Mainz o. J.
–/ Sieden, Joachim: ... bis alles in Scherben fällt ... Wohin führt der Rechtsradikalismus. Mainz 1967

Greiffenhagen, Martin: Das Dilemma des Konservativismus in Deutschland. Frankfurt/M. 1986
Greive, Hermann: Geschichte des modernen Antisemitismus in Deutschland. Darmstadt 1983
Greß, Franz/Jaschke, Hans-Gerd: Rechtsextremismus in der Bundesrepublik nach 1960. Dokumentation und Analyse von Verfassungsschutzberichten. München 1982
Haack, Friedrich Wilhelm: Wotans Wiederkehr. Blut-, Boden- und Rasse-Religion. München 1981
Habermas, Jürgen: Eine Art Schadensabwicklung. Frankfurt/M. 1987
Hafeneger, Benno/Paul, Gerhard/Schoßig, Bernhard (Hg.): Dem Faschismus das Wasser abgraben. Zur Auseinandersetzung mit dem Rechtsradikalismus. München 1981
Hartmann, Ulrich/Steffen, Hans-Peter/Steffen, Sigrid: Rechtsextremismus bei Jugendlichen. Anregungen, der wachsenden Gefahr entgegenzuwirken. München 1985
Heitmeyer, Wilhelm: Rechtsextremistische Orientierungen bei Jugendlichen. Empirische Ergebnisse und Erklärungsmuster einer Untersuchung zur politischen Sozialisation. München [3]1989
Hellfeld, Matthias von (Hg.): Dem Haß keine Chance. Der neue rechte Fundamentalismus. Köln 1989
– (Hg.): Im Schatten der Krise. Rechtsextremismus, Neofaschismus und Ausländerfeindlichkeit. Köln 1986
–: Modell Vergangenheit. Rechtsextreme und Neokonservative Ideologien in der Bundesrepublik. Köln 1987
Hennig, Eike: Neonazistische Militanz und Rechtsextremismus unter Jugendlichen. Bonn 1982
–/ Jaschke, Hans-Gerd: Neofaschismus und Jugend in der BRD heute. Weinheim – Basel 1980
Hereth, Michael: Der Fall Rudel oder Die Hoffähigkeit der Nazi-Diktatur. Protokoll einer Bundestagsdebatte. Reinbek 1977
Hirsch, Kurt: Kommen die Nazis wieder? Gefahren für die Bundesrepublik. München 1967
–/ Heim, Peter B. (Mitarb.): Rechts REPs Rechts. Aktuelles Handbuch zur rechtsextremen Szene. Berlin 1990
–: Rechts von der Union. Personen, Organisationen, Parteien seit 1945. Ein Lexikon. München 1989
–/ Metz, Wolfgang: Die Republikaner – die falschen Patrioten. (Schriftenreihe der bayerischen SPD.) o. O. April 1989
–/ Sarkowicz, Hans: Schönhuber. Der Politiker und seine Kreise. Frankfurt/M. 1989
Höffken, Heinz Werner/Sattler, Martin: Rechtsextremismus in der Bundesrepublik. Die „alte", die „neue" Rechte und der Neonazismus. Opladen [2]1980
Hofmann von Bern und Rueggisberg, Heinz: Mehrparteiensystem ohne

Opposition. Die nichtkommunistischen Parteien in der DDR, Polen, der Tschechoslowakei und Bulgarien. (Diss.) Frankfurt/M. 1976
Hofmann-Göttig, Joachim: Die neue Rechte: die Männerparteien. Die Wählerbasis der „Republikaner", DVU und NPD nach Alter und Geschlecht bei der Europawahl vom 18. Juni 1989. Bonn 1989
Huhn, Anne/Meyer, Alwin: „Einst kommt der Tag der Rache". Die rechtsextreme Herausforderung 1945 bis heute. Freiburg 1986
Jäger, Siegfried (Hg.): Rechtsdruck. Die Presse der Neuen Rechten. Berlin – Bonn 1988
Jenke, Manfred: Die nationale Rechte. Parteien-Politiker-Publizisten. Berlin 1967
–: Verschwörung von rechts? Ein Bericht über den Rechtsradikalismus in Deutschland nach 1945. Berlin 1961
Jünger, Ernst: Der Arbeiter. Herrschaft und Gestalt. Stuttgart 1982
Jung, Edgar J. (Hg.): Deutsche über Deutschland. Die Stimme des unbekannten Politikers. München 1932
–: Die Herrschaft der Minderwertigen. Ihr Zerfall und ihre Ablösung. Berlin 1927
–: Sinndeutung der deutschen Revolution. Oldenburg 1933
Kaltenbrunner, Gerd-Klaus: Europa. Seine geistigen Quellen in Porträts aus zwei Jahrtausenden. 3 Bde. Heroldsberg 1981–1985
–: Elite – Erziehung für den Ernstfall. Asendorf 1984
–: (Hg.): Die Herausforderung der Konservativen. Freiburg 1974
–: Der schwierige Konservativismus. In: G. K. Kaltenbrunner: Rekonstruktion des Konservativismus. Freiburg 1972
–: Der schwierige Konservativismus. Definitionen, Theorien, Porträts. Herford 1975
–: Sparta. Huldigung an das altgriechische Preußen. In: Criticón, Heft 100/1987, S. 73–76
–: (Hg.): Über die Gewalt. Kommt das Faustrecht wieder? Freiburg 1986
–: (Hg.): Der überforderte Schwache Staat. Freiburg 1975
–: Wege der Weltbewahrung. Sieben konservative Gedankengänge, Asendorf 1985
–: (Hg.): Wehe den Machtlosen! Eine dringende Klärung. Freiburg 1982
Kappelt, Olaf: Braunbuch DDR. Nazis in der DDR. Mit einem Vorwort von Otto von Habsburg. Berlin 1981
Kellershohn, Helmut: Der völkische Nationalismus der Republikaner. Ideologie und Programmatik. Duisburg 1989
Kirfel, Martina/Oswalt, Walter (Hg.): Die Rückkehr der Führer. Modernisierter Rechtsradikalismus in Westeuropa. Wien 1989
Klär, Karl-Heinz/Ristau, Malte/Schoppe, Bernd/Stadelmeier, Martin: Die Wähler der extremen Rechten I. Weder verharmlosen noch dämonisieren. (Das Mandat.) Bonn 1989
–: Die Wähler der Extremen Rechten III. Sozialstruktur und Einstellungen von Wählern rechtsextremer Parteien. (Das Mandat.) Bonn 1989

Kliche, Alexandra: Nichts wie weg! Warum ich die Republikaner verlassen habe. München 1989
Klönne, Arno: Zurück zur Nation? Kontroversen zu deutschen Fragen. Köln 1984
Knütter, Hans-Helmuth: Hat der Rechtsextremismus in der Bundesrepublik eine Chance? Bonn 1988
–: Ideologien des Rechtsradikalismus im Nachkriegsdeutschland. Eine Studie über die Nachwirkungen des Nationalsozialismus. Bonn 1961
Koeltschtzky, Martina: Die Stimme ihrer Herren. Die Ideologie der Neuen Rechten. Köln 1986
Krebs, Pierre: Die europäische Wiedergeburt. Aufruf zur Selbstbesinnung. Tübingen 1982
–: (Hg.): Das unvergängliche Erbe. Alternativen zum Prinzip der Gleichheit. Tübingen 1981
Kreutzberger, Wolfgang: Rechtsradikalismus in der Bundesrepublik. Versuch einer Zwischenbilanz. Frankfurt/M. [2]1984
Krieg, Harald: LDP und NDP in der „DDR" 1949–1958. Ein Beitrag zur Geschichte der „nichtsozialistischen" Parteien und ihrer Gleichschaltung mit der SED. Köln – Opladen 1965
Krockow, Christian Graf von: Die Entscheidung. Eine Untersuchung über Carl Schmitt, Ernst Jünger und Martin Heidegger. Stuttgart 1958
Krüger, Heinz-Jochen: Das Bild der Jugend im Spiegel der rechtsextremen Presse. Deutsche National- und Soldatenzeitung, Deutsche Nachrichten, Nation Europa. Berlin 1968
Kühnl, Reinhard: Nation – Nationalismus – Nationale Frage. Was ist das und was soll das? Köln 1986
–: Texte zur Faschismusdiskussion 1. Positionen und Kontroversen. Reinbek 1974
–: Texte zur Faschismusdiskussion 2. Ein Leitfaden. Reinbek 1979
–/ Rilling, Rainer/Sager, Christine: Die NPD. Struktur, Ideologie und Funktion einer neofaschistischen Partei. Frankfurt/M. 1969
Kulbach, Roderich/Weber, Helmut/Eckardt Förtsch (Mitarb.): Parteien im Blocksystem der DDR, Köln 1969
Leggewie, Claus: Der Geist steht rechts. Ausflüge in die Denkfabriken der Wende. Berlin 1987
–: Die Republikaner. Phantombild der Neuen Rechten. Berlin 1989
–: Die Republikaner. Ein Phantom nimmt Gestalt an. Berlin 1990
Lenk, Kurt: Deutscher Konservativismus. Frankfurt/M. – New York 1989
Lersch, Paul (Hg.): Die verkannte Gefahr. Rechtsradikalismus in der Bundesrepublik, Reinbek 1981
Lorenzo, Giovanni di: Stefan, 22, deutscher Rechtsterrorist: „Mein Traum ist der Traum von vielen". Reinbek 1986
Maier, Hans/Bott, Herrmann: Die NPD. Struktur und Ideologie einer „nationalen Rechtspartei". München [2]1968

Mannzmann, Anneliese (Hg.): Hitlerwelle und historische Fakten. Königstein 1979
Marcuse, Herbert: Der Kampf gegen den Liberalismus in der totalitären Staatsauffassung. In: Zeitschrift für Sozialforschung Nr. 2/1934, S. 161–195
Maschke, Günter: Der Tod des Carl Schmitt. Wien 1987
–: Die Verschwörung der Flakhelfer. In: H. J. Arndt et al.: Inferiorität als Staatsräson, Krefeld 1985, S. 93–118
Meyer, Alwin/Rabe, Karl-Klaus (Hg.): Einschlägige Beziehungen von Unionspolitikern. Bornheim – Merten 1980
–/–: Phantomdemokraten oder Die alltägliche Gegenwart der Vergangenheit. 34 bundesdeutsche Reaktionen. Ein Lesebuch. Reinbek 1979
–/–: Unsere Stunde, die wird kommen. Rechtsextremismus unter Jugendlichen. Bornheim – Merten 1979
Moeller van den Bruck, Arthur: Das dritte Reich. Berlin 1923
–: Konservativ. Berlin 1922
Mohler, Armin: Die Konservative Revolution in Deutschland 1918–1932. Ein Handbuch. Darmstadt ³1989
–: Der Nasenring. Im Dickicht der Vergangenheitsbewältigung. Essen 1989
–: Vergangenheitsbewältigung. Krefeld ³1981
–: Was die Deutschen fürchten. Berlin 1966
–: Was ist ‚postmodern'? In: Criticón 96/1986, S. 157–161
Müller, Leo A.: Republikaner, NPD, DVU, Liste D .... Göttingen 1989
Niethammer, Lutz: Angepaßter Faschismus. Politische Praxis der NPD. Frankfurt/M. 1969
Noelle-Neumann, Elisabeth/Ring, Erp: Das Extremismus-Potential unter jungen Leuten in der Bundesrepublik Deutschland 1984. Allensbach 1984
Opitz, Reinhard. Faschismus und Neofaschismus. 2 Bde. (Frankfurt/M. 1984) Köln 1988
Paul, Gerhard (Hg.): Hitlers Schatten verblaßt. Die Normalisierung des Rechtsextremismus. Bonn 1989
–/ Schoßig, Bernhard (Hg.): Jugend und Neofaschismus. Provokation oder Identifikation? Frankfurt/M. ²1980
Petzold, Joachim: Konservative Theoretiker des deutschen Faschismus. Jungkonservative Ideologen in der Weimarer Republik als geistige Wegbereiter der faschistischen Diktatur. Berlin 1982
Plack, Arno: Wie oft wird Hitler noch besiegt? Neonazismus und Vergangenheitsbewältigung. Frankfurt/M. 1985
Pomorin, Jürgen/Junge, Reinhard: Die Neonazis und wie man sie bekämpfen kann. Dortmund 1978
–/–: Vorwärts, wir marschieren zurück. Die Neonazis. T. 2. Dortmund 1979
Pomorin, Jürgen/Junge, Reinhard/Biemann, Georg: Geheime Kanäle. Der Nazi-Mafia auf der Spur. Dortmund 1982

Pomorin, Jürgen/Junge, Reinhard/Biemann, Georg/Bordien, Hans-Peter: Blutige Spuren. Der zweite Aufstieg der SS. Dortmund 1980

Pröhuber, Karl-Heinz: Die nationalrevolutionäre Bewegung in Westdeutschland. Hamburg 1980

Rabe, Karl-Klaus (Hg.): Rechtsextreme Jugendliche. Gespräche mit Verführern und Verführten. Bornheim – Merten 1980

Rajewski, Christiane/Schmitz, Adelheid: Nationalsozialismus und Neonazismus. Ein Reader für Jugendarbeit und Schule, Düsseldorf 1988

Rechtsradikale Jugendorganisationen. Beiträge und Dokumentation. München 1979

Rechtstendenzen in der Bundesrepublik – Eine notwendige Auseinandersetzung. München 1979

Rüthers, Bernd: Carl Schmitt im Dritten Reich. Wissenschaft als Zeitgeist-Verstärkung? München 1989

Sander, Hans-Dietrich: Die Auflösung aller Dinge. Zur geschichtlichen Lage des Judentums in den Metamorphosen der Moderne. München 1988

–: Der nationale Imperativ. Ideengänge und Werkstücke zur Wiederherstellung Deutschlands. Krefeld 1980

Schmitt, Carl: Der Begriff des Politischen. Berlin 1987

–: Die geistesgeschichtliche Lage des heutigen Parlamentarismus. Berlin ^{6}1985

–: Der Hüter der Verfassung. Berlin ^{3}1985

–: Der Leviathan in der Staatslehre des Thomas Hobbes. Köln 1982

–: Der Nomos der Erde im Völkerrecht des Jus Publicum Europaeum, Berlin 1959

–: Politische Romantik. Berlin ^{4}1982

–: Politische Theologie. Vier Kapitel zur Lehre von der Souveränität. Berlin ^{4}1985

–: Politische Theologie II. Die Legende von der Erledigung jeder politischen Theologie. Berlin ^{2}1984

–: Theorie des Partisanen. Zwischenbemerkung zum Begriff des Politischen. Berlin 1975

Schneider, Rolf: Die SS ist ihr Vorbild. Neonazistische Kampfgruppen und Aktionskreise in der Bundesrepublik. (Präsidium der VVN – Bund der Antifaschisten.) Frankfurt/M. 1981

Schomers, Michael: Deutschland ganz rechts. Sieben Monate als Republikaner in BRD & DDR. Mit einem Vorwort von Günter Wallraff. Köln 1990

Seeliger, Rolf: Grauzone zwischen Union und der Neuen Rechten. Personen, Institutionen, Identifikationen. München 1990

Silbermann, Alphons/Schoeps, Julius H. (Hg.): Antisemitismus nach dem Holocaust. Bestandsaufnahme und Erscheinungsformen in deutschsprachigen Ländern. Köln 1986

Sontheimer, Kurt: Antidemokratisches Denken in der Weimarer Repu-

blik. Die politischen Ideen des deutschen Nationalismus zwischen 1918 und 1933. München 1962
Sorel, Georges: Über die Gewalt. Frankfurt/M. 1981
Spann, Othmar: Der wahre Staat. Leipzig 1921
Spengler, Oswald: Jahre der Entscheidung. Erster Teil. Deutschland und die weltgeschichtliche Entwicklung. München 1933
–: Preußentum und Sozialismus. München 1920
–: Der Untergang des Abendlandes. München 1923
Staritz, Dietrich: Die National-Demokratische Partei Deutschlands 1948–1953. Ein Beitrag zur Untersuchung des Parteiensystems der DDR. (Diss.) Berlin 1968
Stern, Fritz: Kulturpessimismus als politische Gefahr. Eine Analyse nationaler Ideologie in Deutschland. Bern – Stuttgart 1963
Stiller, Michael: Die Republikaner. Franz Schönhuber und seine rechtsradikale Partei. München 1989
Stöss, Richard: Die extreme Rechte in der Bundesrepublik. Entwicklung – Ursachen – Gegenmaßnahmen. Opladen 1989
–: Vom Nationalismus zum Umweltschutz. Die Deutsche Gemeinschaft/ Aktionsgemeinschaft Unabhängiger Deutscher im Parteiensystem der Bundesrepublik. Opladen 1980
–: Parteien-Handbuch. Die Parteien der Bundesrepublik 1945–1980. 2 Bde. Opladen 1983/84
–: Die Republikaner. Woher sie kommen. Was sie wollen. Wer sie wählt. Was zu tun ist. Köln 1990
Stommeln, Hein: Neonazismus in der Bundesrepublik. Eine Bestandsaufnahme. Bonn 1979
Tauber, Kurt P.: Beyond Eagle and Swastike. German Nationalism Since 1945. 2 Bde. Middletown 1967
Taubes, Jacob: Ad Carl Schmitt. Gegenstrebige Fügung. Berlin 1989
Vinke, Hermann: Mit zweierlei Maß. Die deutsche Reaktion auf den Terror von rechts. Eine Dokumentation. Reinbek 1981
Voigt, Dieter (Hg.): Minderheiten in und Übersiedler aus der DDR (darin v. a.: Waltraud Arenz: Skinheads in der DDR). Berlin 1991
Die Volkssozialistische Bewegung Deutschlands – Sammelbecken militanter Rechtsradikaler. München 1981
Weber, Hermann: Kleine Geschichte der DDR. Köln 1980
Wie kriminell ist die NPD? Analysen, Dokumente, Namen. Hamburg 1980
Willms, Bernard: Die deutsche Nation. Köln – Lövenich 1982
–: Das deutsche Wesen in der Welt von morgen – Überlegungen zur Aufgabe der Nation. Coburg 1983
–: Idealismus und Nation. Zur Rekonstruktion des politischen Selbstbewußtseins der Deutschen. Paderborn 1986
–: Handbuch zur deutschen Nation. 3 Bde. Tübingen 1986–88

–: Identität und Widerstand. Reden aus dem deutschen Elend. Tübingen 1986
–: Nation heute. Die Idee des Bismarckschen Reiches und dessen Aktualität. Hamburg 1984
–: Die politische Identität der Westdeutschen. Drei erbauliche Herausforderungen und eine politische Antwort. In: H. J. Arndt et al.: Inferiorität als Staatsräson. Krefeld 1985. S. 39–60
–: Volk, Staat, Nation und Gesellschaft. In: Willms (Hg.): Handbuch zur deutschen Nation. Bd. 2. Tübingen 1987, S. 11–34
–/ Kleinewefers, Paul: Erneuerung aus der Mitte. Herford 1988
Wippermann, Wolfgang: Europäischer Faschismus im Vergleich (1922–1982). Frankfurt/M. 1983
„Wir sollten wieder einen Führer haben ...“ Die SINUS-Studie über rechtsextremistische Einstellungen bei den Deutschen. Reinbek 1981

Personenregister

Sachregister